法藏知津

二編：佛教思想研究專輯

杜潔祥 主編

第 11 冊

法藏圓融之「理」研究

孫業成 著

花木蘭文化出版社

國家圖書館出版品預行編目資料

法藏圓融之「理」研究／孫業成 著 — 初版 — 新北市：花木
蘭文化出版社，2015〔民 104〕
目 2+224 面；19×26 公分
（法藏知津二編：佛教思想研究專輯　第 11 冊）
ISBN：978-986-322-423-5（精裝）
1. 佛教教理
030.8　　　　　　　　　　　　　　　　102014823

法藏知津二編：佛教思想研究專輯
第十一冊　　　　　　　　　　　　　ISBN：978-986-322-423-5

法藏圓融之「理」研究

作　　　者　孫業成
主　　　編　杜潔祥
副總編輯　楊嘉樂
編　　　輯　許郁翎
出　　　版　花木蘭文化出版社
社　　　長　高小娟
聯絡地址　235 新北市中和區中安街七二號十三樓
　　　　　　電話：02-2923-1455／傳真：02-2923-1452
網　　　址　http://www.huamulan.tw 信箱 hml 810518@gmail.com
印　　　刷　普羅文化出版廣告事業
初　　　版　2015 年 5 月
定　　　價　二編 24 冊（精裝）新台幣 40,000 元　　　　版權所有・請勿翻印

法藏圓融之「理」研究

孫業成　著

作者簡介

孫業成，男，1963 年生於安徽巢縣，初中就讀於沐集中學，中師畢業於黃麓師範，南京大學哲學碩士，蘇州大學哲學博士。曾在《學海》、《中國社會科學院研究生院學報》、《孔子研究》、《船山學刊》、《宗教學研究》、《廣東社會科學》、《澳門理工學報》、《鵝湖月刊》（2011.6：臺灣）、《哲學與文化》（2012.10：臺灣）等海內外雜誌上發表有關哲學論文 30 餘篇。

提　　要

　　這是本人積十多年之工夫而研究佛家哲學的體會，亦是博士學位論文。

　　法藏圓融之「理」的本質是緣起、性起。以法藏的解釋說，「緣起融通故無礙」，緣起是「融通」的所以然之故。緣起即融通，融通即緣起。緣起即融通即理。圓融之「理」，就其綜合的意義而言，它有哲理和宗教兩個向度：就哲理而言，它指法藏「一即一切」哲學學說之「一」，此「一」是形而上的宇宙本體；就宗教而言，它指佛的緣起大法，具體涵括法界緣起、如來藏緣起、性起等一切有為法無為法。本論文則圍繞後者而展開。

　　1. 法界緣起：其內涵主要體現於因門六義、緣起十義、三界唯心、六相、十玄門、妄盡還原、海印三昧等範疇。十玄門則是法界緣起的集中概括。

　　2. 如來藏緣起：一切世間、出世間法不離一真常心（如來藏）。一切眾生悉皆如來藏。

　　如來藏緣起、法界緣起有區別。宗密在《圓覺經略疏》中指出「如來藏」與「法界」的區別：一者在有情數中名如來藏，在非情數中名法界性；二者謂法界則情器交徹心境不分，如來藏則但語諸佛眾生清淨本源心體。

　　3. 性起：相較法界緣起而言，性起即不起。前者是就染淨法合而言之，後者則專指淨法而言。性起，同時亦是對天臺智顗開權顯實方便的回應。此亦意味著性起，乃體即用、用即體，或者說聖凡一體——迷凡悟聖。

目次

導　言

　　《法華經》卷四偈言：「譬如貧窮人，往至親友家，其家甚大富，具設諸肴膳，以無價寶珠，繫著內衣裏，默與而捨去，時臥不覺知。」「不覺知」，其實是不識自家「寶珠」。法藏的圓融之「理」正是自家「寶珠」（哲學），卻識者無幾，甚至有人不識中國哲學存在的正當性。哲學要解決的是世界觀、人生觀的根本問題。西方哲學的發展模式無形中成了世界性哲學。其實，「西方所發展的是一種偏至的人性，所以造成的結果永遠是天人的距離。綜觀西方整部的思想觀念史竟像是時鐘的擺錘，永遠擺向在極端對蹠的兩個方向。故此在西方，早在希臘便已發現了『自然』與『人為』的對立。所以不是自然吞沒了人文，就是人文吞沒了自然，永遠不能獲致一種持平中道。反過來，東方的人文主義，尤其是中國的人文主義，從來是天人互不隔離的」〔註1〕。西方哲學見物不見人。東方印度哲學主要解決人的輪迴解脫的問題，中國哲學的核心則在解決人的安心立命的問題〔註2〕。哲學應首先解決人的生存境遇問題。孔子的仁學這方面做得非常完美。沒有人便無存在〔註3〕；存在就是我的生命，是繞著我的大腦這面鏡子而流過的一股看不見的流〔註4〕。圓融之「理」實際要解決的是生命如何「流」，以及世界何所從來、何所去的問題；甚至它還一度發揮著李唐王朝（陽儒陰釋）、新羅、日本等國社會的思想上層建築（意識形態）的功能。圓融之「理」是哲學，是東方哲學的集大成者。

〔註1〕　劉述先：《理一分殊》，上海文藝出版社 2000 年版，第 242、243 頁。
〔註2〕　劉述先：《理一分殊》，第 34 頁。
〔註3〕　海德格爾：《林中路》，上海譯文出版社 2006 年版，第 75 頁。
〔註4〕　〔美〕威廉・巴雷特：《非理性的人・克爾凱廓爾》，商務印書館 2004 年版，第 162 頁。

圓融之「理」以宗教的形式，實現了哲學的眞正意義——「一則一切」（《華嚴經旨歸・辯經教第六》）；「法界緣起，無礙自在，一即一切，一切即一」（《五教章》卷二）。從圓融之「理」可以看出，古代宗教與哲學是混合不可分的，這是人類社會發展過程中所不可避免的一種現象。

圓融之「理」，究其名稱，乃源於《五教章》卷一：「法界自在，緣起無礙，德用圓備」；《探玄記》：（1）「謂如來藏舉體隨緣成辦諸事，而其自性本不生滅，即此理事混融無礙」〔註5〕；（2）「一一法、一一行、一一德、一一位，皆各總攝無盡無盡諸法門海者，良由無不該攝法界圓融故也。是謂華嚴無盡宗趣」〔註6〕。華嚴學「無盡宗趣」，似乎在此「無礙」「圓融」之中。其實不然，華嚴宗一切宗趣，以及所以圓融，盡顯在一「理」字中。何謂圓融？

圓融者，謂塵相既盡，惑識又亡。以事無體故，事隨理而圓融；體有事故，理隨事而通會。是則終日有而常空，空不絕有；終日空而常有，有不礙空。然不礙有之空，能融萬象；不絕空之有，能成一切。是故萬象宛然，彼此無礙也。（《華嚴經義海百門・鎔融任運門第四》）

「無礙」即圓融。法藏的圓融實際上就是理事無礙、事事無礙。確切地講，「圓融」乃是佛的境界。何謂佛（境）？佛境乃是修行者對緣起大法的眞實體驗。換言之，圓融（佛境）即緣起〔註7〕，「緣起融通故無礙」（《探玄記》卷二〔註8〕）。緣起方是圓融無礙的所以然。單就圓融之「理」字而言，所謂「理」，即本無、眞如、法界、佛性、法性、如來藏、一眞法界、本覺、心識等；它是華嚴宗的本體論、宇宙論。

從上述「以事無體故，事隨理而圓融」及整個「圓融」含義的界定可以得知，「理」是萬法得以「圓融」的根本所在。

一、圓融之「理」字假借於漢字

梵文無「理」字，只有 satya（眞諦、眞理）、dharma（法、眞理）相當於

〔註5〕《大藏經》35 冊，第 347 上頁。
〔註6〕《大藏經》35 冊，第 120 下頁。
〔註7〕可參較《法華玄義》卷一上：「因緣所生法，即空即假即中。因緣所生法即空者，此非斷無也；即假者不二也；即中者不異也。因緣所生法者，即遍一切處也。」「遍一切處」即圓融無礙，此乃依緣起而成。之所以有空假中「三諦圓融，一三、三一」（《法華玄義》卷二下），乃因爲緣起。所以圓融即緣起。
〔註8〕《大藏經》35 冊，第 140 中頁。

圓融之「理」義。「理」字一詞來源於先秦，但它又是個動態的發展過程。

1. 春秋之理

《說文》：「理，治玉也，從玉里聲。」《說文繫傳校勘記》引徐鍇曰：「物之脈理惟玉最密，故從玉。」玉有紋理，依其紋理而治，就成理。這就是理字的由來。據《中國哲學範疇發展史》〔註9〕考證：殷周之際的甲骨、金文中，未見理字。《易經》《尚書》《老子》亦無理字，惟《詩經》四見，《左傳》五見，《國語》四見。《墨子》論理共有十二見〔註10〕。總其大意：

一治理、規劃土地疆界。「止基迺理，爰眾爰有。」（《詩經・公劉》）「我疆我理，南東其畝。」（《詩經・信南山》）「迺疆迺理，迺宣迺畝。」（《詩經・縣》）「于疆于理，至于南海。」（《詩經・江漢》）鄭玄注：「疆，畫經界也；理，分地理也。」理，劃定溝渠意。《左傳》成公二年：「先王疆理天下，物土之宜，而布其利。故《詩》曰：我疆我理，南東其畝。今吾子疆理諸侯，而曰盡東其畝而已，唯吾子戎車是利，無顧土宜，其無乃非先王之命也乎？」理，治理意。

二官吏名稱，或禮賓官，或司法官。《國語・周語》：「周之秩官有之曰：敵國賓至，關尹以告。行理以節逆之。」逆，迎接。韋昭注曰：「行理，小行人。」小行人執瑞節爲信物來迎接賓客。《左傳》：「諸侯靖兵，好以爲事。行理之命，無月不至。」（昭公十三年）杜預注：「行理，使人通聘問者。」行人、行理皆爲禮賓官。理亦指司法官。《左傳》：「士景伯如楚，叔魚攝理。」（昭公十四年）《國語・晉語》亦載：「士景伯如楚，叔魚爲贊理。」是說叔魚代行士景伯司法官一職。

三道理。《墨子・所染》：「凡君之所以安者，何也？以其行理也。行理，性於染當。故善爲君者，勞於論人，而佚於治官。」行理，按理行事；性，通「生」；論，選擇；佚，通「逸」。「士亦有染。其友皆好仁義，淳謹畏令，則家日益，身日安，名日榮，處官得其理矣。」（同上）淳，淳樸；謹，謹愼。「其友皆好矜奮，創作比周，則家日損，身日危，名益辱，處官失其理矣。」（同上）矜奮，驕矜自負；創作，製造事端；比周，相互勾結。《墨子・非儒下》：「仁人以其取捨是非之理相告，無故從有故也，弗知從有知也，無辭必服，見善必遷。……不義不處，非理不行，務興天下之利。」《墨子・小取》：

〔註 9〕 張立文著，中國人民大學出版社 1988 年版，第 539 頁。

〔註 10〕 張立文：《理》，中國人民大學出版社 1991 年版，第 6 頁。

「夫辯者，將以明是非之分，審治亂之紀，明同異之處，察名實之理，處利害，決嫌疑，焉摩略萬物之然。」焉，於是；摩略，觀察掌握；然，真相。《墨子·經說下》：「論誹，誹之可、不可：以理之可誹，雖多誹，其誹是也；其理不可誹，雖少誹，非也。」論誹，應是「誹論」。〔註11〕

春秋及以前的理，或只是事物的單稱，如《墨經》所說的私名。其理則與治等同，《廣雅·釋詁三》：「理，治也。」因此唐人為避高宗李治諱，則有改先秦典籍「治」為「理」之嫌。〔註12〕

2. 孟子的義理

《孟子·告子上》：「心之所同然者，何也？謂理也，義也。聖人先得我心之所同然耳。故理義之悅我心，猶芻豢之悅我口。」孟子的「理」指高於事實層面的當然準則，其內涵就是仁義禮智四端。後來所謂的「義理」即發端於此。《孟子·萬章下》又有所謂條理：「孔子之謂集大成者。集大成也者，金聲而玉振之也。金聲也者，始條理也；玉振之也者，終條理也。始條理者，智之事也；終條理者，聖之事也。」敲擊鑄鍾，是音樂節奏的開始；特磬收尾，是音樂節奏的終結。於人而言，節奏的的開始在於智，節奏的終結在於聖。音樂起聲、終音，條理清晰，節奏明快，首尾一氣呵成，便能美妙無比，樂趣無窮。人貫徹義理（仁義禮智）有始有終，就是其價值所在，也就能成為聖人。

孟子的義理，是人性之所以為善的根據，是既內在又超越。超越當然是形而上的。

荀子有「禮之理」，其理有國家的根本大法意味。孟、荀的理，實即孔子仁的具體化。

3. 《易傳》性命之理

《易經》是部卜筮書，《易傳》是對《易經》的疏解。其多引天道以證人道。如「易與天地準」，「一陰一陽之謂道」，「易有太極是生兩儀」，「形而上者謂之道」等，雖講的是天道，其最後落腳點卻在人事：「有天地然後有萬物，有萬物然後有男女，有男女然後有夫婦，有夫婦然後有父子，有父子然後有君臣，有君臣然後有上下，有上下然後禮義有所錯。」（《序卦》）《易傳》以

〔註11〕《墨子直解》，浙江文藝出版社2000年版，第289頁。

〔註12〕《管子·兵法》：「治眾有數，勝敵有理，察數而知理，審器而識勝，明理而勝敵。」張佩綸曰：「三理字皆誤，唐諱治為理。」（郭沫若等：《管子集校》）

「天尊地卑」地位的確立，來比附社會上的「貴」「賤」地位也確定不移。《易傳》所探討的天道是虛，人道是實。

《易·繫辭上》云：「乾道成男，坤道成女。乾知大始，坤作成物。乾以易知，坤以簡能。易則易知，簡則易從。易知則有親，易從則有功。有親則可久，有功則可大。可久則賢人之德，可大則賢人之業。易簡則天下之理得矣。」是說，乾卦、坤卦的易簡能盡現天地人物之理。「天下之理」顯於卦變，所以「觀變於陰陽而立卦，發揮於剛柔而生爻，和順於道德而理於義，窮理盡性以至於命。」（《易·說卦》）所謂「義」，「理財正辭、禁民爲非曰義。」（《易·繫辭下》）觀卦變，是爲著和順道德、達於仁義；窮理，是爲著盡己之性順乎天命。

《易傳》的性命之理，是天人共有的法則。此「理」在人爲性，在天爲命。因此之故，性命相通。人性是天命在地下的投射，天命則是人性在天上的光源。人可以上達天命，天命又抑揚著人性、并引領著人性的張揚。《易傳》的性命之理有形上學的意蘊。

4. 韓非子的事物特殊性之理

韓非子因循老子，亦以道爲自己哲學的最高範疇。《韓非子·解老》：「道者，萬物之所然也，萬理之所稽也。理者，成物之文也；道者，萬物之所以成也。故曰：道，理之者也。物有理不可以相薄。物有理不可以相薄，故理之爲物之制。萬物各異理，萬物各異理而道盡。」稽，合也；文，同「紋」；薄，迫，即侵害義；理之爲物之制，乃理成爲具體事物的制約力量義，即具體事物因有理而成其所是。「理」是事物的特殊性義。屬於此類的，還有：「凡理者，方圓、短長、粗靡、堅脆之分也，故理定而後物可得道也。」（《韓非子·解老》）「得事理則必成功。」（同上）「故定理有存亡，有死生，有盛衰。」（同上）「因事之理，則不勞而成。」（《韓非子·外儲說左下》）

其實，先秦諸子百家都對自然之天理、社會之人理進行了有益的探索（限於篇幅在此就不一一列舉），其共同觀點是自然、社會皆有其理，而且兩者之間是相通的。老子天道人道之理相通：「不出戶，知天下；不窺牖，見天道。」（四十七章）《易傳》的性命之理也是天人相通的。《孟子·盡心上》：「儘其心者，知其性也，知其性，則知天矣。」這是說人、天同理。所以莊子說「天地與我並生」，「萬物與我爲一」（《齊物論》）。天人之所以能「爲一」，就是因爲天地之間一理流行，天人一理相通。先秦哲學的這種整體有機思維模式，

為爾後中國哲學的整體走向奠定了大方向。這是中國哲學（包括佛學）的主要特徵。

先秦之「理」，作為哲學範疇而言，是人道的義理、性命之理，以及事物的特殊性，但還不屬於哲學的形而上的範疇，像「道，理也」（《莊子·繕性》），此「理」是服從於道的次要範疇。而自秦漢至唐華嚴宗興盛之前，「理」字一直也不是哲學的主要範疇。法藏的圓融之「理」，實是以老莊之道、玄學之「本無」及佛教之真如等對「理」之內容的充實。圓融之「理」的形上學義，首先與老莊哲學形上學的「道」有關聯。

二、圓融之「理」與老莊之「道」有相同的形上學性質

中國哲學形上學的發達起於道家，但魏晉玄學也是一個重要的環節。

1. 老、莊

道家發端於老莊。《老子》關於形而上之道有精闢的闡述。《老子》二十五章：「有物混成，先天地生。寂兮寥兮，獨立不改，周行而不殆。可以為天下母，吾不知其名，字之曰道。」老子確認宇宙有一生化本體，其名曰「道」。「道沖而用之或不盈。」（四章）萬物因「道」之「沖」（空）而有自己多種多樣之「用」。《莊子》承襲了老子的道。《莊子·大宗師》云：「夫道有情有信，無為無形，可傳而不可受，可得而不可見。自本自根。未有天地，自古以固存。神鬼神帝，生天生地。」與老子一樣，莊子也認為「道」是生萬物的根本。《莊子·天地》：「泰初有無，無有無名。一之所起，有一而未形。物得以生謂之德。未形者有分，且然無間謂之命。留動而生物，物成生理謂之形。形體保神，各有儀則謂之性。」道又名「無」，物得「道」之分而生叫「德」，「命」「形」「性」都是得之於道的。

老、莊之道均屬形上學範疇。但兩者也有區別：「莊子的道從形式到內容都是無，是道道地地的虛無；老子的道則是形式上的無，其內容則是實實在在的有。」〔註13〕形而上之道的實有性質，是中國人的固有的思維習慣。中國哲學的心性論、圓融之「理」的實有性，與此均有一定的關聯。

2. 王弼、郭象

魏晉玄學被譽為新道家。玄學之為玄學，其所奉讀的經典是《老》《莊》

〔註13〕周可真：《哲學與文化研究》，江蘇人民出版社 2005 年版，第 58 頁。

《周易》〔註14〕；其名乃「自王充以後，至南北朝時，道家之學益盛。道家之學，當時謂為玄學」。〔註15〕王弼、郭象是新道家之集大成者。

（1）王弼

王弼提倡「崇本以息末，守母以存子」（《老子微旨略例》），以及「天地萬物皆以無為本」（《晉書·王衍傳》）的「貴無」本體論學說。該學說既是對兩漢神學目的論的反動，又是中國哲學發展過程中的一大創舉。王弼說：「物無妄然，必有其理。」（《周易略例·明象》）其理為何？「眾不能治眾，治眾者至寡」；「少者多之所貴，寡者眾之所宗」；「統之有宗，會之有元，故繁而不亂，眾而不惑」（同上）。所謂「至寡」、「宗」、「元」，王弼認為就是「一」。他在解釋老子「道生一」時，謂：「萬物萬形，其歸一也。何由致一？由於無也。由無乃一，一可謂無。」這就是說，「一」就是「無」，用「一」來統「眾」，也就是用「無」來統馭「萬有」。這個「無」也就是道，「道者，無之稱也。」（《論語釋疑》）

王弼貴無，但不離用。「雖貴以無為用，但不能捨無以為體。不能捨無以為體，則失其為大矣。」（《老子·三十八章注》）此為「以無為用」，必先以無為體。體為用之根據，但體用不分。又「捨其母而用其子，棄其本而適其末，名則有所分，形則有所止，雖極其大，必有不周，雖盛其美，必有患憂，功在為之，豈足處也？」（同上）此謂有形有名的具體事物是「末」，在有形有名的具體事物背後有某種無形無名的東西是「本」；本末不能分開。惟「守母以存其子，崇本以舉末」（同上），「功」才大矣。這就是王弼哲學形上學的貴無本體論。

（2）郭象

郭象的道是什麼？「至道者，乃至無也。」（《莊子·則陽注》）道是「至無」，乃絕對的無。「夫道，物之極，常莫為而自爾，不在言與不言。」（同上）就是說，道是物之本體（「極」），不可用言語來表達。

王弼貴無；裴頠則以為，「無」不能生「有」，「始生者自生也」。郭象折中其間，提出「獨化」論。他說：「夫莊老之所以屢稱無者，何哉？明生物者無物，而物自生耳。」（《在宥注》）又說：「非唯無不得化而為有也，有亦不得化而為無矣。是以夫有之為物，雖千變萬化，而不得一為無也。」萬物

〔註14〕見《顏氏家訓·勉學篇》。
〔註15〕馮友蘭：《中國哲學史》下，華東師範大學出版社 2000 年版，第 74 頁。

自生，千變萬化之「有」（個體物），不會化爲「無」（本體無）。《齊物論注》：
「無既無矣，則不能生有。有之未生，又不能爲生。然則生生者誰哉？塊然
而自生爾。」又《秋水注》：「知道者，知其無能也。無能也，則何能生我？
我自然而生耳。」「無能」，就是不能使萬物有所生，物有所成，是它自生的
結果。對於物來說，道無功。「道之贍物，在於不贍。不贍而物自得，故曰
此其道與。言至道之無功，無功乃足稱道也。」（《知北遊注》）無功才稱爲
道。

　　郭象的「獨化」論，意味著道「無能」「無功」，物才能「自生」。這也就
是所謂的「獨化於玄冥者也」。《齊物論注》：「世或謂罔兩待景，景待形，形
待造物者。請問：夫造物者有耶？無耶？無也，則胡能造物哉？有也，則不
足以物眾形。故明眾形之自物，而後始可與言造物耳。是以涉有物之域，雖
復罔兩，未有不獨化於玄冥者也。」「玄冥」，郭象的解釋是：「玄冥者，所以
名無而非無也。」（《大宗師注》）也就是說事物的生成是無原因的、互不關聯
的，但彼此又是不可或缺的。《中論・觀有無品》卷三云：「定有則著常，定
無則著斷；是故有智者，不應著有無」。這是說執「有」則墮常，執「無」則
墮斷。或「常」或「斷」都有違佛教的緣起大法。只有不執著於有、無兩邊
之中道，才是緣起法。兩相比較，郭象玄冥的「無而非無」與中道法何等地
接近。難怪佛教般若學東漸以後，與玄學一拍即合。

　　中國哲學至魏晉時，思維水平達到了相當高度。王弼確定了道的本體論
思想：本體之道是萬物得以產生的根本、本原；但本體也不離現象，體即用。
這是東方人的智慧對哲學的一大貢獻。而郭象形而上的獨化論，與印度佛學
的中道說，亦有著驚人的相似處。

　　漢明帝時，佛教傳入中國。從此佛教也就成了中國文化的一個重要組成部
分。自漢之末葉，直訖劉宋初年，中國佛典之最流行者，當爲《般若經》。蓋在
此時代，中國學術實生一大變動，而般若學爲其主力之一也〔註16〕。受般若學
影響的是老莊之道「本無」化。「道者，無之稱也」（王弼《論語釋疑》）；「至道
者，乃至無也」（郭象《莊子・則陽注》）。故魏晉時老莊之「道」與「本無」同
義。「本無一義，執者甚廣。廣義言之，則本無幾爲般若學之別名」〔註17〕。由
於玄學佛學相互交融、相互影響，經過格義後，湯用彤即指出，《般若》諸經，

〔註16〕《湯用彤全集》卷一，第 174 頁。
〔註17〕《湯用彤全集》卷一，第 181 頁。

盛言「本無」，乃佛學「眞如」之古譯〔註18〕。因而，其時老莊之「道」既是玄學之「本無」，又是佛學家藉以認可的眞如。從佛學的角度上講，老莊形而上之「道」即佛家的眞如。這豈不意味著「道」也充實了圓融之「理」？無怪乎朱熹指摘佛教「卻竊取老莊之徒許多說話，見得盡高」〔註19〕；「道家老莊書，卻不知看，盡爲釋氏竊而用之，卻去仿傚釋氏經教之屬」〔註20〕。

圓融之「理」的發展過程是：道——本無——眞如——圓融之「理」。而道「本無」化，是其重要的一個環節。

三、佛教眞如之空理是圓融之「理」的直接來源

圓融之「理」字，或可謂「性」，或可謂「心」，其本質乃是眞如。圓融之「理」的直接思想來源則是南北朝時的佛教眞如之空理。

自南北朝起，中土佛教大興。

佛教起於印度，原始佛教的理（基本教義），「一般認爲，這些教義主要是四聖諦、八正道、十二因緣」。〔註21〕這些教義講的就是一個「空」理。小乘佛教講「我空法有」（即「人無我」），大乘佛教講「我法二空」（即「人無我」、「法無我」）。無論小乘的「人無我」，還是大乘的「二空」，皆可名之曰「眞如」。眞如即空。至龍樹中觀則「未曾有一法，不從因緣生。是故一切法，無不是空者。」（《中論》）空是一切事物的本質，即實相，實相也即無相，是不可言說、不可思議的最高眞理，它不能用一般名詞概念加以正面描述，只可展開直觀體悟。〔註22〕佛教之理是眞如，是空、眞空。

眞空與斷滅空有別。澄觀在《華嚴法界玄鏡》中區別說：「言眞空者，非斷滅空，非離色空。即有明空，亦無空相，故名眞空。」空理即在形色中，但又無一定的形象可把捉，這才叫眞空。如「言青黃非眞空者，顯色明象，象顯著故。又形色是假，顯色是實，實色即空。」眞空不離實色。離色名空是斷滅空。「言離色者，空在色外，色、外復二」。色、空二分是斷滅空，「如牆處不空，牆外是空」；或「如穿井除土出空要須滅色」。「故《中論》云：先有而後無，是即爲斷滅」空。眞空即在實色中，方謂眞空、眞如。

〔註18〕《湯用彤全集》卷一，第204頁。
〔註19〕《朱子語類·老氏》卷一百二十五，第2987～88頁。
〔註20〕《朱子語類·論道教》卷一百二十五，第3005頁
〔註21〕蔣國保 潘桂明：《儒釋合論》，吉林人民出版社2007年版，第131頁。
〔註22〕蔣國保 潘桂明：《儒釋合論》，第141頁。

中土早期翻譯的佛經，是以「本無」對譯眞如的。如支謙所譯《大明度經》卷四：「諸法本無，如來亦本無。……一切皆本無，亦復無本無。」此「本無」除了眞如義外，還「是一種徹底的遮詮式的否定，並不存在對『無』的肯定」。〔註23〕這是中觀學的特點，一切皆空，連佛自身的存在也是空。

南北朝時，談佛理的顯學代表主要有支道林、僧肇、竺道生。

1. 支道林的佛理——「即色是空」

佛學東漸之初，難免與玄學混雜。「林法師神理所通，玄拔獨悟，數百年來，紹明大法，令眞理不絕，一人而已。」（《高僧傳·支遁傳》）「神理」、「眞理」，即指佛理。「好談玄理」的支道林常以玄理釋佛理，以便佛理玄理化，使大法得以流行。支道林的現存的代表作是《大小品對比要鈔序》（簡稱《要鈔序》）〔註24〕「此所謂《大品》者，當指《放光》。《小品》或即支讖之《道行經》。二本詳略互異，常有致疑者。支公以爲理無大小。」〔註25〕其理乃眞如本體。支道林之佛理要點有二：

（1）以玄理釋佛理眞如本體

《世說新語·文學篇》載：「《莊子·逍遙》篇，舊是難處，諸名賢所可鑽味，而不能拔理於郭、向之外。支道林在白馬寺中，將馮太常共語，因及《逍遙》。支卓然標新理於二家之表。」支之「新理」，不外乎引佛理入《逍遙》。但他更引玄理入佛理。《要鈔序》的開篇：

> 夫《般若波羅密》者，眾妙之淵府，群智之玄宗，神主之所由，如來之照功。其爲經也，至無空豁，廓然無物者也。無物於物，故能齊於物。……何者？賴其至無，故能爲用。夫無也者，豈能無哉？無不能自無，理亦不能爲理。

這簡直就是在談玄理；「至無」，乃老莊之道也。「無不能自無，理亦不能爲理」：即「無」不離有，「理」不離事。「至無」「理」，實即佛理之眞如本體。

又曰：

> 智存於物，實無迹也；名生於彼，理無言也。何則？至理冥壑，歸乎無名。無名無始，道之體也。

「智」，般若之智，因事而存，究其實，乃無形無迹；「名」，生於施教方便，

〔註23〕蔣國保 潘桂明：《儒釋合論》，第153頁。

〔註24〕〔梁〕僧祐：《出三藏記集》，中華書局2003年版，第298～303頁。

〔註25〕《湯用彤全集》卷一，河北人民出版社2000年版，第193頁。

教迹可名，教理（義）則言語道斷；「無名」、「道之體」，即眞如體。《老子》：「萬物並作，吾以觀復。夫物芸芸，各復歸其根。」（十六章）「歸乎無名」，乃老子的歸根。「道可道，非常道；名可名，非常名。無名，天地之始。」（一章）「根」、「無名」，於老子爲道，於釋理則爲眞如。

繼之：

> 悟群俗以妙道，漸積損以至無，設玄德以廣求，守谷神以存虛，齊
> 群首於玄同，還群靈乎本無。

「本無」，即眞如；「妙道」、「無」、「玄德」、「玄同」，皆是「本無」義。《老子》：「故常無欲，以觀其妙。」（一章）「妙道」即源於此。「爲學日損，爲道日益，損之又損，以至於無爲。」（四十八章）「積損以至無」亦即源於此。「生之畜之，生而不有，爲而不恃，長而不宰，是謂玄德。」（十章、五十一章）「玄德」亦即源於此。「谷神不死，是謂玄牝。玄牝之門，是謂天地根。」（六章）「谷神」亦即源於此。「知者不言，言者不知。塞其兌，閉其門；挫其銳，解其紛；和其光，同其塵。是謂玄同。」「玄同」亦即源於此。

略此一斑可知，支道林的佛理趣於玄理。

（2）「即色是空」之理

慧達《肇論疏》卷上：

> 支道林法師《即色論》云：吾以爲即色是空，非色滅空，此斯言至
> 矣。何者？夫色之性，色不自色（「不自色」湯用彤改），雖色而空。
> 如知不自知，雖知恒寂也。彼明一切諸法，無有自性，所以故空。
> 不無空此不自之色，可以爲有，只己色不自，所以空爲眞耳。

《即色論》主張「即色是空，非色滅空」（實引《維摩經》），〔註26〕這是中道觀的眞空，而非離色、滅色的斷滅空。

此前的《肇論・不眞空論》曾評論即色宗：

> 即色者，明色不自色，故雖色而非色也。夫言色者，但當色即色，
> 豈待色色而後爲色哉？此直語色不自色，未領色之非色也。

「待色色而後爲色」，是說色無自性，也即「色不自色」。「色不自色」是說色不待色色之自性而後乃爲色。色本因緣假有，本性空無。當此假有之色，即是色。非另有色色之自性。即色宗的代表就是支道林。在僧肇看來，即色宗的主要問題是只明「色不自色」，而不明「當色即色」，從而也就不明「色

〔註26〕蔣國保、潘桂明：《儒釋合論》，第163頁。

之非色」，當體即空的道理。

慧達與僧肇見解相左。但也很難釐清事實眞相。〔註27〕不過可以肯定的是：「支法師即色空理，蓋爲《般若》本無下一注解。以即色證明其本無之旨。蓋支公宗旨所在，固爲本無也。」〔註28〕豈止支法師？整個南北朝佛教之理皆不離本無。但另一個總趨勢則是，本無、眞如、佛性等佛教本體之理，有逐漸地集中於「理」字的傾向，竺道生的佛理尤爲明顯。

2. 僧肇的佛理——不有不無

僧肇指出：「物從因緣故不有，緣起故不無。尋理即其然也。」（《不眞空論》）萬物從因緣生，體無自性，所以說不是有；但是緣起法本身又不是無。不有不無是佛的眞理。《不眞空論》：

所以然者：夫有若眞有，有自常有，豈待緣而後有哉？譬彼眞無，無自常無，豈待緣而後無也？若有不自有，待緣而後有者，故知有非眞有；有非眞有，雖有不可謂之有矣。不無者，夫無則湛然不動，可謂之無；萬物若無，則不應起，起則非無，以明緣起故不無也。

「有」如有自性，有應是「常」，無須因緣和合而成其「有」。「無」也是這樣，「無」如有自體，無須緣散而後成其「無」。如「有」沒有自性，須緣合而成其「有」，所以說「有」非眞有，「有」不是眞有，雖然出現了「有」之現象，也不能執「有」爲眞。至於「不無」：「無」沒有絲毫變化，才能謂「無」，萬物如是眞「無」，就不該有緣起，有緣起，就不是「無」，而是「有」。這就說明緣起是「有」（「不無」）。所以「一切諸法，一切因緣故應有；一切諸法，一切因緣故不應有。」（同上）因緣所生法，不有亦不無。

故雖有而無，雖有而無，所謂非有。雖無而有，所謂非無。如此，則非無物也，物非眞物。物非眞物，故於何而可物？故經云：色之性空，非色敗空。以明夫聖人之於物也，即萬物之自虛，豈待宰割以求通哉？

「宰割」，指小乘的分析而言。小乘講空，是「析色名空」，以爲事物由極微積成，經過分析，才見其爲空無。僧肇「即萬物之自虛」，是說萬物緣聚而有，緣散而無，事無自體，本性是空。「即萬物之自虛」是不有不無之佛理的另一種表述。

〔註27〕見蔣國保、潘桂明：《儒釋合論》，第 163～164 頁；《湯用彤全集》卷一，第 194～195 頁。

〔註28〕《湯用彤全集》卷一，第 196 頁。

3. 竺道生的佛理 —— 涅槃佛性

湯用彤曾評價竺道生，說：

> 生公在佛學上的地位，蓋與王輔嗣在玄學上的地位，頗有相似。漢
> 代京焦易學，專談象數。黃老道家，本重方術。輔嗣建言大道之沖
> 虛無朕，因痛夫前人推致五行之彌巧，而失原愈深。(《易略例》曰，
> 互體不足，遂及卦變。變又不足，推致無行。一失其原，巧愈彌深。)
> 於是主貞一，忘言象。體玄極，黜天道。而漢代儒風，一變而爲玄
> 學。其中關鍵，蓋在乎《周易略例・明象》一章。因大象無形，大
> 道無名，而盛闡得意忘象之說。竺道生蓋亦深會於般若之實相義，
> 而徹悟言外。於是乃不恤守文之非難，掃除情見之封執。其所持珍
> 怪之辭，忘筌取魚，滅盡戲論。〔註29〕

湯用彤肯定了道生佛學成就卓著。《高僧傳》言道生：「生既潛思日久，徹悟
言外，乃喟然歎曰：夫象以盡意，得意則象忘；言以詮理，入理則言息。……
乃立善不受報，頓悟成佛。……乃說一闡提人皆得成佛。」「理」，涅槃佛性
也。王弼於哲學理論上，提出「以無爲本」；於方法論上，提出「得意忘象」。
竺道生於佛性理論上，提出一闡提人亦有佛性；於方法論上，提出頓悟說。
兩位賢者分別以卓越的才俊學識，開各自時代學術新風氣。道生之學要點有
三：

（1）首倡大頓悟

隋碩法師《三論遊意義》云：

> 小頓悟師有六家也。一肇師，二支道林師，三眞安揵師，四邪通師，
> 五匡山遠師，六道安師也。此師等云七地以上悟無生忍也。……竺
> 道師，用大頓悟義也。

頓悟之義，始於道生。其餘諸師說，以道生言之，當是漸悟，非頓悟。

道生《法華疏》云：

> 如來道一，物乖爲三。三出物情，理則常一。如雲雨是一，而藥木
> 萬殊。萬殊在乎藥木，豈雲雨然乎？……佛爲一極，表一而出也。
> 理苟有三，聖亦可爲三而出。但理中無三，唯妙一而已。

權智入道之途可以不同，但終極之「理」爲一。理既是一非三，則悟須一。

又道生《法華疏》云：

〔註29〕《湯用彤全集》卷一，第470頁。

此經以大乘爲宗。大乘者，謂平等大慧，始於一善，終於極慧是也。平等者，謂理無異趣，同歸一極也。大慧者，就終爲稱耳。若統論始末者，一毫之善皆是也。

「理」既「無異趣」，所以須「終於極慧」。「大慧」「極慧」，乃頓悟；「一毫之善」，則爲漸修。道生雖主頓悟但不廢漸修。藉助信修而達於道，則是自發自顯，如瓜熟蒂落，豁然大悟。故生公曰：「見解名悟，聞解名信。」（慧達《肇論疏》）聞解由人（由教而信），見性成佛，則事在我爲。佛性原本在於我自身。但漸修於生公當爲其次。

真理自然，悟亦冥符。真則無差，悟豈容易？（故悟須頓）不易之體，爲湛然常照，但從迷乖之，事未在我耳。（故悟係自悟）」（《涅槃集解》道生序文）（疏解依湯用彤）

大頓悟者，深探實相之本源，明至理本不可分。據《首楞嚴經注序》：「若至理之可分，斯非至極也。可分則有虧，斯成則有散。」所以悟則爲一理「湛然常照」「不易之體」。就「真理自然」，道生注《維摩詰經》云：「理既不從我爲空。」意即「理」不空，當「有佛性我」（同上）。《法華注》云：「窮理乃？。」「窮理」，見法身、佛性；「？」，頓悟。

道生主頓悟。其「理」又有與佛性等同義。所以湯用彤指出：

此開後來以理爲佛性之說，而於中國學術有大關係。〔註30〕

（2）佛性說

據湯用彤考證：晉宋之際佛學上有三大事。一曰《般若》，鳩摩羅什之所弘闡；二曰《毗曇》，僧伽提婆爲其大師；三曰《涅槃》，以曇無讖所譯爲基本教典。竺道生之學問，蓋集三者之大成。於羅什提婆則親炙受學。《涅槃》尤稱得意，至能於大經未至之前，暗與符契，後世乃推之爲《涅槃》聖（《涅槃玄義文句》卷上）。〔註31〕

竺道生的佛性說主要與北涼曇無讖所譯的世稱北本的四十卷《大般涅槃經》（簡稱《涅槃經》）有關聯。「此《經》云，泥洹不滅，佛有真我。一切眾生皆有佛性。皆有佛性，學得成佛；佛有真我，故聖鏡特宗，而爲眾聖中王；泥洹永存，爲應照之本。」（慧叡《喻疑論》）《涅槃經》的中心思想是，一切眾生悉有佛性，以及真我不滅。此前道生因持一闡提人皆有佛性而被擯出佛寺。

〔註30〕《湯用彤全集》卷一，第 479 頁。
〔註31〕《湯用彤全集》卷一，第 450 頁。

又六卷《泥洹》先至京都。生剖析經理，洞入幽微。乃說一闡提人皆得成佛。於時大本未傳，孤明先發，獨見忤眾。於是舊學，以爲邪說，譏憤滋甚。遂顯大眾，擯而遣之。……後《涅槃》大本至於南京，果稱闡提悉有佛性。與前所說，合若符契。」（《高僧傳》）

《涅槃經》所謂一切眾生悉有佛性，先前雖未見經文，但《法華·方便》卻首言開佛知見——眾生有佛知見。道生即以此爲依據而發揮眾生有佛性說。

道生佛性義，有：「一實相無相，二涅槃生死不二，三佛性本有，四佛性非神明。」〔註32〕一言以蔽之「佛有眞我」。「何以知之？每至若問：佛之眞主亦復虛妄，積功累德，誰爲不惑之本？或時有言，佛若虛妄，誰爲眞者？若是虛妄，積功累德，誰爲其主？」（慧叡《喻疑論》）佛性若空，於理不符。佛教破有我，立無我，「無我，本無生死中我，非不有佛性我也」。（《維摩注》）「佛性我」乃湛然常存。「佛性我」是佛眞我法。「法者，無非法義也。無非法者，無相實也。」（《維摩注》）法身實相，等於無有相，即眞如。「佛性我」亦不離生死——《維摩經》云：「何等爲如來種？六十二見及一切煩惱皆係佛種。」道生注云：「夫大乘之悟，本不近舍生死，遠更求之也。斯在生死事中，即用其實爲悟矣。苟在其事，而變其實爲悟始者，豈非佛之萌芽，起於生死事哉？」此意味著生死即涅槃。眾生如不見佛性，則菩提爲煩惱；眾生如見佛性，煩惱即是菩提。

佛性是道生佛理說的一大創舉。

（3）佛性是理說

佛性即涅槃，涅槃即「一理」「妙理」「至理」等。在《法華疏》中，道生借「會三歸一」說明佛學的最高範疇爲「理」。如說「理唯一極」「理爲至也」「道高理遠」「至理玄遠」「理深道遠」「理爲法身」等。「理所表達的上述本體論意義，成爲道生『闡提成佛』『頓悟成佛』的哲學基礎。」〔註33〕

所以應悟理。如《維摩注》云：「既以思欲爲原，便不出三界，三界是病之境也。佛爲悟理之體，超越其域，應有何病耶？」「原在悟理，是得者之所達」；「如是悟理之法故，即以明之也。理既已如，豈復有如之生滅哉？」〔註34〕「悟理」即得佛性，成佛。

〔註32〕《湯用彤全集》卷一，第473頁。
〔註33〕蔣國保　潘桂明：《儒釋合論》，第186頁。
〔註34〕同上。

悟理，須得證理。《涅槃經集解》云：「當理者是佛，乖則凡夫」；「以佛所說，爲證眞實之理，本不變也。唯從說者，得悟乃知之耳。所說之理，既不可變，明知其悟亦湛然常存也。」 理就是佛，佛就是理；悟之爲常，證之爲實。故《法華疏》強調：「玄理幽深，出乎數域之表，自非證窮深理，何由暢然欲申之也。」只有證理，方能「暢然」。「乖理成縛，得理則涅槃解脫及斷也。」〔註35〕煩惱與涅槃解脫的區別只在「乖理」與「得理」之間。

性即理。《涅槃經集解》云：「善性者，理妙爲善，反本爲性」；「善不善者，乖理故不善，反之則成善也」。「善性」就是悟理、證理，反之則爲「不善」。佛之眞如、佛性、理，三者名異實同。

道生之理，無怪乎湯用彤感歎說，「此開後來以理爲佛性之說」的先聲。此亦開法藏圓融之理及宋明理學心性論的先聲。

4. 僧宗的佛理 —— 性理不殊

佛學中以「理」爲「性」，在晉宋道生的「佛性」論中已有明顯的表述。南朝的僧宗亦有「性理不殊」說（《涅槃經集解》卷五四）。

5. 毘曇的佛理 —— 理事二諦

與「理」相對的是「事」。南朝的研究毘曇的一派即以「理」「事」爲二諦。二諦論實是玄學本、末論的流衍。

佛教之理是眞如，空是其實相，事是眞如所顯現之用。爲此，南北朝時中土大德作了種種有益的探討。他們往往「以經中事數，擬配外書，爲生解之例」，即通過「格義」取得對佛理解釋的話語權，「本無」正是玄學回應佛家眞如本體的最早對譯之名。其間「六家七宗」，或以「無在元化之先，空爲眾形之始」的「本無」；或以「但內正其心，不空外色，但內停其心，令不想外色」的「心無」；或以「即色是空」的「即色」等諸論來詮釋眞如實相。〔註36〕而僧肇等諸大德，努力向著佛教眞如本眞回歸。肇公以「即萬物之自虛」的不有不無逼近眞如實相。竺道生以《般若》《毘曇》《涅槃》之集大成者而著稱，孤明先發頓悟成佛、一闡人有佛性，其學理予晉宋佛壇乃至整個中國佛教以震撼。尤其是道生的化佛眞如爲佛性、爲理說，其意義非同一般。佛性，或「性理不殊」，其重要影響有兩個層次。就遠一點說，它有兩個維度，一是心理的，一是義理的。性即理向心理（本體論範疇上的）方面發展，乃

〔註35〕《注維摩詰經》卷二。及蔣國保 潘桂明：《儒釋合論》，第 186 頁。
〔註36〕引文見蔣國保 潘桂明：《儒釋合論》，第 152、160 頁。

心即理，如陸王心學；性即理向義理方面發展，乃性即理，如程朱理學。就近一點而論，它是法藏圓融之「理」思想的直接來源。

值得一提的是《起信論》，陳朝中國人造（呂澂考證）。中國哲學的心性化與《起信論》有相當的關聯。其一心開二門的模式在教內外影響深遠。華嚴宗的理事說、宋明的理氣說，實乃心真如門、心生滅門的摹本。

四、天台宗佛理是圓融之「理」的助緣

天台宗以《法華經》爲正依教典，以《大般涅槃經》爲注解扶疏，以《大品般若經》爲觀心之本，以《大智度論》爲教理指南，更引《華嚴》《維摩》《楞伽》《仁王》等經以證信，引《佛性》《起信》等論以恢弘助成的。「《法華》的根本思想是空性說，說明宇宙間一切現象都沒有實在的、可以把握的自體。」〔註37〕天台智者大師即以《中論》之四句偈〔註38〕而開出即空即假即中的圓融三觀，以致：心、佛與眾生爲一；「煩惱即是菩提，菩提即是煩惱」；「觀一切法無礙無異」〔註39〕。天台宗的大體路徑是《法華經》的「會三歸一」，由此而有：「一心三觀」「三智」「三因佛性」「三身」「一念三千」及「圓融三諦」等觀念範疇。而天台宗引以爲重的「四悉檀」及止觀說，亦即對此觀念範疇的開顯。

天台宗實際創立者是智顗。智顗的《法華文句》《法華玄義》以及《摩訶止觀》被稱爲天台三大部。

1. 天台三大部以「理」統稱佛理之真如本體

天台之佛理，借用現代西方哲學的一個術語來表達：理不能「是什麼」，理如果「是什麼」，它就是一個有限物，亦即不能成爲萬法之所依體。理應該「如何是」。「如何是」用天台宗的術語，乃即空即假即中。「理絕心口，故不可說也。」（《摩訶止觀》卷五下）理不離事，果不離因，「因中但有理體。」（《摩訶止觀》卷三下）事理，亦名權實：「理是真如，真如本淨，有佛無佛，常不變易，故名理爲實。事是心意識等，起淨不淨業，改動不定，故名爲權。若非理無以立事，非事不能顯理，事有顯理之功。」〔註40〕（《法華文句·釋

〔註37〕　呂澂：《中國佛學源流略講》，中華書局2002年版，第325頁。
〔註38〕　眾因緣生法，我說即是空，亦爲是假名，亦是中道義。
〔註39〕　《摩訶止觀》卷一（上）、卷五（上）。
〔註40〕　《妙法蓮華經文句校釋》，宗教文化出版社2000年版，第245頁。

方便品》）「一切眾生理性菩提。」（《法華玄義》卷五下）理是菩提智，一闡提人亦有理。「理涅槃也。」（《法華玄義》卷九上）理是涅槃佛性，「涅槃佛性亦名般若。」（《法華玄義》卷九下）「佛性即中道，因緣生法一色一香無不中道。」（《法華玄義》卷六下）理亦即中道。

「因緣所生法，即空即假即中。」（《法華文句・序品第一》）〔註41〕「即空即假即中」是般若中道，是涅槃佛性，是菩提智，是真如，是萬法實相，是天台佛理的主要形態。

2. 天台佛理之特點

天台之真如佛理趨向於「理」化，其特點有四：

（1）理心性化

天台佛理之心性化，乃源於《華嚴經》的唯心說。《十地經》卷四云：「了達三界唯是心，十二有支依心有。」《華嚴經》云：「心如工畫師，畫種種五陰，一切世界中，無法而不造。……心佛及眾生，是三無差別。」〔註42〕「三界虛妄，但是心作。」〔註43〕所以《法華玄義》卷八上云：「心是理本，若無心，理與誰含。」《法華文句・序品第一》云：「心之理性，畢竟常寂。」〔註44〕《摩訶止觀》云：「理即者，一念心即如來藏理。如故即空，藏故即假，理故即中。三智一心中。」「停心在理正是達於因緣。」〔註45〕理，即心，即因緣，亦即三諦圓融，「心性即空即假即中。」（《法華玄義》卷四下）「諸佛解脫當於眾生心行中求。」（《摩訶止觀》卷十下）理實即是一心。

天台之佛理亦即一心。

（2）理事並論

《法華玄義》云：「事理不融，是故為粗。」〔註46〕「事無理印，則同魔經。」〔註47〕《法華文句》云：「事理融通。」「蓋事理互現，復何淺深？」〔註48〕《摩訶止觀》云：「究竟橫豎理事具足。」〔註49〕

〔註41〕同上，第13頁。
〔註42〕《夜摩天宮菩薩說偈品》第十六，晉譯六十《華嚴經》卷十一。
〔註43〕《十地品・第六現前地》第二十二之四，晉譯六十《華嚴經》卷二六。
〔註44〕《妙法蓮華經文句校釋》，第166頁。
〔註45〕《摩訶止觀》卷一（下）、卷三（上）。
〔註46〕《法華玄義》卷三（下）。
〔註47〕《法華玄義》卷八（上）。
〔註48〕《釋方便品》;《釋安樂行品》,《法華文句》第八（下）。
〔註49〕《摩訶止觀》卷一（上）。

（3）理不生不滅，是萬法之所依體

「理不生即法佛。」（《摩訶止觀》卷五下）不生乃不滅，「不生不滅即是中道。」（同上）「見眞諦理名爲不生，理既不生，理亦不滅。是爲不生不滅名無生忍。」（同上）無生忍，即無爲法、中道，是能依，萬法是所依。

（4）理具有無限包容性

「一心三觀」實是融《華嚴》「於一念中知三世法」〔註50〕及三界虛妄但是一心作，《般若》中道觀、《法華》「會三歸一」等思想爲一體的。「就在陳隋之交，……那時期佛學的一般趨勢都帶著折衷意味，天台宗在這一點上表現較爲明顯。」〔註51〕此爲教內的大融合。

教外則主要與儒家合流。智顗以五戒與儒家的仁義並用。《法華玄義》卷六下云：「若堅持五戒，兼行仁義，孝敬父母，信敬慚愧，即是人業」。亦以五戒比附五常。《摩訶止觀》卷六下云：「深知五常、五行，義亦似五戒」。

智顗對道家則加以排斥。《摩訶止觀》卷五下云：「以『道可道，非常道，名可名，非常名』均齊佛法，不可說示。如蟲食木，偶得成字。檢校道理，邪正懸殊」。如認道家與佛法相似，是「如蟲食木，偶得成字」，兩者的教義實是「邪正懸殊」。《摩訶止觀》卷十上：「莊子云：貴賤苦樂，是非得失，皆其自然。若言自然，是不破果；不辨先業，即是破因」。自然說乃是「破因不破果」，即無因而有果。這與佛家的因果說有很大的差距。

道家雖爲智顗所擯斥，但亦有吸收。智顗「理是眞如」之論斷雖有孤明先發之見，實與《莊子》的「天之理」「天理」有關涉。《莊子·漁父》：「同類相從，同聲相應，固天之理也。」《莊子·養生主》：「依乎天理，批大卻，導大窾，因其固然。」兩理均有形上學意味。理之一字，在莊子之前，只有形而下之紋理、分理等義，其形上學義則始於此。智顗此「理」的形上學義，除源於《莊子》外，則不見於早期其它文獻。當然，智顗「理」的形上學義，更與南北朝之本無有關聯。但本無乃出於老莊。

所以，智顗的「理」既然對儒道有吸收、融合性，也就有開放、包容性。也就是說智顗的「理」具有普遍性。

3. 天台佛理與實相說

《法華經》「十如是」這段經文可以「翻轉三讀」：「一云是相如、是性如

〔註50〕《離世間品》第三十三之八，晉譯六十《華嚴經》卷四十四。
〔註51〕呂澂：《中國佛學源流略講》，第325頁。

乃至是報如；二云如是相、如是性乃至如是報；三云相如是、性如是乃至報如是。」〔註52〕三種讀法分別顯示空、假、中三諦，三諦又同時歸於一實相，所謂「究竟」就是實相。「十如是」是智顗從不同角度來說明實相的。「菩薩行般若時，雖知諸法一相，亦能知一切法種種相；雖知諸法種種相，亦能知一切法一相。云何觀一切法一相？所謂觀一切法無相。」〔註53〕一相即無相，無相即實相，實相乃天台之佛理。「見實相，理也。」〔註54〕理乃是即空、即假、即中的實相。「如來藏即實相」（《法華玄義》卷五下）。理亦是如來藏。

　　智顗講一念三千，而「此三千在一念心」（《摩訶止觀》卷五上），「心即佛性，……觀因緣即是佛性」（《摩訶止觀》卷三下）。心即是佛性，心亦即因緣大法本身。因緣大法的「非因非果是甚深之理，因果是甚深之事。」（《法華玄義》卷九下）。理事，乃天台甚深之佛理。其眞理性與華嚴宗法藏的圓融之理事精神深相契合。兩者也逐漸呈現出了融合爲一的趨勢。

五、華嚴法藏圓融之「理」的特徵

　　在隋唐之際的教義中，「理」「事」說在在二諦論與禪法合流的基礎上有進一步的發展。智顗在《釋禪波羅蜜次第法門》《摩訶止觀》〔註55〕中都曾結合理事來講「止觀」「禪定」。唐代前期的禪宗也有理事說，如「心不動，是定、是智、是理；耳根不動，是色、是事、是慧」（《大乘無生方便門》）。在早期的天台宗、禪宗以及唯識宗的教義中，理事說還不是一個突出的問題〔註56〕。但經過唯識宗「心識」說的影響，理事說就有了重大的轉變。唯識宗認爲，前七識爲轉識，第八識叫本識，七種轉識都直接或間接以第八識爲最後的依止；本識與轉識又可謂「心」與「心所」——「心所與心，雖恒俱轉，而相應故，和合似一，不可施設離別殊異」〔註57〕。心、心所「和合似一」，亦即本識與轉識「和合似一」。「心」「心所」（「本識」「轉識」）的關係，用華嚴宗的話來講，即理事關係。「在這裏，我們已經可以看出，『理』『事』之說，既承接玄學與佛學合流的緒統，又是各派佛學與中國傳統思想相糅合的交絡之點。到了華嚴宗，『理』

〔註52〕《法華玄義》卷二（上）。
〔註53〕《法華玄義》卷三（下）。
〔註54〕《釋信解品》，《法華文句》第六（下）。
〔註55〕見《大藏經》46冊，第499、71頁。
〔註56〕侯外廬：《中國思想通史》第四卷，第232頁。
〔註57〕《成唯識論校釋》，中華書局，1998年版第508頁。

『事』之說就突出地成為這一宗派的教義的理論核心。」〔註58〕華嚴宗的「理」「事」教義是個實實在在的「雜家」，其實際創立者法藏更是匠心獨運，將理事說，發展成為一種精緻的理論——圓融之「理」。

所謂「圓融之『理』」，就其綜合的理論意義而言，它有哲理和宗教兩個方面的意思：就哲理而言，指法藏「一即一切」的哲學學說，「理」與「一」相當，該「理」是形而上的宇宙本體；就宗教而言，指佛教的緣起大法，具體包括法界緣起、如來藏緣起。圓融之「理」，簡而言之，有以下幾個特徵：

1. 圓融之「理」的實有性

圓融之「理」的實有，乃相對於印度佛教真如的空無而言的。

佛法認為，一切法不自生，不從他生，不自他共生，也不是無因生；而是因緣生。因緣所生法，無有自性，所以是如，如如，真如，亦即空。一切法的實相是真如。因而《維摩詰經・菩薩品》卷上：「一切眾生皆如也，一切法亦如也，眾賢聖亦如也。」在以《大般若經》為代表的大乘初期，「一切法空」的主張甚為普遍。大乘後期則不以為然，認為虛妄的是空，真實的不空。空的含義，指一切有為法，體無自性；並不是像一切有部〔註59〕說的那樣，只以無我（身見）為空。有為法自性空，如來無為法不空，《大般涅槃經》正是這樣說的。確實，「一切法如幻，一切法空的法門，不適於一般根性，一般初學是不能正確理解的」〔註60〕。《摩訶般若波羅蜜經》卷二六：「若新發意菩薩，聞是一切法畢竟性空，乃至涅槃亦皆如化，心則驚怖。」〔註61〕何止「驚怖」？南北朝盛行的《般若》，說一切法如幻如化，涅槃也如幻如化〔註62〕，根本與中國人的思維習慣是不相容的。《左傳》倡導的「大上有立德，其次有立功，其次有立言」，曾讓多少仁人志士美夢成真。老莊之道也是實有，其理想中的「真人」不是空。儒家成賢成聖也不是虛妄。與前期大乘經「一切皆空」觀所不同的是，後期大乘經典有了相當大的改觀。如《攝大乘論釋》卷六云：「由是法自性本來清淨，此清淨名如如。於一切眾生平等有，以是通相故。由此法是有故，說一切法名如來藏。」〔註63〕《大

〔註58〕侯外廬：《中國思想通史》第四卷，第232頁。

〔註59〕一切有部說：有為、無為法是實有的，我與我所是沒有的。經上說「諸行空」，是說諸行——五蘊沒有我與我所，而有為法上不空的。

〔註60〕印順：《如來藏研究》，第144頁。

〔註61〕《大藏經》8冊，第416上頁。

〔註62〕見《摩訶般若波羅蜜經》卷八，《大藏經》8冊，第276上、中頁。

〔註63〕《大藏經》31冊，第191下頁。

般涅槃經》：「佛法有我，即是佛性」；「我者，即是如來藏義。一切眾生悉有佛性，即是我義，如是我義。從本以來，常為無量煩惱所覆，是故眾生不能得見」〔註64〕。「我者即是佛義。」〔註65〕後期東傳來的大乘經典，基本上肯定了真如的「神我」性，而不是空無所有，即通過真如的如來藏化、佛性化等而使之實有化。如來藏是「神我」的異名；佛性，即人性，此與儒家的「人皆可以為堯舜」同義。對此，東土諸大德所持的態度都是積極的。如慧遠云：「佛是至極則不變。無變之理，豈有窮耶？」（《高僧傳·慧遠傳》）窮，空也。佛是不空的。慧叡：「佛有真我，一切眾生，皆有佛性，便當應如白日郎其胸衿，甘露潤其四體，無所疑也！」（《喻疑論》）一切眾生皆有真我佛。竺道生：「法者無復非法之義也。性者，真極無變之義也。」〔註66〕非法，空也。佛性永恒不變。竺道生還進一步將真如佛性具體化為「理」：「理不可亡，行之則存也」；「言雖反常，理不乖真」（《法華經疏》卷下）；「維摩詰居此室而應者，大明宗極之理也，而宗極之理無取大小，此則表佛功德外勳矣」（《維摩詰經注》卷六）。此「理」即是真如佛性，真實無妄。

法藏的圓融之「理」也是真如佛性的實有化。如「理法謂真如性」〔註67〕，「理」即真如佛性。「如來藏為無始惡習所薰習故，名為識藏；如來清淨藏，世間阿賴耶，如金作指環展轉無差別」〔註68〕。「如來清淨藏」，表現於「識藏」、「阿賴耶」，即眾生也。此「如金作指環」，猶「理」即事也。實際上，「理」即如來藏。「如來藏不在阿賴耶中，是故七識有生有滅，如來藏者，不生不滅」〔註69〕。如來藏不生不滅，即「理」不生不滅。「理」是一絕對體；它超越時空，是萬法得以生滅的最終根據。

法藏的圓融之「理」是對道生實有之佛理既是繼承，又是發展。它與佛教大乘初期真如之空是截然不同的。

2. 圓融之「理」既內在又超越

現象學大師胡塞爾指出：「任何形式中的超越性都是一種內在的超越性，在自我中自己構造出存在的特徵」〔註70〕。內在和超越不可分。「內在

〔註64〕《大藏經》12 冊，第 407 上、中頁。
〔註65〕《大藏經》12 冊，第 377 中頁。
〔註66〕《涅槃經集解》卷九，《大藏經》37 冊。
〔註67〕《大藏經》35 冊，第 208 上頁。
〔註68〕《大藏經》35 冊，第 347 上頁。
〔註69〕《大藏經》35 冊，第 385 上頁。
〔註70〕胡塞爾：《笛卡兒沉思與巴黎講演》，人民出版社 2008 年版，第 121 頁。

性和超越性必須被完全理解爲意向的成果」〔註71〕。「內在的存在無疑在如下的意義上是絕對的存在，即它在本質上不需要任何『物』的存在。另一方面，超驗物的世界是完全依存於意識的」〔註72〕。胡塞爾所謂的「內在」即意識流，它是對絕對存在（自我意識）的分殊，絕對存在則是超越的。兩者實際上都是意向作用的結果，因爲「不需要任何『物』的存在」及「完全依存於意識的」，也就是說內在與超越統一的基礎是純粹意識。相較於胡塞爾的內在與超越，法藏所依循的路徑與之完全相同。法藏在解釋《起信論》「一心二門」時，說：「言一心者，謂一如來藏心含於二義：一約體絕相義，即眞如門也——謂非染非淨，非生非滅，不動不靜，平等一味，眾生即涅槃，不待滅也，凡夫彌勒同一際也；二隨緣起滅義，即生滅門也——謂隨熏轉動成於染淨，染淨雖成，性恒不動，只由不動能成染淨，是故不動亦在動門。」（《起信論義記》卷中）「一如來藏心」含體「非染非淨」及用「隨熏轉動成於染淨」，體是超越的，用是內在於「染淨」（事）的。超越「不動」之體內在於用之「動」中（「不動亦在動」），故超越即內在。超越與內在統一的基礎則是一如來藏心。「一如來藏心」即法藏的圓融之「理」。

法藏的圓融之「理」是既內在（事）又超越（理）。此意味著「體用一源，顯微無間」。而這與老子的超越之道是大不相同的。《老子》說：「天下萬物生於有，有生於無。」（四十章）「無」即「道」。「道生一，一生二，二生三，三生萬物。」（四十二章）老子的「道」是形而上之本體，萬物依它而生，猶如母生子一般。此「母」「子」是二物。《易傳》也因襲老子的生成說〔註73〕，故有太極生兩儀，兩儀生四象，四象生八卦的宇宙生成觀。太極乃屬形上學之範疇。「是故形而上者謂之道，形而下者謂之器」。（《繫辭上》）《老》《易》皆道、器分明，不容混淆。新道家王弼亦主道、器二分說。其《老子》四十章注云：「天下之物，皆以有爲生；有之所始，以無爲本；將欲全有，必返於無也。」「無」是形而上之道，「有」是形而下之器。「有」只有以「無」爲本才能存在。王弼還概括《老子》說：「《老子》之書，其幾乎可一言而蔽之。噫！崇本息末而已矣。」（《老子指略》）「本」「末」界限不能泯滅。王弼哲學的主旨是貴無論。其體用不二，意在重體輕用，完全是爲其貴無論服務的；

〔註71〕胡塞爾：《笛卡兒沉思與巴黎講演》，122頁。
〔註72〕胡塞爾：《純粹現象學通論》，商務印書館，1997年版，第134頁。
〔註73〕陳鼓應：《易傳與道家思想》，三聯書店1997年版，滴77、78頁。

體用不二，表裏不一。

　　牟宗三在《道家玄理之性格》中談道時，說：「分析地講的道，當然是超越的，但道也是內在的。既超越而又內在才是具體的道，東方思想都是如此。既然內在，那道具體的運用一定和萬物連在一起說，就是連著萬物通過徼向性而生物，這就是不生之生。若不和萬物連在一起，徼向性完全從無說，使你瞭解道的創造性，那只是開始的分解的瞭解，一時的方便。」〔註74〕牟先生的這段話，實是對法藏的圓融之「理」的注解。圓融之「理」有時作理事二分，這只是種施設方便而已，理事其實是不能分的。道家之有無、《易》形上之道與形下之器、玄學家之本末，是截然二分的。「既超越而又內在才是具體的道」，方是法藏圓融之「理」的特質。

3. 圓融之「理」具有無限包容性

　　圓融之「理」有《華嚴經》的因子，尤其是《華嚴經》的甚深佛境。

　　《維摩詰經·菩薩品第四》卷上云：「起於慧業，斷一切煩惱，一切障礙，一切不善法。起一切善業，以得一切智慧。」佛法講的是由迷入悟、轉識成智，即以智慧斷無明煩惱，成就善業。《阿毗達磨大乘經》云：「福德智慧二資糧。」福德、智慧互助資成，智慧能使眾生脫離生死苦海而得福。《華嚴經》探求的佛境，就是這種智慧。晉譯《華嚴經》云：「一切眾生長眠生死，如來出世能覺悟之，安慰世間令無怖畏。心無所著無能壞者，安住智慧。」〔註75〕只有心生智慧才能「無所著無能壞」。「智慧境界不可窮盡。」〔註76〕「智慧如大海。」〔註77〕海有二義：「一深廣，二具德。」（《探玄記》卷三）〔註78〕海深般的智慧無所不包。它是佛境，是真佛法。「佛法及菩提，求悉不可得。」〔註79〕佛法其實就是一種境界，是一切皆空的境界，是一切不可得的境界。

　　《華嚴經》中的蓮華藏莊嚴世界海佛境，在法藏的哲學中，一變即為理事無礙境界，「境理事無礙故。」（《探玄記》卷十七〔註80〕）理事無礙的境界：從佛教的角度講是空遍於一切法；從哲學的角度講是無盡的智慧能洞察

〔註74〕牟宗三：《中國哲學十九講》，第101頁。

〔註75〕《如來升兜率天宮一切寶殿品》第十九之二，晉譯《華嚴經》卷十四。

〔註76〕同上。

〔註77〕《明法品》第十四，晉譯《華嚴經》卷十。

〔註78〕《大藏經》35冊，第163上頁。

〔註79〕《如來升兜率天宮一切寶殿品》第十九之二，晉譯《華嚴經》卷十四。

〔註80〕《大藏經》35冊，第420下頁。

一切事物實相。圓融之「理」，乃兼佛教的無邊之「空」義與哲學的海深般之「智慧」義而成。從佛教實踐來看，圓融之「理」實即是佛、佛性。無情之所以有性，是因爲體無自性，有其「空」理；衆有情之所以皆得成佛，是因爲有其「智慧」，究其實還是實相之「空」理。圓融之「理」因含空及智慧海之二特點，所以具有無限包容性，所以涵括一切有情及無情。因而「法界緣起，無礙自在。一即一切，一切即一。」（《華嚴五教章》卷二）因而理事圓融，事事無礙。故法藏說：「泯理而唯事，未嘗事而非理。盡事而唯理，未嘗理而非事耳。良以事虛攬理無不理之事，理實應緣無礙事之理。」（《探玄記》卷七〔註81〕）萬事皆因有空之理，所以理事圓融無礙。

　　4.圓融之「理」雖非理性，但又不乏理性

　　理性與非理性，沒有一定的界限。但就理性的定義而言，至少有三個層次的含義：其一是科學的，其二是道德的，其三是哲學的。

　　其一，就科學層面的理性而言，當以西方的柏拉圖爲準。柏拉圖，被黑格爾稱之爲「人類的導師」〔註82〕，以很大的毅力，「說出了人的理性是如何地接近神並且與神一致」〔註83〕。柏拉圖認爲唯有理性思想產生出來的才具有眞理性。因爲普遍的東西（即共相）只能爲思想所產生，或爲思想所把握，它只有通過思維的活動才得到存在。柏拉圖把這種有普遍性的內容規定爲理念。如何認識理念？柏拉圖說：「人應當通過理性，把紛然雜陳的感官知覺集納成一個統一體，從而認識理念。」〔註84〕柏拉圖把感性的意識、特別是感性的表象、意見、直接的知識都包括在「意見」這一名詞之內。介於意見和眞正科學中間的是抽象理智的認識、推論的反思、反思的認識，「所謂反思即是有感性意識混雜在內的思維」〔註85〕。這種認識作用從感性認識中構成普遍的規律、概念。據他說，這裏就是一般科學出現的地方。科學就建築在思維、普遍原則的規定、基本原理、假設上面。這些假設本身不是感官所能觀察，其本身也不是感性的；它們無疑地屬於思維。不過，這還不是眞正的科學，眞正的科學在於觀察那絕對普遍的東西，那精神性的共相（理念）。「這是理性本身所涉及的知識，在這裏理性通過辯證法的力量（性能），運用假設，

〔註81〕《大藏經》35冊，第252下頁。
〔註82〕黑格爾：《哲學史講演錄》第二卷，商務印書館1996年版，第151頁。
〔註83〕同上，第177頁。
〔註84〕柏拉圖：《斐德羅》，249B—250B。
〔註85〕黑格爾：《哲學史講演錄》第二卷，第198頁。

不是把假設當作原理，而是實際上只當作假設，當作階梯或出發點；由此直至理性，達到無假定的東西、萬有的（第一）原理。」〔註 86〕科學原理只為理性所能把握。這就是由柏拉圖所開創的科學理性的含義。

懷特海曾說過：「兩千五百年的西方哲學不過是柏拉圖的一系列腳註」〔註 87〕。確實如此，西方的學術、文化一直是科學的理性思想占統治地位，尤其是近現代，形成了科學技術獨霸天下的局面。

其二，就道德層面的理性而言，當以儒家的道德理性為準。道德理性，牟宗三曾有過精闢的闡述。他以「截斷眾流」「涵蓋乾坤」「隨波逐浪」的「雲門三句」，表達了道德理性的內涵。「截斷眾流」，就是肯定康德所講的自由自律的意志、進而肯定儒家的性體心體，因其發出的道德法則，有其必然性與普遍性；因其能斬斷一切外在的牽連而為定然的、無條件的；因此而引發「存心純正、不為別的、但為義故」的道德行為。「涵蓋乾坤」，是說這定然的、真實的性體心體，不只是人的性，不只是成就嚴整而純正的道德行為，而是直透至其形而上的宇宙論的意義；而為天地之性，而為宇宙萬物底實體本體，而為寂感真幾、生化之理。「隨波逐浪」，是說這道德性的性體心體，不僅在截斷眾流上只顯為定然命令之純形式義，只顯為道德法則之普遍性與必然性；而且還要在具體生活上，通過實踐的體現工夫，即所謂「盡性」，作具體而真實的表現。〔註 88〕道德理性的具體化，就是仁義理智信。

性體心體，即道德理性，如還原成朱子系的話即「天理」。何謂天理？「人倫者，天理也。」〔註 89〕「萬物皆有此理，理皆同出一源，但所居之位不同，則其理之用不一。如為君須仁，為臣須敬，為子須孝，為父須慈。物之各具此理，事物之各異其用，然莫非一理之流行也。」〔註 90〕天下皆為此一天理之流行，只是人、物所得分殊有別，須一一窮盡其理，方不為夢過一場。「窮理，如性中有個仁義禮智，其發則為惻隱、羞惡、辭遜、是非。只是這四者，任是世間萬事萬物，皆不出此四者之內。」〔註 91〕道德理性，乃仁義禮智，萬事萬物皆不出此四者。這也就是為什麼牟宗三稱「道德秩序即是宇宙秩序」的緣由。

〔註 86〕同上，第 197 頁。

〔註 87〕〔美〕威廉・巴雷特：《非理性的人》，商務印書館 2004 年版，第 79 頁。

〔註 88〕牟宗三：《性體與心體》上，上海古籍出版社 1999 年版，第 99〜118 頁。

〔註 89〕《二程集・外書》卷七，中華書局 1981 年版，第 394 頁。

〔註 90〕《朱子語類》卷十八，中華書局 2004 年版，第 398 頁。

〔註 91〕《朱子語類》卷九，第 155 頁。

西學欠缺道德理性，中學欠缺科學理性。這就是東西方文化的差異。

其三，就哲學（宇宙本體）層面的理性而言，當以佛教的般若智爲設準。此亦即天台宗的即空即假即中的「一心三觀」，其「觀」乃以般若智觀一切法，以便得「如是本末究竟」〔註92〕。這亦即圓融之「理」的哲學理性。圓融之「理」的實質，或可謂：「眞諦無人法故不有，顯二空故不無；人法無不無，二空有不有。於俗諦分別性故不有，依他性故不無；分別不定無，依他不定有。是故二諦俱有無」〔註93〕。觀一切法「俱有無」（「不有不無」），乃是般若智；換言之，即以圓融之「理」的般若智，觀圓融之「理」所顯現的不有不無的諸法實相，這就是圓融之「理」的哲學理性。以一闡提人因其具有實相，所以他亦有此理性。「理」，實指一種境界，達此境界乃常樂我淨，乃成佛得道。牟宗三在《玄理系統之性格》一文中指出：「道家的無並不是客觀的實有，而完全是由主觀修行境界上所呈現的一個觀念。」〔註94〕此「觀念」，即一種極高智慧境界。圓融之「理」正與此「道家的無」相當。誠如「佛雖現我，然我求佛不得」〔註95〕。圓融之「理」永遠是一種境界理性而已。

圓融之「理」以哲學層面的宇宙本體理性見長，但短於科學層面的理性及道德層面的理性。但在具體的實踐中，往往又是以偏概全。西方以科學理性代替哲學理性，中國傳統則以道德理性代替哲學理性。相對而言，佛家的圓融之「理」則更接近於哲學理性。

5. 圓融之「理」的思維模式具有整體性，即「智的直覺」

牟宗三就中、西文化的區別時，指出：中學重主觀性原則，「以仁、智、聖開始而向外通的，屬主觀性原則，或主體性原則」〔註96〕；西學重客觀性原則，即「向外看」，「基督教永遠往外轉，向上看。科學也是永遠向外看，這不待言。就是西方的哲學也是習於向外看。西方文化的特點就是如此」〔註97〕。中學重「綜和的盡理之精神」，西學重「分解的盡理之精神」；即中學重「道統」，西學重「學統」；或中學重「智之直覺形態」，西學重智之「知性形

〔註92〕即諸法實相。見《法華經・方便品》卷一「十如是」：如是相，如是性，如是體，如是力，如是作，如是因，如是緣，如是果，如是報，如是本末究竟等。

〔註93〕《大藏經》35 冊，第 140 上頁。

〔註94〕牟宗三：《中國哲學十九講》，上海古籍出版社 1998 年版，第 109 頁。

〔註95〕《大藏經》35 冊，第 140 上頁。

〔註96〕牟宗三：《中國哲學的特質》，上海古籍出版社 2007 年版，第 39 頁。

〔註97〕《牟宗三學術文化隨筆》，中國青年出版社 1996 年版，第 191 頁。

態」（知性形態的智，是「方以智」──《易經》語〔註98〕）。簡言之，中學主「直覺形態的智」：

> 此種直覺形態的智，如用西方哲學術語言之，即是：其直覺是理智的，不是「感覺的」；其理智是直覺的，不是辨解的，即不是邏輯的。可是這種智，在西方哲學家言之，大都以爲只屬於神心，即惟上帝之心靈始有之。而人心之直覺必是感覺的，其理智必是辨解的。他們把圓智只屬於神心，而於人心之智，則只言其知性形態。〔註99〕

牟宗三「直覺形態的智」，來源於佛教的「眞常心」，而且是來自於《起信論》的。「佛教的發展必然要提出『眞常心』的系統，這個系統可以《起信論》的思想作爲代表」〔註100〕。

「直覺形態的智」與「知性形態的智」在思維模式上的不同之處是：前者重整體，如「圓而神」（《易經》語）〔註101〕，其內容是盡心、盡性，盡倫、盡制的成就聖賢的人格精神。後者重主客二分，如人是主體，自然是客體，人與自然的關係是一種征服與被征服的關係；其內容自以邏輯、數學、科學爲主。

「直覺形態的智」，其實就是圓融之「理」的般若智。圓融之「理」最大的特點是主客不能二分；也就是說，體即用，用即體。

〔註98〕牟宗三：《中國哲學的特質》，第 161 頁。
〔註99〕同上，第 162 頁。
〔註100〕牟宗三：《中國哲學十九講》，第 268 頁。
〔註101〕牟宗三：《中國哲學的特質》，第 154 頁。

第一章　圓融之「理」的內在本質
——緣起與性起

緣起法是佛法的根本。

據傳，年輕的佛陀有次在乘車經過迦毗羅衛城市和出外遊園的時候，他看到了四種凶兆：一個衰邁不堪的可憐老人，一個害了肮髒疾病的受苦人，一具正在埋葬的屍體，一個出家人（流浪者或沙門）。前面三個人使他非常痛苦、難過，對最後的一位，他感到高興。這位出家人無暴、慈悲，象徵世界之外的另一條路。他看透了世俗生活的不幸，於是下決心捨離俗世而出家。隨後，他開始了通過摧殘自己的肉體，減弱身體的力量來達到精神自由的苦行。這種苦行生活持續了六年，遂感到苦行之無益，乃毅然捨棄。於是佛陀端坐在菩提樹下觀想，因此而獲得了某種「甚深難解」的東西，並使之徹底地解脫。這就是因緣緣起法，也可以說是條件生成的因果原理。

緣起法有廣義和狹義之分：廣義的緣起法是指，隨著這一學說的發展，緣起法的內容逐漸充實，層層積纍，由此而構成的緣起法體系；狹義的緣起法，即指佛陀菩提樹下所悟之道——十二有支緣起，也稱業感緣起。

第一節　緣　起

一、業感緣起

1. 業感緣起概念

所謂業，指想〔註1〕，思；想，思均是心數法。「諸心數法中能發起、有所作故名業。」（《中論・觀業品》）「以此三毒（貪、瞋、恚——筆者）因緣

〔註1〕分別知名字相故名爲想。——《中論・觀行品》

起三業，三業因緣起三界，是故有一切法。」（《中論‧觀染染者品》）無明三毒起三業，三業起三界，即一切法。業有輪迴果報：善業緣起，有善報；惡業緣起，有惡報。「彼眾生者，因自行業，因業得報。緣業、依業、業處，眾生隨其高下處妙不妙。」〔註2〕妙，善也。眾生因自作業自得報。「愚癡人者，以本時貪著食味，行身惡行，行口、意惡行，彼行身惡行，行口、意惡行已，因此緣此，身壞命終，生畜生中。」〔註3〕愚癡人作惡業，生畜生中。「彼智慧人，行身妙行，行口、意妙行，彼行身妙行，行口、意妙行已，因此緣此，身壞命終，必升善處，上生天中。」〔註4〕智慧人作善業，上生天中。行就是業，就行為或意願所遺留的影響力而言常稱為業〔註5〕

過去的業行招致現在的果報，抑或當下的業行導致未來的果報，即為業感果報。「當知作短壽相應業必得短壽，作長壽相應業必得長壽，作多疾病相應業必得多疾病，作少疾病相應業必得少疾病。」〔註6〕此抑或謂業感緣起

所謂緣起，其意義本來指事物間因果的關係而言，著重在緣字。緣，是指一切法中的每一個法的生起所必備的條件，即有條件的意思，因為諸法不是自然單獨生起的，是要靠其它法的幫助才能生起，這就是緣字的含義。說起，不過表示緣的一種功用而已。譬如說「無明緣行」，就是緣起的一個具體事例，這裏並不用加個起字，意義亦很清楚，就是說行的生起乃由於有了無明為緣。

諸緣可分為四類，即因緣、等無間緣、所緣緣、增上緣。據《瑜伽師地論》卷三釋：

> 一因緣，二等無間緣，三所緣緣，四增上緣。因緣者，謂種子；等無間緣者，謂若此識無間，諸識決定生，此是彼等無間緣；所緣緣者，謂諸心所所緣境界；增上緣者，謂除種子，餘所依。……由種子故，建立因緣；由自性故，立等無間緣；由所緣故，立所緣緣；由所依及助伴故，立增上緣。

所謂因緣，自類親因，親生自果，故名因緣。等無間緣，前念滅後念生，前後一致故名為等；中無間隔，故稱無間；此適用於精神現象。所緣緣，多見

〔註2〕《中阿含經‧卷四十四‧170經》下，第767頁。
〔註3〕《中阿含經‧卷五十三‧199經》下，第915頁。
〔註4〕同上，第918頁。
〔註5〕〔英〕渥德爾：《印度佛教史》，商務印書館2000年版，第107頁。
〔註6〕《中阿含經‧卷四十四‧170經》上，第770頁。

於唯識學中，是指心、心所能緣見分所緣慮的對象，唯識認為，由識所變現的相分，是虛幻不實的。增上緣，即對法的形成起促進作用的條件。〔註7〕

所有緣起法不出此四緣。

2. 十二支緣起的順觀、逆觀

緣取於業，業緣於身、口、意之行。身、口、意由五陰成。「五盛陰從因緣生，色盛陰，覺、想、行、識盛陰。」〔註8〕五陰是愛。因愛取煩惱的衝動，造成種種非法的的身、口、意業。縱然生起的是善業，也總是在自我的執著下，是有漏的生死業，是無常。業亦是身心活動而保存的功能，即以前的行為、意願所遺留的影響力。業（行）在十二支緣起中又叫作有：它是果，又是因。業（行）亦可追溯至無明。《中阿含經》云：

> 是為緣無明有行，緣行有識，緣識有名色，緣名色有六處，緣六處
>
> 有更樂，緣更樂有覺，緣覺有愛，緣愛有受，緣受有有，緣有有生，
>
> 緣生有老死、愁戚、啼哭、憂苦、懊惱，如是此淳大苦陰生〔註9〕

當提出「老死」為何的問題時，究其原因則發現了「生」，由此依次追究下去就追溯到了「無明」。這樣觀察到緣「無明」而有「行」，乃至緣「生」而有「老死」，這就是無常、苦的根源，也叫十二有支緣起的順觀。

十二有支緣起的順觀，揭示了產生無常與苦的原因。「是為色無常，覺、想、行、識無常，無常則苦。」〔註10〕無常即苦。「云何知苦？謂生苦、老苦、病苦、死苦、怨憎會苦、愛別離苦、所求不得苦，略五盛陰苦，是謂知苦。」〔註11〕世間一切苦均為五蘊苦。五蘊並非為實有之我，但「愚癡凡夫不有所聞，見我是我而著於我，但無我、無我所、空我、空我所。法生則生，法滅則滅，皆由因緣合會生苦。」〔註12〕我為因緣和合而成，因緣聚則有我，因緣散則無我。眾生之苦是由於執著於五蘊之我，「若無因緣，諸苦便滅」。〔註13〕眾生「於此緣起不知如真，不見如實，不覺不達故，令彼眾生如織機相鎖，如蘊蔓草，多有稱亂，匆匆喧鬧，從此世至彼世，從彼世至此世，往來不能

〔註 7〕　此釋多見《成唯識論校釋》，中華書局 1998 年版，第 45 頁。

〔註 8〕　《中阿含經・卷七・30 經》上，第 124 頁。

〔註 9〕　《中阿含經・卷五十四・201 經》下，第 936、937 頁。

〔註10〕　《中阿含經・卷二十七・111 經》，第 476 頁。

〔註11〕　《中阿含經・卷十一・62 經》，第 208 頁。

〔註12〕　《中阿含經・卷十一・62 經》，第 208 頁。

〔註13〕　《中阿含經・卷二十四・97 經》，第 419 頁。

出過生死。」〔註14〕這就是有情的眾生爲無明所覆,「於此緣起不知如眞」。

是爲無明滅則行滅,行滅則識滅,識滅則名色滅,名色滅則六處滅,六處滅則更樂滅,更樂滅則覺滅,覺滅則愛滅,愛滅則受滅,受滅則有滅,有滅則生滅,生滅則老死滅,愁戚、啼哭、憂苦、懊惱可得滅,如是此淳大苦陰滅。〔註15〕

由觀察到「無明」滅而「行」滅,乃至由「生」滅而「老死」滅,這是滅苦、解脫的根本所在,也叫緣起的逆觀。

十二有支緣起,「譬如三蘆立於空地,展轉相依,而得樹立。若去其一,二亦不立;若去其二,一亦不立;展轉相依,而得樹立。」〔註16〕十二有支緣起,或可概括爲「若有此則有彼,若無此則無彼;若生此則生彼,若滅此則滅彼。」〔註17〕其實十二有支緣起,即是一大因果律,它是自然與人生的高度概括。

3. 名色與識

順觀揭示了眾有情生死輪迴的事實。即有生而有死,因執有的存在 ——欲界、色界、無色界,眾生才有苦、樂的感受。眾生感受無盡,對色、聲、香、味、觸、法之愛執著不捨。愛又因何而緣起?欲愛及有愛,欲、有二法又因覺而來。此覺乃睡中夢、空中響,執外法爲實有,並對之喜樂不已,故有諸根生樂覺、苦覺、不苦不樂等覺。諸根(六處)爲眼耳鼻舌身意 。這六處緣何而有,依何而生?它是緣名色而生的。「所謂名色雖然從要素上可以再劃分:名即五蘊中的受想行識等四無色蘊;色即地水火風等四大,及由四大所造之色蘊。但是它其實就是除去作爲意識統一的識以後的受、想、思、觸、作意等每個具體的心理作用,以及具足了客觀認識之門的六根的身體。」〔註18〕名色即是有情識的眾生身心。名色離不開識。「若識不入母胎者,有名色成此身耶?」〔註19〕「若識不得名色,若識不立、不倚名色者,識寧有生、有老、有病、有死、有苦耶?」〔註20〕識將名和色統一成爲一有機聯繫

〔註14〕《增一阿含經・卷十四・209 經》,第 222 頁。
〔註15〕同上,第 937 頁。
〔註16〕《中阿含經・卷二十一・86 經》,第 379 頁。
〔註17〕《中阿含經・卷二十九・120 經》,第 502 頁。
〔註18〕〔日〕山口益:《般若思想史》,上海古籍出版社 2006 年版,第 6 頁。
〔註19〕《中阿含經・卷二十四・97 經》,第 423 頁。
〔註20〕同上,第 424 頁。

的存在體（有情眾生）。

識的成立，意義有二：一區別開了外道神我的主宰，如經云——無我無造無受者，善惡之業亦不亡；二有了識體的尋伺（意向作用），如《法句經》言——諸法意先導，意主意造作。正因有了識，才能判斷出正確的觀想對象：因識滅而名色滅，乃至因生滅而有老死滅，也就是所有苦陰的滅。更為重要的十二有支緣起條件是：「緣行有識」與「緣無明有行」。行有三種：身業、口業、意業，或可稱之為夙業、異熟因，它是產生一切痛苦、導致不斷輪迴轉世的一切行為業力；無明指缺乏四聖諦知識，它會產生妄見、妄思、妄語。說到底，行、無明，均以識為緣；順觀、逆觀，無非觀識。

4. 四聖諦

緣起的事實，即十二有支緣起的順觀。緣起的價值，則為四聖諦。事實與價值是斷然不可分離的，故有情眾生只有深刻認識了四聖諦，才能擺脫現實中生死輪迴的痛苦，真正達到解脫與超越。《雜阿含經》云：

> 汝等當知：有此四諦。云何為四？苦諦、苦集諦、苦盡諦、苦出要諦。彼云何名為苦諦？所謂生苦、老苦、病苦、死苦、憂悲惱苦、愁憂苦痛，不可稱記。怨憎會苦、恩愛別苦、所欲不得，亦復是苦。取要言之，五盛陰苦。云何苦集諦？所謂受愛之分，集之不倦，意常貪著是為苦集諦。彼云何苦盡諦？能使彼愛滅盡無餘，亦不更生，是謂苦盡諦。彼云何名為苦出要諦？所謂賢聖八品道，所謂等見、等治、等語、等業、等命、等方便、等念、等定。是名為四諦之法。
>
> 〔註21〕

四諦即苦、集、滅、道諦。苦諦，指生、老、病、死等，概括言之，即五蘊之苦；集諦，指心意貪愛不已；滅諦，指徹底絕愛滅貪，心中不再生此一念；道諦，指擺脫輪迴之苦的八品道，即正見、正志、正語、正業、正命、正方便、正念、正定八正道。

苦亦即世間果，集亦即世間因，此二是世間因果；滅則謂出世果，道則謂出世因，此二是出世因果。世、出世間一切不離因果。四諦證實，人生是一大因果鏈。世、出世是一大因果；世、出世，又各自成一大因果。其實，如無因果，世間的苦集不可說，出世間的滅道也不可說，那世界將永遠成為一大謎團。眾生也將永遠沉淪其中。佛陀菩提樹下得道，正是覺悟出世界、

〔註21〕《雜阿含經・卷十二・288經》，第259頁。

人生此一大因果律，而其中之一乃「三聚」：

> 有三聚：戒聚、定聚、慧聚。……三聚攝八支聖道。正語、正業、
> 正命，此三道支聖戒聚所攝。正念、正定，此二道支聖定聚所攝。
> 正見、正志、正方便，此三道支聖戒聚所攝。〔註22〕

戒，是戒貪、瞋、恚三毒；定，是前後利那憶念同一境界，心不流散；慧，
即大慈大悲，借孔子的話就是智仁勇中之智。三聚，乃八支聖道；八支聖道，
即三聚。三聚是佛陀覺悟到的出世因果律中的大因，亦是在世解脫的正果。

八支聖道，亦即中道緣起。〔註23〕

二、中道緣起

1. 中　道

何謂中道？《智度論》說：「智是一邊，愚是一邊，離此二邊名爲中道；
有是一邊，無是一邊，離此二邊名爲中道。」又曰：「如來住二諦中爲眾生說
法，爲著有眾生故說空，爲著空眾生故說有。」有、無都是受；有所受，不
落於斷，就墮於常。《中論·觀成壞品》說：「若有所受法，就墮於斷常。」
有所受，非斷即常，有悖中道。「緣是一邊，觀是一邊，離此二邊名爲中道。」
（妙雲《中觀論講記》）不著有、無，不墮斷、常，離於二邊，即爲中道。

早期的《阿含經》中就有中道說。「所言：命即是身；或言：命異身異；
此則一義，而說有種種。若見言：命即是身，彼梵行者所無有；若復見言：
命異身異，梵行者所無有。於此二邊，心所不隨，正向中道。」（《雜阿含經·
卷十二·297 經》）「命異身異」，命外有身也；不著「命即是身」，也不著「命
異身異」，此爲梵行者的中道。「自作自覺則墮常見，他作他覺則墮斷見，義
說、法說，離此二邊，處於中道而說法。」（《雜阿含經·卷十二·300 經》）
執有自，爲常見；執有他，爲斷見；佛陀演說法義，是離斷離常，處於中道。
《雜阿含經》記載，當有出家人問佛陀「云何爲有我耶？」佛陀再三不答，
並解釋說：「我若答言有我，則增彼先來邪見；若答言無我，彼先癡惑豈不更
增癡惑？言先有我，從今斷滅；若先來有我，則是常見；於今斷滅，則是斷
見。如來離於二邊，處中說法。」（《雜阿含經·卷三十四·961 經》）有我，
爲常；無我，爲斷；佛法應是離於二邊，執持中道。

〔註22〕《中阿含經·卷五十八·210 經》下，第 991 頁。
〔註23〕八正道乃「苦樂俱遣，出於苦樂之外」──《增壹阿含經》卷十。《大藏經》
　　　　2 冊，第 593 中頁。

2. 中道緣起

所謂中道緣起，是說諸法的生起，如何不著有、不著無，離此二邊。對於這一理論的經典性論述是《中論》。

《觀去來品》：

> 已去無有去，未去亦無去；離已去未去，去時亦未去。

是說，「已去」自相併沒有離開實相「去」，若離開實相「去」而有自相「已去」，情況並非如此，因爲「已去」體無自性，哪有實在的「已去」？「未去」自相也沒有離開實相「去」，因爲「去」行未起，龜毛兔角，遑論「未去」，既然未起「未去」相，哪有離開實相「去」。沒有「已去」「未去」，「去時」也未眞正地「去」。「去時」正去，並未離開實相「去」。「已去」「未去」「去時」三時自相皆因緣所成，自性空寂，始終是以實相「去」爲體、爲依持的；實相「去」也離不開「已去」「未去」「去時」相而獨自存在；彼此相互對待，相即相離，去即未去。又：

> 去法即去者，是事則不然；去法異去者，是事亦不然。

去名爲法，去者名爲人。如去法即是去者，則墮於法爲實有之常，破壞因緣法；去法異於去者，即墮於頑空之斷，也不合因緣法。依因緣法：去法與去者，都沒有自性，是緣起相待的存；彼此不一不異；非前非後，亦非一時異時。

《觀因果品》：

> 若不和合者，因何能生果？若有和合者，因何能生果？

是說，因緣不和合，則無果可生；（若生果，即成無因生）。若無果可生，又怎麼能說因能生果？若因緣和合，因能生果，也不對，爲什麼？若因能生果，說明因中有果，果已在因中，怎麼能說因緣和合生？

> 若因空無果，因何能生果？若因不空果，因何能生果？

是說，如因是眞空無果的話，以無果故，怎麼能說因生果？猶如不懷孕，怎麼能說生孩子？若因中先有果，已有果就不應再生果了。

> 果不空不生，果不空不滅；以果不空故，不生亦不滅。果空故不生，
> 果空故不滅；以果是空故，不生亦不滅。

是說，果若不空，不應生也不應滅，爲什麼？果不空即有，因中決定先有，就更不應該再生果了；所以果不空乃不生，不生故亦不滅。若果空，有生滅嗎？道理也不是這樣。爲什麼？果若空，空即無所有，一無所有，那怎麼能有生？無生又怎麼能滅？所以說果空，也不生不滅。

果有、果空，都不生不滅，生滅如何起呢？同樣，「已去」「未去」「去時」，皆無眞去，但有「已去」「未去」「去時」之自相。果既在因中生，又不在因中生，道理何在？此皆緣起中道之理。如因空無果是無，因不空果是有；執有則墮常，持無墮墮斷。不常不斷，才是中道法。

此外，《中論》也不承認先有佛性的。佛性先有，是因中有果論、是常，這是《中論》所痛斥的。《法華經》云：「知性常無性，佛種從緣起」。

以上諸例可知，萬法的生起是不常不斷、不有不無。從因中生，但不即是因；從果中起，但不即是果。此正如《中論‧觀因緣品》開篇云：「不生亦不滅，不常亦不斷，不一亦不異，不來亦不出；能說是因緣，善滅諸戲論。」此即是萬法緣起的中道實相。

中道緣起的一切因果法，都是假名、空。《觀四諦品》云：「眾因緣生法，我說即是空；亦爲是假名，亦是中道義。未曾有一法，不從因緣生；是故一切法，無不是空者。」

中道緣起較之業感緣起：《阿含經》廣說緣起有，從緣起有而略示本性空寂；《中論》從法法性空的正見中，廣觀緣起法，從緣起有上開示法性的本性空。（妙雲《中觀論講記》）自緣起有上開示法性的本性空，還有自性緣起。

三、自性緣起、賴耶緣起

1. 自性緣起

由因引四緣而生諸法，名爲自性緣起。它的具體內容有五位百法（見義忠《百法明門論疏》）。自性區別的構成，全靠名想（即概念）的理解，也就是它們自性認識通過名想才加以區分的。〔註24〕所以名爲自性緣起者，法從因緣生，有自相、業用。謂識了別相、受領納相、想取意念相、行（業）造作相、色變質礙相。因此有爲諸法各有自相、各有業用。因而色非是受，非是想、行、識；識非是色，非是受、想、行；一切如此，此即名爲諸法自性。自性待四緣起，名自性緣起。〔註25〕緣起即空，所以自性緣起亦即空。

2. 賴耶緣起

自性緣起又叫賴耶緣起。

〔註24〕呂澂：《呂澂佛學論著選集》卷三，齊魯書社 1991 年版，第 1364 頁。
〔註25〕王恩洋：《中國佛教與唯識學》，宗教文化出版社 2003 年版，第 331 頁。
　　　妙云：《攝大乘論講記》，臺灣正聞出版社民國八十七年版，第 184 頁。

《解深密經》云：世尊初於一時在施鹿林中，爲發趣聲聞乘者，以四諦相轉正法論；於第二時中，爲發趣修大乘者，依一切法皆無自性，無生無滅，本來寂靜，自性涅槃，以隱密相轉正法論；於第三時中，普爲發趣一切乘者，依一切法皆無自性，無生無滅，本來寂靜，自性涅槃，無自性性，以顯了相轉正法論。「顯了相」，即大乘唯識學。佛初滅度，聲聞弟子依阿含教宏宣正法；次有龍樹、提婆菩薩依大般若經造《中》《百》諸論，廣說勝義空性中道義；後有無著、世親菩薩依《瑜伽》《顯揚》《攝大乘》《中邊》等，顯《深密》第三時賴耶緣起了義。所謂賴耶緣起，是說賴耶在無始以來，受種種諸法的熏習，所以能爲種種法自性現起的緣性；賴耶又受種種雜染法的熏習，所以能生種種法。一切法並不是一因生，也不是無因生，而是依賴耶緣起所生。即賴耶的一切種子生一切法，而一切種子又從一切法熏習得來。所謂種子生現行，現行熏種子，乃構成唯識學的宇宙生成圖景。

所謂賴耶，指法相唯識學中第八根本識阿賴耶識。阿賴耶識，梵文爲ālayavijñānaṃ，其中 ālaya 音譯爲「阿賴耶」，意譯爲「藏」；vijñānaṃ意譯爲「識」，「識就是虛妄分別」〔註 26〕，或「認識或了別義」〔註 27〕。此第八識的作用是儲藏一切染淨、有無漏法種子，其餘七識的習氣，包括一切過去、現在世所造業習氣的種子都存放於此，待緣即發，甚至我們學問的增長、才能的形成，都得有賴於此識所造業習氣種子的助緣方得成就。

阿賴耶識如何緣生萬法？《攝大乘論》云：「三界者唯有識」；「一切法實唯有識」。「識」，唯識學將此識一分爲三類、八識。第一類爲阿賴耶識，第二類爲末那識，第三類爲了別境識。所謂了別境識就是指能分辨對象的識，共有六種：眼、耳、鼻、舌、身、意。此六種識引起的對象稱爲六塵或六境：色、聲、香、味、觸、法。前五識只具有感覺活動功能，第六意識能「『內外門轉』，能向外追求，認識外境，也能向內思考，自己進行思維活動。」〔註 28〕而造業的主體是意識，前五識僅能隨轉發業，起著輔助的作用。第二類末那識不是造業識，它只一味地執第八識見分爲我，不分別色等境界，也不對他人造成善惡的利害，其作用爲「恒審思量」。「思量識即第七識。思謂思慮，量謂量度；思量第八，度爲我故，又恒審思量，餘識無故。」（窺基《成唯識論述記》卷一）第一類阿賴耶識，攝藏諸識種子（有、無漏種子，共、不共相種子）。阿賴耶識的有漏種

〔註 26〕釋正剛：《唯識學講義》，宗教文化出版社 2006 年版，第 88 頁。
〔註 27〕任繼愈：《中國哲學史》第三冊，人民出版社 1996 年版，第 50 頁。
〔註 28〕《成唯識論校釋》，第 106 頁。

子生世間諸法，使人生死輪迴不止；其無漏種子生出世間諸法，是成佛的種子。其共相種子變現出來的事物，人人對它有共同的感覺，如由地水火風四種元素構成的山河大地等；不共相種子變現出來的事物，只有本人感覺到的，如人的六根即六種感覺器官的感受即如此。

阿賴耶識又名本識，性唯無記，恒時相續，爲諸識之根本。本識與前七識（又名轉識），互爲因緣，亦互爲增上緣。互爲因緣，因而諸法生起。因緣亦名種子。種子攝持於賴耶，故本識爲前七識因緣。然本識種子不能自生，要有現行熏習，此之現行即前七識。所以前七識又爲本識因緣，是則本識與前七識互爲因緣。

當八種識興起時，又各有自己的「見分」和「相分」，並且三大類識之間互相依賴和影響，但最後都得依賴於阿賴耶識。如眼識的見分，得靠阿賴耶識的因緣方能看見，眼識所看到的形色相分，是阿賴耶識中共相種子變現出來的影像。

以上爲阿賴耶識緣生之理。阿賴耶識緣起的秘密實在於種子。《成唯識論》卷二：

> 何法名爲種子？謂本識中親生自果功能差別。此與本識，及所生果
> 不一不異，體、用、因、果理應爾故。

就「此與本識，及所生果不一不異，體、用、因、果理應爾」，有釋云，本識是體，種子是用，理非一非異，體之用故；種子是因，現行是果，亦非一非異。〔註29〕另就阿賴耶識（又名如來藏）、種子與諸法的關係，乃「如來藏不是一切現象的直接因，而是緣性質的所依因。但所依因是依於一切法所依之本體（本性）建立的，因此可稱爲根本因。而一切法生起的直接因是一切現象法熏習而成的習氣種子。」〔註30〕諸法生成的原因，不是直接依於阿賴耶識本身，而是來自於由阿賴耶識中所持存的習氣種子。

此習氣種子有六大特點：一是「剎那滅」，即無時間上的持續性，即滅即生；二是「果具有」，即因果同時，無先後之分；三是「恒隨轉」，即種子始終以本識爲依持，不能自行獨立；四是「性決定」，即善惡之果由先前所造之業決定；五是「待眾緣」，即種子生現行，需要其它條件的配合，自性不起果；六是「引自果」，「謂於別色、別心等果，各自引生，方名種子。非善等色種，生善等心果，可名種子，不相應故。」（窺基《成唯識論述記》卷一）即色法

〔註29〕見太賢著：《成唯識論學記》卷二。
〔註30〕周貴華：《唯識、心性與如來藏》，宗教文化出版社2006年版，第127頁。

種子只能引生色法之果,心法種子只能引發心法之果。簡言之,此種子即功能即習氣。有功能即能生起現行,能爲現行因。所謂習氣:習謂熏,氣謂氣分。現行雖滅,習氣仍存,即成爲現行果。種子,乃現行之因;又爲現行之果。現行者,種子之果,又種子之因。如是種子生現行,現行生種子。種子、現行,生生滅滅。但因果總是同時而起。或有眾緣不備,暫不現行,然種子自類等流,刹那刹那都無斷絕;眾緣具備時,復爲現行因。如是種生現,現生種,種生種,是爲賴耶種子緣起。賴耶緣起,其實就是種子緣起。

「唯識論者,各個有情各一阿賴耶識,變生各自之根身器界。此宇宙人生各成單位,自爲系統者也。此阿賴耶識與其所生之六識造業受果生命相續各自成流,自作自受,如此循環往復,始終一系。」〔註31〕賴耶如此緣起,眾生豈不永遠脫離不了生死苦海嗎?佛法何在?

所謂佛法,乃除二執、斷二障、證二空、成二果也。二執者,煩惱障、所知障;二空者,人我空、法我空;二果者,菩提、涅槃。由我執,起煩惱障;由法執,起所知障。由煩惱障,生死相續,不得解脫;由所知障,不證實相,不成菩提。了知我、法皆空,便能除遣二執;二執除,二障得斷;二障斷,二果得成。

如何脫凡入聖?須「轉識成智」。據《成唯識論》卷十所說,前五識轉爲無漏時得「成所作智」,此智「爲欲利樂諸有情」,能與十方以身、口、意三業,爲眾生行善;第六識轉爲無漏時得「妙觀察智」,此智「善觀諸法自相、共相,無礙而轉」,根據眾生不同根機,自在說法,教化眾生;第七識轉爲無漏時得「平等性智」,此智「觀一切法,自、他有情,悉皆平等,大慈悲等,恒共相應」,平等普度眾生;第八識轉爲無漏時得「大圓鏡智」,此智「離諸分別,所緣行相微細難知,不妄不愚,一切境相,性相清淨,離諸雜染」,如大圓鏡之光明,能遍映萬象,纖毫不遺。〔註32〕此阿賴耶識中的有漏種子是我、法二執二障的根子,只有通過累世的修煉,使有漏種子逐漸消失,成佛的無漏種子逐漸的增長,八識都變爲佛的智慧,才能進入佛國。(見《成唯識論》卷九、卷十)

「大圓鏡智」實即三自相(性)中的圓成實相。《解深密經》云:

〔註31〕王恩洋:《中國佛教與唯識學》,第318頁。
〔註32〕潘桂明:《中國佛教百科全書》宗派卷,上海古籍出版社2000年版,第199～200頁。

一者遍計所執相，二者依它起相，三者圓成實相。云何諸法遍計所執相？謂一切法名假安，立自性差別，乃至爲令隨起言說。云何諸法依它起相？謂一切法緣生自性，則此有故彼有，此生故彼生，謂無明緣行，乃至招集純大苦蘊。云何諸法圓成實相？謂一切法平等眞如，於此眞如，諸菩薩眾勇猛精進；爲因緣故，如理做意，無倒思維；爲因緣故，乃能通達；於此通達，漸漸修集，乃至無上正等菩提，方證圓滿。

「遍計所執自性者，謂依名言，假立自性。爲欲隨順世間言說故。」（《顯揚聖教論》卷六）遍計所執，實是由六七識緣賴耶識而起，眾生卻緣五取蘊，執有實我、實法，而此一切如空中響、水中影，緣起故。

依它起相，即一切有爲相、名、分別，此皆仗因託緣而生起，雖體無自性，而幻相宛然。「心、心所及所表現，眾緣生故，如幻事等，非有似有，誑惑愚夫。一切皆名依它起性。」（《成唯識論》卷八）

「云何圓成實自性？謂諸法眞如。聖智所行，聖智境界，聖智所緣。」（《瑜伽師地論》卷七十三）是說，一切法的實相是眞如。唯佛所有，愚夫不覺。

依它起性是聖、凡交徹的共相，聖者由此顯圓成實性的實相，凡者則由此見遍計所執性的自相。其實，依它起性與余二性無別，皆爲因緣所生。故三性非一非異，聖、凡亦無二昧，一切平等平等。

賴耶緣起，實乃圓成實性起，或謂大圓鏡智緣起。

中道緣起、自性緣起、賴耶緣起，其實是對佛陀原創的十二有支緣起的本質的發揮和延伸，均是印度佛學的產物。佛學東漸後，在中土，繼承了佛陀十二有支緣起精神的是眞如緣起、性起、法界緣起等。

四、真如緣起

1. 真如溯源

眞如其名：梵文爲 tathatā；漢譯有，「眞實性」、「本無」、「如」、「如如眞如」、「眞如」等。眞如其義：其字面義，在《八千般若》第十六品中，是無所從來，亦無所從去。其法理義，則見於《阿含經》中。

《雜阿含經‧卷十二‧296 經》：

如是我聞：一時，佛住王舍城、迦蘭陀竹園。爾時，世尊告諸比丘：

　　我今當說因緣法，及緣生法。云何爲因緣法？謂：此有故彼有；謂：

　　緣無明、行，緣行、識，乃至如是、如是純大苦聚集。云何緣生法？

　　謂：無明、行。若佛出世；若未出世，此法常住，法住、法界……。

　　此等諸法，法住、法空、法如、法爾、法不離如；法不異如；審諦、

　　眞實、不顚倒。如是隨順緣起，是名緣生法。

　「法住、法空、法如、法爾、法不離如；法不異如」等是眞如異名；此法非別法，乃指緣起法──此有故彼有，此生故彼生，此無故彼無，此滅故彼滅。但離緣起便無眞如。〔註33〕緣起法即眞如。

　　《雜阿含經・卷十二・299 經》：

　　緣起法者，非我所作，亦非餘人作。然彼如來出世及未出世，法界

　　常住，彼如來自覺此法，成等正覺，爲諸眾生分別演說，聞法顯示。

緣起法又是一宛然客觀存在的定律，任何人都不能發明它，創造它，而只能發現它，親證它而已。眞如、緣起法與法界等同。

　　《雜阿含經・卷十二・297 經》：

　　云何爲大空法經？所謂此有故彼有，此起故彼起，謂緣無明、行，

　　緣行、識，乃至純大苦聚集。

　「大空法」即眞如、緣起法；意指眞如是空，無有自體性，是眞空。「純大苦聚集」，乃指五蘊，五蘊爲因緣所生。「若見緣起便見法，若見法便見緣起。所以者何？諸賢！世尊說五盛陰從因緣生，色盛陰覺、想、行、識盛陰。」（《中阿含經・卷七・30 經》）五蘊即苦。「我已覺知如眞法也。色者無常，此無常義即是苦，苦者即無我，無我者即是空也。痛、想、行、識皆悉無常，此無常義即是苦，苦者即無我，無我者即是空也。」（《增壹阿含經・卷二十七・317 經》）「如眞法」，如性也，眞如法性也。

　　這裏所說的「（眞）如」，只不過是指五蘊「無常、苦、無我、空」眞相的如實（是）地呈現。人由五蘊構成。故「緣起理論是著重說明人生現象的。」〔註34〕眞如在此只具有現象層面的描述意義，即泛指五蘊本身的無常眞相，而無有本體論層面的主宰意義。

　　由此可見，眞如的內涵和本質是緣起法，具體表現即爲此有故彼有，此滅故彼滅，其現象層面的意味尤爲明顯。佛教爾後的發展亦循此而進。「小乘

〔註33〕呂澂：《呂澂佛學論著選集》卷一，齊魯書社 1991 年版，第 411 頁。

〔註34〕呂澂：《呂澂佛學論著選集》卷四，齊魯書社 1991 年版，第 1934 頁。

以緣起（法）等實相，此有故彼有，此生故彼生等為如相。至《般若》亦以緣起為實相，而言不生不滅、不來不去、不斷不常。《瑜伽》言遍計執無，亦是此生故彼生之義（真如相）。更進一層，乃目離執緣起為真如法，是故於佛法名相應知其實也。」〔註35〕「離執」，不執人、法二無我為實。

真如即緣起法，亦即佛法、佛境。真如性是空，就是觀察一切法的自性本來是空的，既不是境空，也不是境不空，而是觀想為空。〔註36〕

真如是佛法，真如緣起，豈不是說真佛要變為愚人、凡夫？真如是空，真如緣起，豈不是一切皆空，佛法還有人信仰嗎？其實不然，自《起信論》問世以後，真如也就由印土的現象描述之緣起性空，一轉而成為中土本體真實的心性之有。

2. 真如革新

魏晉玄學大倡：眾統於寡、有本於無、動歸於靜、末會於本等本體論學說，魏晉玄學家們則將這一本體論學說發展到了極至，以致使當時流行著的佛之《般若》迅疾與其合流，真如也因此得到了新生。漢譯的《般若》經中，多用「本無」對譯真如。「真如為真、為本，萬物為俗、為末，則在根本理想上，佛家哲學，已被引而與中國玄學相關合。《安般守意經》曰：『有者謂萬物，無者謂空。』釋道安曰：『無在萬化之前，空為眾形之始。』本無一辭，疑即《般若》實相學之別名。」〔註37〕「實相」，即真如。真如，因玄學而本無、本體化。

《涅槃經》的中心思想，是「泥洹不滅，佛有真我，一切眾生皆有佛性」（慧叡《喻疑論》）。這與傳統觀念「人皆可以為堯舜」，若合符節。本來魏晉人使用涅槃，乃表示佛性意；佛性即傳統意義上的心性。如果玄學使真如本體化，那麼涅槃佛性則使真如心性實有化。

真如的這兩次革新成果，為《起信論》所繼承和發展。《起信論》將真如確定為「眾生心」，而一心開二門。這「一心二門」開啓了真如（如來藏）緣

〔註35〕呂澂：《呂澂佛學論著選集》卷一，齊魯書社1991年版，第413頁。
〔註36〕見《雜阿含經·卷十二·第296經》：「如是我聞：一時，佛住舍衛國、祇樹給孤獨園。爾時，世尊告諸比丘：色無常，無常故苦，苦即非我；非我者亦非我所。如是觀者，名真實正觀。如是：受、想、行、識無常；無常故苦；苦即非我；非我者，亦非我所。如是觀者，名真實觀。聖弟子，如是觀者，厭於色，厭受、想、行、識。厭故不樂，不樂故得解脫。解脫者，真實智生。我生已盡，梵行已立，所作已作，自知不受後有。諸比丘聞佛所說，歡喜奉行。」
〔註37〕《湯用彤全集》第一卷，第204頁。

起的經典模式。

所謂「一心二門」的「一心」：一不是數字概念，而是絕對無二之意；心亦非思慮知覺之意，而是本體之意；此一心與眞如、佛性、法界、涅槃等絕對體無別無二；一心又「謂眾生心，是心則攝一切世間法出世間法」（《起信論‧立義分》）。一心與眾有情心無毫釐差別，若以一心爲宇宙整體精神，則眾有情心是無數個體精神；換言之，一心是哲學理論的命名，眾有情心則是倫理實踐的命名；一心實即如來藏自性清淨心。

所謂「二門」，《起信論‧解釋分》：

> 一者心眞如門，二者心生滅門，是二種門皆各總攝一切法。

心眞如門是從如來藏的「約體絕相」的「體性」上說的，亦即出纏的眞如；心生滅門是就如來藏的「隨緣起滅」的「相、用」上說的，亦即在纏的眞如；二者不即不離，又各總攝一切法。「一心二門」，是二而一，一而二。

世界是由心眞如門生成。《起信論‧解釋分》：

> 心眞如者，即是一法界大總相法門體。所謂心性不生不滅。一切諸法唯依妄念而有差別，若離妄念，則無一切境界之相。是故一切法從本已來離言說相，離名字相，畢竟平等，無有變異，不可破壞，唯是一心，故名眞如。

此（眞如）心，爲世界萬法之根本依；它本身不生不滅；一切法之所以有生滅差別相，是依妄念（眾有情心）而起的，心眞如門亦即妄念，有云「無欲無離欲，依欲得出離」（《攝大乘論‧智差別勝相第十》），故此眞如心生一切諸法；萬法的實相本來不可言說，但只有一相而已，一切法於此相平等無二，此一相無變異、生滅，其名一心，或謂眞如。該心眞如與世界萬法是生成與被生成的關係。由心眞如之體所顯現的用，「用大，能生一切世間、出世間善因果」。因此，眞如是世界萬法生成的第一推動因。

「今汝眞如能生萬法，萬法從眞如生，而眞如不從餘生，眞如但能生而非是所生，眞如性常一，萬法非常一。有如是等之不平等，是爲不平等因。因既不平等，則汝眞如與諸外道梵天、上帝時方、自然、世性、我等有何差別？」〔註38〕《起信論》的眞如，似與緣起法相牴牾。概《起信論》因襲玄學，「但玄理所謂生，乃體用關係，而非謂此物生彼。」〔註39〕所以眞如與萬

〔註38〕王恩洋：《中國佛教與唯識學》，第88頁。
〔註39〕《湯用彤全集》，第57頁。

法不是生與被生的關係，而是體用關係，即顯現與被顯現的關係。

玄學、涅槃佛性是促成《起信論》眞如本體化、心性化淺層次的因素。《起信論》眞如本體化、心性化深層次的因素，則是對傳統文化的因襲。

本來小乘佛教倡導我空，目的是反對有一個主宰之神我；大乘佛教力主人我、法我二空，以防有情眾生執我、法爲實有。此意味著印度佛教對本體是持消解態度的。而「出於梁稱小兒」（王恩洋語）的《起信論》卻一反佛教思想的傳統，引入本體論，這與中國傳統文化的影響有很大的關係。本體論在中國傳統文化中淵源流長。如老子「天下之物生於有，有生於無。」（《老子》四十章）「道生一，一生二，二生三，三生萬物。」（《老子》四十二章）《周易·繫辭傳》：「易有太極，是生兩儀。兩儀生四象，四象生八卦。」「形而上者謂之道，形而下者謂之器。」中國的心性論亦由來已久。有如《孟子》立盡心說，以及「心之官則思，思則得之，不思則不得也。此天之所與我者。先立乎大者，則其小者不能奪也。此爲大人而已矣。」（《告子章句上》）「大」，心。荀子言「心者道之主宰」。《大學》倡「正心」「誠意」。《中庸》有「天命之謂性」，與「唯天下至誠，爲能盡其性，能盡其性，則能盡人之性，能盡人之性，則能盡物之性，能盡物之性，則可以贊天地之化育，可以贊天地之化育，則可以與天地參」等。與佛教的性空論相比，本體的心性實有化，更契合中國人的思維習慣。這都是《起信論》眞如本體化、心性化深層次的因素。

《起信論》這一眞如本體論轉向的特點是：「一切法本來唯心」；「如實知一切眾生及與己身，眞如平等無別異故」；「知彼色相莊嚴等事，無來無去，離於分齊，唯依心現」；「從本以來，色心不二」；「一切世間生死染法，皆依如來藏而有，一切諸法不離眞如」；本覺論。（以上均見《起信論·解釋分》）此意味著眞如之體、用相即不二；眞如心性化；及以覺、不覺來別聖凡。

進一步，中國佛教的主要宗派，沿著《起信論》所開創的眞如本體論、心性實有化之路徑，走得更遠了。如天台宗智顗的「一心三觀」、「性具善惡」之心、性；華嚴法藏的「性起」、「法界緣起」之性、法界（法界，即一心〔註40〕）；

〔註40〕法藏：《大乘起信論義記》卷上：「一法界者，是一心也，異彼餘法，故言法界。」又宗密《注華嚴法界觀門》：「清涼新經疏云，統唯一眞法界，謂總該萬有，即是一心。」

法相唯識宗的「唯識無境」（識，心也〔註41〕）、「圓成實性」之識、性；禪宗慧能的「自識本心，自見本性」之心、性。諸心、性、法界、識，無一不是《起信論》真如的本體化、心性化影子的投射。

　　《起信論》真如的影響，表現於華嚴宗上，主要為「性起」「法界緣起」。法藏的重心是在「性起」，其外在表現則是「法界緣起」。借《起信論》的一心開二門——心生滅門是「法界緣起」，心真如門則為「性起」。

第二節　性　起

一、性起由來

　　「性起」一詞出自晉譯六十《華嚴・寶王如來性起品》的品名。該品云：因如來眉間白毫相中放大光明，而「必說如來性起正法」，即十種因緣等諸法：

> 一者發無量菩提心，不捨一切眾生；二者過去無數劫修諸善根，正直深心；三者無量慈悲救護眾生；四者行無量行，不退大願；五者積無量功德心無厭足；六者恭敬供養無量諸佛教化眾生；七者出生無量方便智慧；八者成就無量諸功德藏；九者具足無量莊嚴智慧；十者分別演說無量諸法實義。（六十《華嚴經》卷三十四）

> 如是等無量因緣，乃成三千大千世界。法如是故，無有作者，亦無成者。（卷三十四）

> 大慈為眾生歸依，大悲度脫眾生，大慈大悲饒益眾生，大慈大悲依方便智，大方便智依於如來，如來無所依。（卷三十四）

> 水依風輪住，地依於水輪，眾寶樹依地，虛空無所依。智輪依如來，慈悲依智慧。功德依方便，法身無所依。（卷三十四）

> 諸如來身非身故，隨所應化示現其身。（卷三十五）

> 如來應供等正覺，其心平等，無有彼此，但以眾生根不同故，如來法雨現有差別。（卷三十五）

〔註41〕「言唯識者，唯謂簡持，識謂了別，簡無外境持有自性，無有彼法，但有此法，故云唯也。了謂覺了，別謂分別，能覺了境，能分別事，故名識也。即用顯體，故說名識，即心異名。即顯外境皆無，但有內識也。」——見王恩洋：《中國佛教與唯識學》，第185頁。

一切聲聞緣覺菩薩，知有爲法智慧，知無爲法智慧，如是等一切智
慧悉依如來智慧而起，悉依如來智慧而住。（卷三十六）

該品大意是：如來開顯了十種法（因緣），十是個圓滿數，十種因緣其實代表
的是無數法；由這十種法成就了三千大千世界。此外，該品還肯定了眾生不
同，根機有別，「譬如日出，先照一切諸大山王，次照一切大山，次照金剛寶
山，然後普照一切大地。」（卷三十五）如何尋伺這「無量因緣」，及其所成
的「三千大千世界」的實相？該品說要依「如來智慧而起」。這就是「性起」
在六十《華嚴》中的原義；「如來智慧」，乃指「性起」之「性」，即性體。故
《搜玄記》卷三下：

性體本無分別，修智亦無分別，故智順理不順諸緣，故知修生即從
本有，同性而發，故性品云，名菩提心爲性起故。〔註42〕

「性體」，眞如本體；「本有」，即如來藏；「性品」，指《寶王如來性起品》；
智儼在此釐定「性起」義爲「菩提心」。概古人下定義不甚精確，「性」應指
「菩提心」，「菩提心」，即般若智，有似於今言智慧。「起」，顯現義。

爾後唐譯八十《華嚴》將該品名改爲《如來出現品》，「性起」不再用。
澄觀爲此作了說明：「晉經名性起，性字雖是義加，未爽通理。……今以起義
多含，直云出現。」（《華嚴經疏》卷四十九）是說「性」字乃譯者根據文義
所加，未嘗不可。又因「起」字多義，所以譯爲出現。晉譯「性起」一詞的
出現，爲譯者據己義所加。

二、智儼的性起說

對「性起」一詞引起重視的首先是智儼。何謂「性起」？智儼《搜玄記》
卷四下：

性者，體；起者，現在心地。〔註43〕

性，是萬法得以存在的本體，實即眞如；起，眞如的作用在感覺之心上
的顯現。

六十《華嚴經》卷三十六：

此藥王樹若生根時，閻浮提樹一切根生；若生莖時，閻浮提樹皆悉
生莖；若生枝葉花果時，閻浮提樹一切悉生枝葉花果。此藥王樹，
根能生莖，莖能生根。是故名曰：不從根生，非不從根。……唯除

〔註42〕《大藏經》35 冊，第 63 上頁。
〔註43〕《大藏經》35 冊，第 79 下頁。

二處，所謂聲聞緣覺涅槃地獄深坑及諸犯戒、邪見、貪著、非法器
等，而如來樹非不生長，其餘一切應受化者皆悉生長，而如來智慧
大藥王樹不增不減。

文意爲：如來智慧大藥王樹初生根、莖、葉、枝、花、果時，一切菩薩皆生
大慈悲根、莖、葉、枝、花、果。「不從根生，非不從根」，根（智慧）未生
果，並非無根（智慧）。

就此話題，《搜玄記》卷四下云：

問：若聲聞等有性起者，何故文云於二處不生根？答：言不生者不
生菩提心性起芽，不言無果葉；若無者微塵中不應有經卷〔註44〕。
若細分別地獄無果葉有體，聲聞有體及果葉也。〔註45〕

「性」，菩提心；「起」，法的呈現。文意說一切法有性，但有起、不起之別。
「但順菩提者無問人天善根等，並是性起；不順菩提者，即非性起。」〔註46〕
（《搜玄記》卷四下）菩提心顯現，即爲性起；反之，非性起。「性起，云眾
生心中有微塵經卷，有菩提大樹，眾聖共證，人證前後不同，其樹不分別異，
故知本有。」〔註47〕（《搜玄記》卷三下）此「性」聖、凡無別，只不過「人
證前後不同」。

「性起」與「緣（修）起」，有無區別？《搜玄記》卷四下：

問：性起離言絕相，云何有因果？（答：）性由不住故起，起時離
相順法故有因果。問：起時離與緣修何別？答：緣修離緣則不成，
性起無緣即不損，故別也。〔註48〕

緣起須待外緣，依彼外緣生果，因緣生復待緣，故緣起則因果生滅無常。性
起，因性無定體，無相即相名爲因果。性起只依此性體顯現諸法，無須外緣；
緣有生滅，無外緣，即無生無滅，亦無增無減。

綜上所述，智儼「性起」的特點是：性，（1）是菩提心，這是其基本內
涵。此外，（2）性是眞如體，不增不減，離言絕相；（3）性是本有，即《起
信論》中的「本覺」，是有情之所依，因起（覺）與不起（不覺），故有聖凡

〔註44〕意參見《探玄記》卷十六：「一切塵者是一切眾生也，以妄念無體細末如塵；性
德圓滿如大經卷；迷妄覆眞如塵藏經。」——《大藏經》35冊，第411下頁。
〔註45〕《大藏經》35冊，第79下頁。
〔註46〕同上，第81上頁。
〔註47〕同上，第63上頁。
〔註48〕同上，第78下頁。

之別；（4）性是淨，非是阿賴耶識般染、淨俱攝。起，呈現義。

所以，性起是不起而起、無緣而起，性起即不起；體即用。

三、法藏的性起說

性起說是法藏理論的重心所在，法藏在智儼性起理論的基礎上，使之更加豐富充實。

性起義，法藏字面釋爲：「不改名性，顯用稱起，即如來之性起；又眞理名如、名性，顯用名起、名來，即如來爲性起。」〔註49〕（《探玄記》卷十六）性起的法理義：《華嚴經》界定爲依如來智慧而起，智儼以菩提心爲性起。法藏依循前聖，亦將如來智慧確定爲其性起說的基本內涵。《探玄記》卷十六：

> 佛智爲本，能生菩薩行位。是故佛智爲性，能成菩薩行等名起。
> 〔註50〕

佛智爲性，顯現爲普賢菩薩諸行乃起。本來《普賢菩薩行品》明能發之因，《性起品》明所顯之果。法藏認爲因行、果性兩者不一不異。所謂「性有三種，謂理、行、果。……理行爲性，果成爲起。……行依理起，即行虛性實。……理是無爲，行是有爲，理顯爲法身，行滿爲報身。」（《探玄記》卷十六〔註51〕）性即理、行、果；亦即性果是法身，行滿是報身。「法、報不同，爲、無爲異，云何理、性即行？」（同上）就此，法藏解釋說，理、性、行之所以無別，是因爲如來藏性體中具足恒沙功德，無爲性中具有有爲功德法；即理、性遍行，行滿得理。

性起即體用。《妄盡還源觀》謂：「依體起用名爲性起。」又：

> 體者，謂自性清淨圓明體，然此即是如來藏中法性之體。從本已來，性自滿足；處染不垢，修治不淨，故云自性清淨。性體遍照，無幽不燭，故曰圓明。又隨流加染而不垢，返流除染而不淨。亦可在聖體而不增，處凡身而不減。……《起信論》云：眞如自體，有大智慧光明義故，遍照法界義故，眞實識知義故，自性清淨心故。（《妄盡還源觀》）

此體，是如來藏，亦指眞如本體。眞如本體，性自滿足，處凡不減，在聖不增。

〔註49〕同上，第405上頁。
〔註50〕同上，第411中頁。
〔註51〕《大藏經》35冊，第405中頁。

此真如性體有六大義：「一無相義，二所證義，三惑盡義，四性淨義，五隨緣義，六不變義。」（《探玄記》卷六〔註52〕）真如性體因此而能為一切法之本。

順便一提的是，《中國華嚴宗通史》〔註53〕就該段中的「真實識知義」的解釋是：「『識知』原指六識之知，即人們通過六種感官所獲得的認識和知識。佛教……（以）六識之知被認為是人們產生謬誤的原因之一。但是，《起信論》把『識知』與真如自體結合起來，意味著六識之知與真如契合即具有真理性，此即為『真實識知義』。」此可謂差之毫釐，謬之千里。「真實識知義」中的「識」，是指阿賴耶識，並非六識中的識。「此阿梨耶識為種子生因，若無此識，三業生滅無可依處，如體謝滅，功能亦爾。」（《探玄記》卷四〔註54〕）故此「識」屬於形而上之道範疇，而非形而下之器。

性起是中道。佛法既不持無因生論，又不持自因生論。而是持無因、有因，自因、它因等論。即緣生非自然生，亦非不自然生，而是不著兩邊之中道。《探玄記》卷十六：

> 為生現佛之因不取自德，又亦即以為生現佛為其自德，更無別自。
>
> 是故攝因無不皆盡。如是因緣既無自性，無自性理為本起用，故名
>
> 性起。〔註55〕

是說成佛之因不從自性起，又從自性起，此外更無它性起。因此一切法皆為緣起法自德（性）所攝盡。因緣所生法體無自性，緣起法則為其本體之理，此即為性起。

「生現佛之因不取自德」、「生現佛為其自德」，是為真性起。

性起，按前述之義，「起」應是顯現義，而非緣生之生起義，因為有生就有滅。性起卻無生無滅，亦無增損，此與真如體相應。那麼真如顯萬法，萬法即真如，為何眾生不即是佛？佛與眾生為何有別？就此，法藏先肯定了眾生成佛的可能性。《探玄記》卷十六：

> 何故菩薩自知身中有性起菩提？一切眾生亦爾？答：若三乘教眾生心中但有因性、無果用相，此圓教中盧舍那果法該眾生界，是故眾

〔註52〕同上，第234中頁。
〔註53〕魏道儒著，江蘇古籍出版社2001年版，第144頁。
〔註54〕《大藏經》35冊，第179上頁。
〔註55〕同上，第407上頁。

生身中亦有果相。若不爾者,則但是性而無起義。〔註56〕

法藏指出,三乘只教導說,眾生心中有成佛之因,但無成佛之果;因爲成佛與否,要由外緣來決定。華嚴圓教則認爲,眾生心中都具有盧舍那(佛性),(隨時可顯現),如不這樣,則不叫性起。此又爲何?「以菩提身等眾生故,是故眾生悉於中現;以彼所現,同能現故,是故眾生無不成佛。」(《探玄記》卷十六〔註57〕)佛菩薩身,即是眾生身,所以眾生都能成佛。法藏「以明性起唯果法故」〔註58〕,即強調眾生皆有成佛的可能性。但可能不即是現實,眾生不就是佛。其緣由,《探玄記》卷十六云:

> 問:若如來是常住者於一切時,何故不現?答:眾生界罪,不現;
> 如月於破器,以破器中水不得住,月影不現;此非月過,是器之失。
> 〔註59〕

眾生有罪過,所以不是佛。(不是不能成佛)。

如何轉凡入聖,立地成佛?法藏說:「初發心時便成正覺,知一切法眞實之性,具足慧身不由他悟。」(《華嚴經旨歸》)眾生具足佛之法身,一發菩提心就能得佛慧,成佛亦無須它求。又《華嚴冊林》:「若以眾生通佛,諸佛合迷;若以佛通眾生,眾生合悟。」眾生即佛。「特由迷悟不同,遂有眾生及佛」。(澄觀《華嚴經略策》)成佛與否,只在一念之間,迷凡悟聖。

成佛,本來是要經過千萬劫修行,最終才能到達清淨、涅槃的彼岸。法藏性起論的出現,確定了個體本心、自性心「具足慧身不由他悟」,使眾生把從對外部對象的崇拜,移植到對內心世界的自覺;把從對來世夢幻般的迷戀,變成對現世的精進修行。這極大地增強了人們成佛的信心。因而,成佛不必等到去遙遠的將來世界去兌現,當下即是,自性、自心即是佛。

那麼法藏的性起論與佛陀的基本教義——十二有支緣起論,有何異同?答:兩者既有區別,又有聯繫。

其一,區別:

《華嚴經問答》卷下云:

> 問:性起及緣起,此二言有何別耶?答:性起者,即自是言,不從

〔註56〕同上,第405下頁。
〔註57〕同上,第413中頁。
〔註58〕同上,第405下頁。
〔註59〕《探玄記》卷十六,《大藏經》35冊,第415中頁。

　　緣言；緣起者，此中入之近方便；謂法從緣而起，無自性故。即其
　　法不起中令人解之。其性起者，即其法性，即無起以爲性故，即其
　　以不起爲起。

　　問：三乘緣起，一乘緣起，有何別耶？答：三乘緣起者，緣集有，
　　緣散即無。一乘緣起即不爾，緣合不有，緣散不無故。

性起，是就其體用不二而言的。體，乃眞如之理；眞如之理的顯現就是用，
乃萬法。體因用顯，用因體存，體用不二。所以性起，「以不起爲起」。「本無
所起者稱性辨體」〔註60〕。性起，是就果位（法性）上立論的；緣起，乃就
因位（從緣）上立論的，亦即法之起有待外緣而言的。

　　一乘性起與三乘緣起的區別是：三乘緣起，乃因緣和合即有，因緣離散
即無；一乘性起卻不然，因緣和合既非是有，因緣離散也非是無。

　　然而，兩者又並無原則上的差異。所以澄觀《華嚴經隨疏演義鈔·如來
出現品》云：「性起唯淨，緣起通染淨。性起唯約理，緣起約事。若以染奪淨，
則屬眾生，故名緣起；今以淨奪染，屬諸佛，故名性起。又從緣無性方顯性
起，故緣起即性起。由見緣起推知性起，故性起即緣起。」〔註61〕

　　其二，聯繫：

　　（一）兩者目標相同：同爲出凡入聖。

　　十二有支緣起的原則是，「有因有緣集世間，有因有緣世間集；有因有緣
滅世間，有因有緣世間滅。」（《雜阿含經》卷二·53 經）世間一無所有；無
有所來，亦無有所去；有的只是因緣聚散。能覺悟如此，則生死已盡，梵行
已立，所作已辦，更不復受有。

　　性起旨在強調：心佛與眾生，是三無差別。性起「以不起爲起」，乃體即
是用。眾生本來就是佛，更無須它方遠求。

　　（二）內容一致：十二有支緣起與性起貫穿的基本精神乃是緣起法之理。

　　只不過，十二有支緣起是印土佛家的觀法，性起則是華嚴佛家的觀法。
其各自所觀之理並無二致。

　　性起，乃華嚴宗義理說的核心。法藏總結其義有四：

　　一以果海自體當不可說，不可說性，機感具緣，約緣名起，起已違
　　緣而順自性，是故廢緣但名性起。二性體不可說，若說即名起，今

〔註60〕《大藏經》35 冊，第 414 下頁。
〔註61〕方立天：《華嚴金師子章校釋》，中華書局 2004 年版，第 58 頁。

就緣說起，起無餘起，還以性為起，故名性起，不名緣起。三起雖
攬緣，緣必無性，無性之理顯於緣處，是故就顯但名性起，如從無
住本立一切法等。四若此所起似彼緣相，即屬緣起，今名所起唯據
淨用，順證真性故屬性起。（《探玄記》卷十六〔註62〕）

大意：性體不可言說，但體必起緣顯用；所以「約緣名起」，緣滅而還，「還
以性為起」；或「名所起唯據淨用」，乃名性起。性起乃強為之命名，其本根
是言語道斷的。

　　綜上所述，可見法藏性起的特點：性，（1）是「佛智」，乃基本內涵，這
與《華嚴經》、智儼等的性起義是一脈相承的。此外，（2）性是真如；（3）性
是如來藏；（4）性是淨，「染屬無明，淨屬性起」〔註63〕；（5）性是眾有情之
所依，由迷悟不同，遂有眾生及佛；（6）性是中道，「中道為性故云離二邊」
〔註64〕。起，勉強解釋則為顯現義，實乃不可解釋，因為起即不。

　　由智儼、法藏性起的特點，亦可見《起信論》真如體用等思想的深刻影
響。

〔註62〕《大藏經》35 冊，第 405 中頁。
〔註63〕《大藏經》35 冊，第 405 下頁。
〔註64〕同上，第 413 上頁。

第二章　華嚴三祖法藏「法界」論

佛陀創立的四諦、十二緣起，以及諸大德闡發的中道、涅槃、佛性等是佛法。菩薩日常所爲，乃在於信法、行法、證法。佛離不了法。而法、界結合的「法界」，將佛法引入到了更深一層次的玄思，尤其於華嚴經、華嚴宗，如無「法界」一詞，將一無是處。

華嚴宗師法藏於法界觀貢獻非凡，於教內、外頗有啓發。

第一節　法、界、法界義

一、法

「法」泛指一切，世間、出世間的有爲法、無爲法均爲所覆《成唯識論》卷一：「法謂軌持」；《成唯識論述記》卷一：「法謂軌持。軌謂軌範，可生物解；持謂任持，不捨自相」；《俱舍論》卷一：「能持自相故名爲法」；《大乘義章》卷十：「法義不同，汎釋有二：一自體爲法，二者軌則名法」。

所謂「軌持」，猶今言概念。法多指萬有所依持的性體。

「法」，在法藏《法界無差別論疏》中，則「法有三義：一持義，謂自性不改故；二軌義，謂軌範生解故；三對意義，是意識所知故。」即法是萬有之所依體、思維之概念、意識之對象等義。

「法爲通於一切之語。小者大者，有形者無形者，眞實者虛妄者，事物其物者、道理其物者，皆悉爲法也。」〔註1〕

〔註 1〕丁福保：《佛學大辭典》下，上海佛學書局 2004 年版，第 1375 頁。

二、界

「界差別之義，彼此之事物差別而無混濫也」。〔註2〕如《摩訶止觀》卷五上曰：「界名界別，亦名性分」；《大乘義章》卷八末曰：「界別為界，諸法性別故名為界」。界亦有性義，即事物固有之性體也。如《大乘義章》卷八末曰：「經名為界，亦名為性」。界亦有因義，即生他物之原因。如《成唯識論》卷十曰：「界是藏義，或是因義」；《起信論義記》卷中末曰：「《中邊論》云：法界者，聖法因為義故，是故名法界，此中因義是界義」。

界有差別、性體、生物之因三義。

「界」，在《法界無差別論疏》中，亦有此三義：一因義是界義，謂依生聖法故，如《攝論》云，法界者謂是一切淨法因故；二是性義是界義，謂法之實性，如《起信論》云，真如者即是一法界大總相法門體，又云，法性真如海；三分齊義是界義，謂諸法齊義各不相雜，故名為界。「前二皆法之界故，名為法界；後一法即界故，名為法界也。」

「前二皆法之界故」，是說「界」的「因」「性」二義即是「法」的定義；此「法」、此「界」是成就一切法的終極原因，實就是真如，所以名為「法界」。「後一法即界故」，即「界」的第三義是「分齊」義，也就是說一切法是相互區別的，彼此不能混淆，所以亦稱為「法界」。

三、法　界

梵名達摩馱都（Dharmadhātu），此云法界，又云法性、實相。法界之義有多種，但總其要義有二：一事，二理。

「就事而言，『法』者諸法也，『界』者分界也，諸法各有自體而分界不同故名法界。然則法界者，法之一一名為法界，總該萬有亦謂之一法界。」〔註3〕如《菩薩瓔珞本業經》上曰：「無明者，名不了一切法，迷法界起三界業果」；《摩訶止觀》卷五上曰：「此十法，各各因各各果不相濫故言十法界」。

「約理而言，法相華嚴之釋，意指真如之理性而謂之法界，或謂之真如法性、實相、實際，其體一也。」〔註4〕如《唯識論述記》卷九末云：「三乘妙法，所依相故名為法界」。

天台、華嚴宗更指一一之法，法爾圓融，具足一切諸法而謂之法界。如

〔註2〕丁福保：《佛學大辭典》下，第1602頁。
〔註3〕丁福保：《佛學大辭典》下，第1395頁。
〔註4〕丁福保：《佛學大辭典》下，第1396頁。

《大乘止觀》云：「法者法爾故，界者性別故，以此心體法爾具足一切法故言法界。」此「心體」「法界」亦就理而言，因爲理有無限包容性。

《探玄記・入法界品》卷十八

法有三義：一是持自性義，二是軌則義，三對義。界亦有三義：一是因義，依生聖道故，《攝論》云，法界者謂是一切淨法因故，又《中邊論》云，聖法因爲義故，是故說法界，聖法依此境生，此中因義是界義；二是性義，謂是諸法所依性故，此經上文云「法界法性」，辯亦然故也；三是分齊義，謂諸緣起相不雜故。〔註5〕

法有自性、軌則、對（所）義，界有因、性、分齊（差別）義。界含法，法亦遍覆界，合一則爲法界。如此，眞俗、能所等一統於法界。

從《探玄記》及《法界無差別論疏》的解釋可以看出，法、界各有三義，而法、界各自的三義更互相含攝。《起信論・立義分》云：「是心眞如相，即示摩訶衍體故；是心生滅因緣相，能示摩訶衍自體相用故。」依《起信論》而言，法界乃體用，即或性體，或相用；依華嚴宗而言，法界乃理事，即或理，或事。也就是說依眞諦而言，法界是性體，是理；依俗諦而言，法界是相用，是事。其實，眞俗不二，能所不分，所以名爲法界。

第二節　六十《華嚴經》的法界說

六十《華嚴經》是法藏創立華嚴宗的依據，法藏的法界觀多由此而起。該經中，法界一詞大量使用著，其含義主要體現於因位的「信」「解」「行」「願」，和果位之「證」上。

一、信

信──《世間淨眼品》：「諸佛境界不思議，一切法界亦如是。」（六十《華嚴經》卷二〔註6〕）《盧舍那佛品》：「法界不可壞，蓮華世界海，離垢廣莊嚴。」（卷三）《菩薩雲集品》：「法界悉清淨，因緣故法生，因緣故法滅。」（卷八）《寶王如來性起品》：「佛子，譬如清淨法界，悉爲一切聲聞、緣覺菩薩解脫之所依止，而清淨法界無增無減。」（卷三十六）

信，乃起信佛境，清淨、無增無減之法界爲其所信，此法界亦爲一切有情解脫之所依止。信其所有，非是預設，而是心中有解。

〔註5〕《大藏經》35 冊，第 440 中頁。
〔註6〕此後將以該經的卷數出現，《六十華嚴經》略而不提。

二、解

解——《盧舍那佛品》:「一一菩薩,一切法界方便海,充滿一切微塵數道;一一塵中,有十佛世界塵數佛剎。」(卷三)《菩薩明難品》:「諸佛妙境界,皆悉如虛空,法界無異相,隨順眾生說。」(卷六)《功德華聚菩薩十行品》:「菩薩深解:眾生界、如法界,眾生界、法界無二。」(卷十二)《金剛幢菩薩十迴向品》:「以此善根如是迴向:解法界無生,解法界無自性,解法界如如,解法界無依,解法界無妄,解法界離相,解法界寂靜,解法界無處所。」(卷二十二)《十忍品》:「佛子,此菩薩解一切法界猶如虛空,以無性故。」(卷二十九)《佛不思議品》:「一切諸佛知眾生際,非過去、非未來、非現在。法界亦非去、來、現在,如如實性。」(卷三十一)

解,乃解生死有情之蔽。法界空無自性,以如如實性隨順而有生、佛之別,其實眾生界、法界無二,亦無生死之別,法界亦非去、來、現在。

三、行

行——《盧舍那佛品》:「遊心法界如虛空,是人乃知佛境界。」(卷三)《世間淨眼品》:「無量功德清淨圓滿,常行法界畢竟空性。」(卷二)《菩薩雲集品》:「聞法界有量無量於佛法中心定不動,聞法界若成若壞於佛法中心定不動,聞法界若有若無於佛法中心定不動。」(卷八)《功德華聚菩薩十行品》:「菩薩如是觀察,一切法界如幻,諸佛法如電,菩薩行如夢,所聞法如響。」(卷十二)《金剛幢菩薩十迴向品》:「具足普賢菩薩所行,以此無縛無著解脫心善根,於法界等一切如來菩薩所行,悉能修習身口意業而無懈怠。」(卷二十一)《十忍品》:「入離虛妄法界,出生巧妙方便音聲,於無量無邊世界,廣為眾生轉淨法輪,度脫一切。」(卷二十九)

行,乃遊心法界,常行法界畢竟空性。因而心定不動,一切法界悉皆如幻,入離虛妄法界,即能無縛無著得解脫。

四、願

願——《盧舍那佛品》:「於一念中,皆悉普照一切法界;於一切世界,雨一切諸佛大願雨。」(卷三)《金剛幢菩薩十迴向品》:「安住無礙清淨法界,令一切眾生滿足無礙諸通智慧。」(卷二十二)《十忍品》:「入眾生界法界等,觀世間等,觀佛出入不二。」(卷二十九)《佛不思議品》:「於一念中,悉分別知三世一切法界,一切眾生心、心所行而無有餘,是為一切諸佛最勝無上意業莊嚴。」(卷三十一)

願，出於一念。一念大願即可安住無礙清淨法界，入法界，觀生、佛不二。

五、證

證——《世間淨眼品》：「清淨法界如如住，寂滅微妙最無上。」（卷二）《盧舍那佛品》：「於此蓮華藏，世界海之內，一一微塵中，見一切法界。」（卷三）《初發心菩薩功德品》：「清淨法界等，無著無所依，無染如虛空。」（卷九）《金剛幢菩薩十迴向品》：「修菩薩行，安住普賢行，隨義隨味皆如實知。如夢如電，如幻如響，如化寂滅。一切法界無有真實，無所染著。」（卷二十一）

清淨法界、蓮華藏等，皆為修行所證。而一切法界卻無有真實，如夢如電。

證，實即是信，是解，是行，是願；信、解、行、願、證於法界，原是一味。願之大，才能信之篤；解之深，方能行意堅決；只有證入法界，才能得功德福田，了卻大願。

此外，六十《華嚴經》的三界唯心，以及「心如工畫師，畫種種五陰，一切世界中，無法而不造」（《佛升夜摩天宮自在品》卷十一），乃確證眾生心願力的。在此，法界與心亦相等同。

六十《華嚴經》的「證」「信」，是以清淨法界為所「證」、所「信」的；「願」，乃以清淨法界心為能發「願」的。眾生所「證」「信」的終點，就是能發「願」的起點，實皆源於一法界（心）。難怪僧肇作《物不遷論》以覺醒有情眾生，其曰：「然則旋嵐偃嶽而常靜，江河競注而不流，野馬飄鼓而不動，日月歷天而不周。……是以觀聖人心者，不同人之所得也。何也？人則謂少壯同體，百齡一質。徒知年往，不覺形隨。是以梵志出家，白首而歸，鄰人見之曰：昔人尚存乎？梵志曰：吾猶昔人，非昔人也。」「旋嵐偃嶽」與「常靜」、「江河競注」與「不流」、「野馬飄鼓」與「不動」、「日月歷天」與「不周」、「昔人」與「非昔人」，猶如能發之「願」與所「證」之境似的，乃同屬於一法界（心）。只不過「以觀聖人心者，不同人之所得也」罷。即凡人得法界之事，聖人得法界之理。其實，照六十《華嚴經》的看法，「一切法界無有真實」，所以佛與眾生於平等無二。其實，惟有一法界心而已，「昔人」「非昔人」由此而有別，又無別。

第三節　杜順《華嚴法界觀》中的空色法界觀

　　《華嚴法界觀》在法藏《華嚴發菩提心章》可見全文，該《章》文義一體，很難分離。但澄觀認定其爲杜順所作，並著《華嚴法界玄鏡》二卷爲之作釋。宗密《注華嚴法界觀門》亦云：「京終南山釋杜順集」，繼之，「今雲集者，以祖師約自智，見華嚴中一切諸佛、一切眾生，若身心、若國土，一一是此法界體用。如是義集，無量無邊。遂於此無量境界，集其義類束爲三重。」在此，亦傾向《華嚴法界觀》爲杜順作。

　　《華嚴法界觀》義有「三重」：一「眞空第一」，二「理事無礙」，三「周遍含容」。而該《觀》全部義韻即落在第一「重」上，二、三「重」只不過是從宗教的角度轉換到哲理的角度而已。故茲就第一「重」中的「眞空第一」，作一闡述。

　　眞空第一有四門：一會色歸空觀；二明空即色觀；三空色無礙觀；四泯絕無寄觀。四門皆談的是空色及其關係。

　　何謂色？色，即萬法。何謂空？空分眞空、斷空。因緣聚合萬法生，因緣散去萬法滅，所以萬法性體爲空，此即爲眞空。所謂眞空，概括地說，即「色去不留空，空非有邊住」，這是說色在則空在，空不在色身之外，而是與色不一不異。所謂斷空、頑空是指萬法之外，別有空相。比較而言，眞空與萬法爲一，而斷空則與萬法爲二。如一堵牆，因其爲磚土所疊成，牆相乃存，如磚去土失，牆相乃滅，此則爲眞空。其實本無牆，因緣成故。斷空則在此牆相外，另有空相存。

一、會色歸空觀

　　其中談了四點：

（1）色不即空，以即空故。緣由是：如色不即空，就是斷空，不是眞空；因爲色的體性是空，所以說色即空，即眞空，非斷空。

（2）色不即空，以即空故。緣由是：以眼所見的青、黃色相，不是眞空之理，只是假象，青、黃色之體性，非就是青、黃之色相，所以說色不即空；然而青、黃色之體性是眞空，所以說色即空。

（3）色不即空，以即空故。緣由是：眞空中沒有任何色相，所以說色不即空；因緣成色，無自性體，所以說色即空。

（4）色即是空。緣由是：萬法必不異眞空，因爲任何色法一定沒有自己的體性，所以說色即是空；受、想、行、識等，也是這樣。

二、明空即色觀

亦有四點：

(1) 空不即色，以空即色故。緣由是：斷空不即外色，所以說空不即色；而眞空一定顯現於色相之中，所以說空即色。

(2) 空不即色，以空即色故。緣由是：眞空之理，非青、黃之色相，所以說空不即色；然而眞空之理又是青、黃色相之所依持，所以說空即色。只是由於眞空與青、黃色的體性一致，而與青、黃之色相相異，所以說空即色不即色。

(3) 空不即色，以空即色故。緣由是：空是所依非能依，所以說空不即色；所依一定以能依作所依，所以說空即色。只是由於空是所依，色是能依，兩者爲二；而所依、能依又體性爲一。因此，以空不即色而即色也。

(4) 空即是色。緣由是：凡是眞空必不異色，因爲我、法二空所顯之空理非斷滅空，所以說空即是色。受、想、行、識等，也是如此。

三、空色無礙觀

謂色之體性與眞空不異，故眞空不礙幻有。色若是實色，即礙於空。空若是斷空，即礙於色。所以觀想幻色無不見眞空，即色、空無礙、無障。

四、泯絕無寄觀

謂此所觀想之眞空，不可言即色不即色，不可言即空不即空。色，如此，受、想、行、識等皆如此，甚至連「不可亦不可」這句話也不能有此一念。般若現前，言語道斷，心行處滅，不可智知。冥心遣智，境行無二，眞空與幻色爲一。

從眞諦來說，空是佛之至理，色爲幻色，但眞空不礙幻有。從俗諦來說，色法不幻，因無明起，所以空、色常作顚倒想。其實，色、空皆一統於法界，或謂色，或謂空，此乃聖、凡所觀想不同而已。

《華嚴法界觀》的「會色歸空觀」講色即是空，實乃事即是理也；「明空即色觀」講空即是色，實乃理即是事也；「空色無礙觀」講空色無礙，即理事圓融也；「泯絕無寄觀」講色空俱冥，理事雙雙絕慮，即「一切法界無有眞實，無所染著。」（六十《華嚴經》卷二十一）

總的來說，《華嚴法界觀》講的就是法界的體用相即，眞俗不二，理事圓融。

第四節　《佛地經論》的佛地法界說

　　法藏的《華嚴經探玄記》多處具引《佛地經論》，如：「言佛地者，《佛地論》第一云，清淨法界及彼妙智受用和合一味事等，是佛所依、所行、所攝，故名佛地。解云即以淨法界爲所依，妙智爲所行，餘功德等皆爲所攝，即以眞理妙智無礙爲體。」〔註7〕其《華嚴經明法品內立三寶章‧法身章》亦有是言：「依《佛地論》，唯以所照眞如清淨法界爲性，餘四智等並屬。」法藏將《佛地經論》的「佛地」與其清淨法界當作同一個概念來使用。「餘四智」，即指《佛地經》中的「大圓鏡智，平等性智，妙觀察智，成所作智」。《佛地經論》的「佛地」影響了法藏的法界觀。

一、佛　地

　　《佛地經》稱佛地爲「大覺地」（《佛地經論》卷三）。《佛地經論》釋佛地：

> 具一切智、一切種智，離煩惱障及所知障，於一切法、一切種相，
> 能自開覺，亦能開覺一切有情，如睡夢覺、如蓮花開，故名爲佛地。
> 謂所依、所行、所攝，即當所說清淨法界、大圓鏡智、平等性智、
> 妙觀察智、成所作智，受用和合一味事等，是佛所依、所行、所攝，
> 故名佛地。（卷一）

所謂佛地，即離二障、自覺覺他，具足一切智慧。佛地或爲「五法」中任一法（五法：清淨法界、大圓鏡智、平等性智、妙觀察智、成所作智）。此乃爲佛所依、所行、所含攝。佛地，或可謂之清淨法界。

二、清淨法界

　　清淨法界，依《佛地經》：

> 譬如虛空，雖遍諸色種種相中，而不可說有種種相，體唯一味。如
> 是如來清淨法界，雖復遍至種種相類，所知境界，而不可說有有種
> 種相，體唯一味。

《佛地經》以虛空之無色無相比擬清淨法界。《佛地經》進一步說，此一體之清淨法界，遍攝於一切眾生心性之中而不爲所染污；含容一切身語意業，隨聖智變化，利益眾生，而清淨法界未有起作。有形之物時起時息，而清淨法界無生無滅，無增無減。世間之所以有種種事物的作用無邊無盡，是因爲其

〔註 7〕《大藏經》35 冊，第 150 上頁。

依持於清淨法界無邊無盡。清淨法界體無去、無來、無動、無轉。依空而起的種種色相，有壞、爛、燒、燥等變異，而虛空界非彼所變，亦無勞弊。雖眾生界內的種種學處、身語意業毀犯可得，而清淨法界非彼變異，亦無勞弊。依虛空，大地大山、光明、水火帝釋眷屬，乃至日月種種可得，而清淨法界非彼諸相可得。雖如空中種種因緣展轉生起，三千大千無量世界周輪可得，而清淨法界無所起作，亦不可得。

清淨法界者，謂離一切煩惱、所知、客塵障垢，一切有為、無為等法無倒實性，一切聖法生長依因，一切如來真實自體，無始時來自性清淨，具足種種過十方界極微塵數性、相功德，無生、無滅猶如虛空，遍一切法、一切有情。平等共有，與一切法不一不異，非有非無。離一切相、一切分別、一切名言。皆不能得。唯是清淨聖智所證（《佛地經論》卷三）

清淨法界有無量性、相功德，自體無生無滅。只有四佛智慧夠證得。

三、四　智

如何能入清淨法界？得依「諸聖分證、諸佛圓證」。圓證即由大佛之圓鏡智證；分證即由諸聖之平等性智、妙觀察智、成所作智證。

（1）大圓鏡智者：謂離一切我、我所執，一切所取、能取分別，所緣行相不可了知，不愚不忘，一切境界不分別知，境、相差別一切時方無間無斷，永離一切煩惱障垢、有漏種子，一切清淨無漏功德種子圓滿，能現能生一切境界諸智影像，一切身土影像所依，任持一切佛地功德，窮未來際無有斷盡，如是名為大圓鏡智。

（2）平等性智者：謂觀自、他一切平等大慈大悲恒共相應，常無間斷，建立佛地無住涅槃隨諸有情所樂，示現受用身土種種影像，妙觀察智不共所依，如是名為平等性智。

（3）妙觀察智者：謂於一切境界差別，常觀無礙，攝藏一切陀羅尼門、三摩地門諸妙定等，於大眾會能現一切自在作用，斷一切疑雨大法雨，如是名為妙觀察智。

（4）成所作智者：謂能遍於一切世界，隨所應化應熟有情，示現種種無量無數不可思議佛變化事，方便利樂一切有情常無間斷，如是名為成所作智

四智功能有別：

當知四智，一一能起一切作用，說平等智起受用身，成所作智起變

化身，妙觀察智觀察一切自相共相、陀羅尼門、三摩地等，大圓鏡
智慧現一切諸法影像。(《佛地經論》卷六)

受用身、變化身，與佛之法身是一而無異。所以四智，「智無差別者，圓
鏡智等皆相似故，無有自他分別異故。」(《佛地經論》卷六)

大圓鏡智乃成佛所具，平等性智、妙觀察智、成所作智，乃諸菩薩修行
所至。四智惟觀清淨法界，清淨法界惟由四智開顯。「智無差別者」，乃唯一
清淨法界。

四、真如共相與法界

有難曰：「若諸如來法界爲性，法界則用，眞如爲體，眞如即是諸法共相，
諸法既有種種差別，法界隨彼，云何無有種種差別？法界若有種種差別，云
何清淨？」釋曰：

譬如虛空雖遍諸色種種相中者，如世虛空雖遍一切有形、礙、色等
不等類差別相中，品類差別故名種種，自體集在覺慧等上分明顯現，
故名爲相，即是行相而不可說有種種相者。而此虛空不可宣說有諸
形、礙、種種色相，由此虛空其性自爾不應說，故名不可說。(《佛
地經論》卷三)

這是說，眞如像法界虛空樣，遍於一切有形質的事物中。種種事物雖有差別，
並爲佛智所觀照而顯現爲不同種類的相。而這些所顯現的相，均是虛假不實
的、變異無常的「行相」，所以不能稱爲諸法共相(眞如)。諸法共相(眞如、
法界)，無有形質，亦無有色相，清淨一味，不可言說。

眞如是法界的唯一實相，亦是法界唯一的本質所在。

五、涅槃與法界

有難曰：「若淨法界離去來等，云何無有方所、去、來，而得正覺般涅槃
等？」釋曰：

譬如世界現壞現成，而虛空界無成壞故。淨法界中雖有諸佛現成正
覺、般涅槃等，而淨法界眞實無有成等正覺、涅槃等事。若有此事，
可爲此故，有去、來等。如虛空中現諸世界滅壞、生成，就世俗理
非眞實義。彼如太虛皆性空故。如是如來清淨法界，現無量相、成
等正覺或復涅槃，亦由世俗非眞實義。成正覺者、入涅槃者，皆無
有故。(《佛地經論》卷四)

這是說，世間有成有毀，虛空卻無有。清淨法界中雖然有眾佛成正覺、般涅
槃等一說，實際上無有這眞實之事。如果有這麼一回事，清淨法界中就有「去」
「來」等事的發生。清淨法界中有滅壞、生成，乃世俗看法。清淨法界，體
性空寂，如有無量相、成等正覺或復涅槃之事，不符合眞諦。

實際上，生死即涅槃，眾有情即清淨法界。涅槃與清淨法界，名異實同。

《佛地經論》強調了佛地、眞如、涅槃與法界的性體（清淨法界）相等
同。

第五節　法藏的法界論

法藏，海納百川，其法界說頗具有總結性特點。

一、法界類別

（1）法界分四類──《探玄記・盧舍那佛品》卷三，說「法界方便海者，
此有四義」：

> 一理性法界，是前眾生及世界等所依之界；二染事法界，謂彼所化
> 眾生蘊界法等；三離垢法界，謂佛所得最淨法等；四淨用法界。
>
> 〔註8〕

是說法界可分爲：一理性法界；二染事法界（此二以義理分）；三離垢法界，
即《佛地經》中的佛地（清淨法界）、出世間、無爲法；四淨用法界，即世間、
有爲法（此二以宗教分）。

（2）法界內涵──《探玄記・十無盡藏品》卷六，說法界有十義：

> 一是法界性自澄淨義，如清水珠；二法界性自離過義；三、四俱是
> 法界性能滅過義；五法界攝德廣多義；六法界自性放捨義；七法界
> 自性開覺義；八法界自性明照義；九法界自體任持義；十法界隨緣
> 應機義。〔註9〕

法界是一清淨本體，功德無量，能自覺覺他。法界雖眞性不變但能隨緣起事。

（3）兩種能入法界、所入法界：

第一種，《探玄記・入法界品》卷十八，說能入法界有五門：一淨信，二
正解，三修行，四證得，五圓滿〔註10〕。此五門，實際上是對《華嚴經》「五

〔註8〕《大藏經》35 冊，第 150 下頁。
〔註9〕《大藏經》35 冊，第 232 中頁。
〔註10〕《大藏經》35 冊，第 441 上頁。

位」（「信」「解」「行」「願」「證」）的發展。所入法界亦有五門：

> 一有爲法界；二無爲法界；三亦有爲亦無爲法界；四非有爲非無爲
> 法界；五無障礙法界。〔註11〕

「一有爲法界」——指因義說的。有情知諸法有差別。但「一切諸佛知過去一切法界悉無有餘，知未來一切法界悉無有餘，知現在一切法界悉無有餘。」〔註12〕「有爲法界」乃因緣所起。

「二無爲法界」——其有二門：「一性淨門，謂在凡位性恒淨故，眞空一味無差別故；二離垢門，謂由對治方顯淨故」。〔註13〕「無爲法界」非因緣所生。

「三亦有爲亦無爲法界」——其亦有二門：「一隨相門，謂受、想、行蘊及五種色並八無爲，此十六法唯意識所知，十八界中名爲法界。二無礙門，謂一心法界具含二門：一心眞如門，二心生滅門；雖此二門，皆各總攝一切諸法，然其二位恒不相雜」。〔註14〕「亦有爲亦無爲法界」爲生、佛共有。

「四非有爲非無爲法界」——其亦有二門：「一形奪門，謂緣無不理之緣，故非有爲；理無不緣之理，故非無爲；法體平等，形奪雙泯。《大品經》三十九云：須菩提白佛言，是法平等，爲是有爲法？爲是無爲法？佛言非有爲法非無爲法。何以故？離有爲法，無爲法不可得；離無爲法，有爲法不可得。須菩提是有爲性無爲性，是二法不合不散。二無寄門，謂此法界離相離性故非此二；由離相故非有爲，離性故非無爲。」〔註15〕「非有爲非無爲法界」，即不著二邊之中道。

「五無障礙法界」——有二門：「一普攝門，謂於上四門隨一即攝餘四門故，是故善財或山海，或見堂宇，皆名入法界。二圓融門，謂以理融事故，全事無分齊；謂微塵非小，能容十刹，刹海非大，潛入一塵也；以事融理故，全理非無分，謂一多無礙。」〔註16〕「無障礙法界」，乃明「於此蓮華藏世界海之內，一一微塵中見一切法界」。〔註17〕

〔註11〕《大藏經》35 冊，第 440 中頁。
〔註12〕《大藏經》35 冊，第 440 下頁。
〔註13〕同上。
〔註14〕同上。
〔註15〕同上。
〔註16〕《大藏經》35 冊，第 441 上頁。
〔註17〕同上。

　　所入法界五門中，一、三門是有爲法界、事法界，二、四、五門是無爲法界、理法界。

　　能入法界五門與所入法界五門，「隨一能入通五所入，隨一所入通五能入」，「五能入如其次第各入所入五中之一」；〔註18〕反之亦然。能入法界五門互入，所入法界五門亦互入。能、所無礙亦互入。

　　第二種，《探玄記・入法界品》卷十八，亦說能入法界有五門：一身、二智、三俱、四泯、五圓，即「入樓觀而還合身證也，鑒無邊之理事智證也，同普賢而普遍俱證也，身智相即而兩亡俱泯也，一異存亡無礙自在圓融也」。〔註19〕能入法界之五門，實乃只「身」「智」二門，而「身智相即」。所入法界五門則爲：

　　　　一法法界，二人法界，三人法俱融法界，四人法俱泯法界，五無障
　　　　礙法界。〔註20〕

　　其一「法法界」——有十法：「一事法界，謂十重居宅等；二理法界，謂一味湛然等；三境法界，謂所知分齊等；四行法界，謂悲智廣深等；五體法界，謂寂滅無生等；六用法界，謂勝通自在等；七順法界，謂六度正行等；八違法界，謂五熱衆鞞等；九教法界，謂所聞言說等；十義法界，謂所詮旨趣等。此十法界同一緣起無礙鎔融，一具一切。」〔註21〕此指無情之一切事、理而言。

　　其二「人法界」——「謂人、天、男、女、在家、出家、外道、諸神、菩薩及佛。此並緣起相分，參而不雜。善財見已，便入法界故名人法界也。」〔註22〕此指一切有情而言。

　　其三「人法俱融法界」——「謂前十人、十法同一緣起，隨義相分，融攝無二。」〔註23〕有情、無情雖有「相分」，因同一緣起卻無自性；無自性故，又「融攝無二」。

　　其四「人法俱泯法界」——「謂平等果海離於言數，緣起性相俱不可說。」〔註24〕法界緣起，言語道斷。

〔註18〕同上。
〔註19〕《大藏經》35 冊，第 441 中頁。
〔註20〕《大藏經》35 冊，第 441 上頁。
〔註21〕同上。
〔註22〕《大藏經》35 冊，第 441 中頁。
〔註23〕同上。
〔註24〕同上。

其五「無障礙法界」——「謂合前四句，於彼前人、法一異無障，存亡不礙，自在圓融如理。」〔註25〕法界一如，理無二分，人、法隨緣而起，亦隨緣而滅，自在無礙。

實際上，「能入、所入混融無二，際限不分」。〔註26〕因為法界只一理而已。

以上兩種能入法界、所入法界各有其特點。「一約義，二約類」。〔註27〕第一種，乃「約義」，即講的是義理，也就是於「一一微塵中見一切法界」。第二種，乃「約類」，即以人、法類別而言，但因「法界法性」〔註28〕，所以「能、所圓融形奪俱泯」〔註29〕。無論從哪個角度上講，皆因法界緣起故，能入法界、所入法界無不相即自在，圓融無礙。

二、法界與如來藏

（1）何謂如來藏？《佛性論・如來藏品》卷二說，如來藏義有三種：一所攝藏，二隱覆藏，三能攝藏。如：

> 一所攝名藏者，佛說約住自性如如。一切眾生是如來藏。言如者，有二義：一如如智，二如如境，並不倒故名如如。言來者，約從自性來，來至至得，是名如來。故如來性雖因名，應得果名，至得其體不二。但由清濁有異，在因時為違二空故起無明，而為煩惱所雜故名染濁。雖未即顯，必當可現故名應得。若至果時，與二空合，無復惑累，煩惱不染，說名為清。果已顯現故名至得。……所言藏者，一切眾生悉在如來智內故名為藏。以如如智稱如如鏡故，一切眾生決無有出。如如鏡者，並為如來之所攝持故名所藏。

如，不顛倒；來，從佛之果性來；藏，指無一眾生不在如來智內。「所攝藏」講的是，眾生之鏡只能為如來之智所照，即一切眾生為如來智慧所攝藏，亦即一切眾生是如來藏。

> 二隱覆為藏者，如來自隱不顯，故名為藏。言如來者有二義：一者現如不顛倒。由妄想故，名為顛倒；不妄想故，名之為如。二者現常住義。此如性，從住自性來至至得。如體不變異故是常義。如來

〔註25〕同上。
〔註26〕同上。
〔註27〕《大藏經》35冊，第440中頁。
〔註28〕同上。
〔註29〕《大藏經》35冊，第441中頁。

性住道前時，為煩惱隱覆，眾生不見故名為藏。

如，真如、真空之理，此理常住不變；藏，指如理為無明所障隱。「隱覆藏」講如來（真如）性自隱不顯。

三能攝為藏者，謂果地一切過恒沙數功德，住如來應得性時，攝之已盡故。若至果時方言得性者，此性便是無常。何以故？非始得故，故知本有，是故言常。

「能攝藏」講眾生在因位、諸佛在果位之如性常恒不變。此如性功德無量，涵攝一切。

由如來藏的「所攝藏」、「隱覆藏」可知，該二藏是眾生界，即法界的相用、事法界；「能攝藏」是佛的法身，即法界的性體、理法界。由此可知，如來藏即是法界。

又《佛性論・三性品》卷二說：

三無性者：一無相性，二無生性，三無真性。此三性攝如來性盡。何以故？以此三性通為體故。無相性者，一切諸法但名言所顯，自性無相貌故，名無相性。無生性者，一切諸法由因緣生故，不由自能生，自他並不成就故，名無生性。無真性者，一切諸法離真相故，無更別有實性可得故，名無真實性。

「無相性」「無生性」「無真性」是如來藏的根本性質，亦是法界的惟一實相。

（2）眾生界是如來藏之相。《究竟一乘寶性論》卷一說，言眾生者即是第一義諦，第一義諦者即是眾生界，眾生界者即是如來藏。《無上依經》說：「一切如來昔在因地，知眾生界自性清淨，客塵煩惱之所污濁。」《勝鬘經》說：「死、生者，此二法是如來藏。」《不增不減經》說：「眾生界者即是如來藏。」《如來藏經》說：「一切眾生如來之藏常住不變，但彼眾生煩惱覆故」；又曰：「我見眾生種種煩惱，長夜流轉生死無量，如來藏在其身內，儼然清淨如我無異。」《大法鼓經》卷下說：「翳者謂諸煩惱，眼者謂如來性，如雲覆月，月不明淨；諸煩惱覆如來性，性不明淨；若離一切煩惱雲覆，如來之性淨如滿月。」是說煩惱眾生如翳覆眼，性淨真如如月破雲。《涅槃經・如來性品》說：「一切眾生悉有佛性，常為無量煩惱所覆，是故眾生不能得見。」眾生皆有如來真性。所以《探玄記》說：「一切眾生皆是法界」〔註30〕，法界即如來藏，眾生即如來藏。又曰：「界是如來藏體，隨緣作眾生」〔註31〕，如來

〔註30〕《大藏經》35 冊，第 246 上頁。
〔註31〕《大藏經》35 冊，第 157 上頁。

藏性體不守自性，隨緣而作眾生諸相；猶如眞如不守自性，隨緣而不變，不變而隨緣。之所以如此，是因爲「眾生界者是如來藏也，以性通相融故，得事隨理無礙」〔註32〕。

（3）法身是如來藏之體。《無上依經》說：「一切如來實稱法界，不著有、無，如大虛空，修空界最究竟。」「不著有、無」者，乃佛之法身體。《勝鬘經》云：「如來藏者，是法界藏、法身藏、出世間上上藏，自性清淨藏。」佛之法身體，性自清淨。《不增不減經》說：「如來藏者，即是法身。」法身是如來藏之性體，自性清淨。故而《探玄記・世間淨眼品》云：「三世一切佛，法身悉清淨，隨其所應化普現妙色身。」如來藏性體清淨，但常爲染污所著，隨其應化而現種種眾生色相。其實，眾生界、法身無二無別。如《究竟一乘寶性論》卷三：「不離眾生界有法身，不離法身有眾生界；眾生界即法身，法身即眾生界。」《無上依經》說：「如來即在眾生身內。」《佛性論》卷二：「眾生界不異法身，法身不異眾生界。」《探玄記・功德華聚菩薩十行品》：「眾生界、法界無二無別，即此法身以惑污故，流轉五道名爲眾生。法身則眾生，眾生則法身。」〔註33〕究其實，乃同一如來藏（法界）緣起故。

法界與如來藏有何分曉？宗密在《圓覺經略疏》中，區別法界與如來藏時指出：一者在有情數中名如來藏，在非情數中名法界性；二者謂法界則情器交徹心境不分，如來藏則但語諸佛眾生清淨本源心體。又法界：在眾生數中名爲佛性，在非眾生數中名爲法性。

法界、如來藏、佛性、法性，名稱各異，卻湛然一味。

三、法界的根本性質

「緣起法者，非我所作，亦非餘人作。然彼如來出世及未出世，法界常住，彼如來自覺此法，成等正覺。」（《雜阿含經・299 經》卷十二）緣起法是客觀存在的，非爲佛陀所創造，而爲佛陀所發現。緣起法的人生體驗是十二因緣。十二因緣，實即是「此有故彼有，此生故彼生，此無故彼無，此滅故彼滅」的因果緣起。因果緣起關涉著法界。法藏在解釋《華嚴經》名時，說：「大方廣爲理實法界，佛華嚴爲因果緣起。因果緣起必無自性，無自性故，即理實法界，法界理實必無定性，無定性故即成因果緣起。」（《探玄記》卷

〔註32〕《大藏經》35 冊，第 227 上頁。
〔註33〕《大藏經》35 冊，第 227 中頁。

一〔註34〕）因果緣起是法界之實理。又《探玄記・名號品》：「欲明因依果成，還能剋于果；果能垂於因，還爲因成果。因果相成，緣起無性。無自性故，即眞法界。無性即體，不礙緣起故。眞法界不壞因果。」〔註35〕緣起成因，緣起成果；故因無自性，果無自體；故因果相成無礙；無自性、無自體，乃「即眞法界」。所以「眞法界不壞因果」，是說「眞法界」與緣起法等同。

　　《華嚴經搜玄記》：「緣起之法，離有無也。此雖無生力，以空力成故，離自性生。」〔註36〕緣起法的本質，並非是一個「生」字，而是一個「空」字；緣起法因「空」而起成萬物，並非生萬物。《華嚴經義海百門・緣生會寂門第一》：「緣起是法，法隨智顯；用有差別，是界此法」。因緣所起的萬法，智照即顯；萬法諸相有差別，是性體起用故。萬法之相用，無不因性體而起，如「大地依水而住，水依風住，風依空住。而彼虛空無依住處。」（《究竟一乘寶性論》卷三）「彼虛空」，乃緣起法之自體。緣起法之自體無所依持，亦無有眞實。「緣起法即是佛故，以因緣生即是不生故。」〔註37〕「佛雖現我，然我求佛不得，以有即眞實是無有故。」〔註38〕緣起法是佛，佛只可求而不可得。緣起法亦然，「以有即眞實是無有」。眞實的「佛以眞如法界無生之理爲家」（《華嚴經義海百門・種智普耀門第三》）。法界（無生之理）何止是佛之家？亦是一切有情、無情，有爲法、無爲法之家。無生之理，即緣起法。緣起法乃法界的內涵，亦爲法界的根本性質所在。

四、法界的理、事二分

　　如何把握法界？《探玄記》卷一云：「法界即是一心，諸佛證之以成法身」〔註39〕。澄觀則說：「佛則稱爲眞法界」（《華嚴經疏》卷七〔註40〕）。法界的「心」說、「佛」說，是宗教意義上的界定，實踐中卻很難把握，只能靠長期的修行、靠頓悟——佛（或心之）「如來境界無有邊，各隨解脫能觀見」（《華嚴經疏》卷六〔註41〕）。哲理層面上的意義，法藏則說：「法界亦二：一理，

〔註34〕《大藏經》35 冊，第 120 上頁。
〔註35〕《大藏經》35 冊，第 168 中頁。
〔註36〕《華嚴經搜玄記》，《大藏經》35 冊，第 66～67 頁。
〔註37〕《大藏經》35 冊，第 194 中頁。
〔註38〕《大藏經》35 冊，第 140 上頁。
〔註39〕《大藏經》35 冊，第 120 上頁。
〔註40〕《大藏經》35 冊，第 551 下頁。
〔註41〕《大藏經》35 冊，第 542 上頁。

二事」（《探玄記》卷二〔註42〕）。澄觀亦強調：「法界之言義兼事理」（《華嚴經疏》卷六〔註43〕）。法界的理事界定，乃概念的理性領會。理法界、事法界的含義，法藏在《華嚴經義海百門·緣生會寂門第一》中，進一步闡釋說：「經云：即法界無法界，法界不知法界，若性相不存，則爲理法界；不礙事相宛然，是事法界。二而無二，無二即二，是爲法界也。」「理法界」無有「性相」，「事法界」卻「事相宛然」。理事無二，總名爲法界。

西方存在論在概括存在時，指出：「一張桌子是一件傢具，傢具是人工製品，人工製品是有形事物；如果再進一步加以概括，就可以說這張桌子只不過是一個存在，一種東西。存在是我們能夠對一件東西所作的最終的一般性概括，因此也是我能應用於其上的最抽象的詞，它並不能爲我提供任何有關桌子的有用知識。……存在並不是空洞的、抽象的，而是我們所有人都深陷其中以至沒頂的某種東西。」〔註44〕法界可與存在相比附。其又與存在一樣，是最難概括，也是最抽象的東西。

第六節　目前學術界的華嚴法界觀

目前的法界觀的界定，以下學者可加借鑒。

一、《中國華嚴宗通史》說：「它（法界）指盧舍那佛所教化的整個世界，是對全部世間和出世間、全部聖凡境界的總概括。它既指輪迴世界，也指解脫世界；既是本體界，也是現象界；既是可見世界，也是不可見世界。」〔註45〕

二、《法藏評傳》說，法界是梵文達摩馱都的意譯，又作法性、實相。「法」概括起來說有二層含義：一層意思是指保持自體本性不變的一切存在；另一層意思爲軌範人倫，令人產生對一定事物理解的根據，例如認識的標準、規範、法則、道理等。界，是分類範疇的稱謂，通常是指種族、族類要素的意思。另外，佛教認爲物種是自我繁衍的，各各自類相續而生，物種是個體事物得以產生的「同類因」，所以，界又是事物因性的意義。按照界是因的意思，唯識宗把一切事物的種子，亦稱因，也稱爲界。

所謂法界就是指宇宙萬物、自然界、人的感覺內容，或者是指事物的類

〔註42〕《大藏經》35 冊，第 145 上頁。
〔註43〕《大藏經》35 冊，第 542 上頁。
〔註44〕〔美〕威廉·巴雷特《非理性的人——存在主義哲學研究》，第 209～210 頁。
〔註45〕魏道儒：《中國華嚴宗通史》，第 35 頁。

別、性質，或者是指事物的原由、根據。由於法界具有性質、根基的意義，所以又被作爲表述一切事物本來相狀，即諸法實相的概念，而和同樣表述諸法實相的眞如、自性清淨心、法性、平等性、不虛妄性、不變性、法住、實際等相通。總之，法界的一般含義，簡言之，一是泛指宇宙的萬事萬物，二是指決定萬事萬物的本性。〔註46〕

三、呂澂說：「《經》〔註47〕談法界有虛空十喻，意就三方面說：（一）佛以法界爲體性，乃明佛之所以爲佛也。小乘亦具此義（即以涅槃爲體性），或謂以菩提爲體性也（分別論者）。（二）法界遍於有情心相續中，爲有情所同具，即所謂一切有情皆有佛性（如來藏），意明佛與有情皆據法界，既所依等同也。（三）法界由共相（二空）所顯（平等相爲共相），法界本身非共相而爲共相之所顯也。合此三義以觀法界，可知法界者即無差別遍一切有情心而爲共相之所顯也。在眾生邊說即心法性（如來藏）而已；在如來邊說即圓滿證得此法性心而已。」〔註48〕是說從佛方見法爲理，從有情見之則爲事，理事平等平等。法界之理非共相而爲自相（實相），但明法界得由共相顯，即示入道之門也。云何入道？謂由共相而顯法界也。

四、楊仁山：「無始終，無內外，強立名，爲法界；法界性，即法身，因不覺，號無明；空色觀，情器分，三世間，從此生；迷則凡，悟則聖，眞如體，須親證。」〔註49〕

以上諸家對法界的界定，不可以對、錯來評判。因爲無論如何界定法界，都會言不盡意。對法界的把握，不給它下定義，才是最好的定義。如勉強爲之，法藏的理、事二分實是對法界極高明的界定。

〔註46〕方立天：《法藏評傳》，（北京）京華出版社1995年版，第50頁。
〔註47〕指《佛地經論》——筆者。
〔註48〕呂澂：《呂澂佛學論著選集》卷一，齊魯書社1991年版，第417頁。
〔註49〕楊仁山：《楊仁山居士文集》，第2頁。

第三章　法藏的圓融之「理」（一）
——法界緣起

　　法界緣起是華嚴宗的基本教義，也是法藏的全部學說的核心。理事無礙、事事無礙——就是以此作為其理論基礎的。理事之所以圓融、事事之所以無礙，是由於真法界的存在。真法界實是《起信論》中的「眾生心」。《起信論》由一「眾生心」而開二門。如果說，性起說闡釋的是《起信論》一心開二門中的心真如門，那麼法界緣起說闡釋的即是心生滅門。換句話說，性起若就真如之「體」而言，法界緣起則就真如之「相」、「用」而論。性起是從果上立論的，即著重闡明的是由理顯事。法界緣起則就因上說的，即著重闡明的是由事即理。（法藏的如來藏說也是就因上說的，此待後述。）

　　就因、果義，智儼在《華嚴孔目章》卷三中解釋說，因分者教大，果分者義大。所謂「義大」即所證之果，絕言離相。教大者有三種：一因成就大，二因漸成就大，三教說修成就大。因成就大者，慈悲及願力；因漸成就大者，言漸次，漸者乃聞、思、慧等次第，乃能生出世間智因；教說修成就大有二種：一滿足修，二觀修（滿足修者，謂依聞、思、慧等，能生出世間智，但不完全具有出世間智；觀修者，境界難見不可說，但自心清淨可見）。智儼在此所強調的教行，乃立言方便的施設，可具體踐行，如發慈悲及大誓願、聽聞佛法、觀心養性等等身、口、意行，此乃菩薩及眾生的日常功課，包括文殊、普賢所行。義是所證之佛果，言語道斷，心行處滅，非凡人所及。

　　應該說法界緣起是由因位之教和果位之義兩部分構成，既然處于果位之義言語道斷，那麼可以道說的亦只有因位之教行。

第一節　普賢菩薩行與法界緣起

智儼《華嚴孔目章》卷四說：「菩薩者，通其五乘，人、天、凡夫，亦名菩薩。」眾有情是凡人，不是佛；菩薩是凡夫，也不是佛。但普賢菩薩是人，亦是佛，「普賢法門猶如虛空無量無邊，普賢菩薩法門與諸佛身境界齊等」（《華嚴經》卷五七）。這是為什麼？

因為普賢菩薩在凡即聖，因果合一，即「明自體因果」。〔註1〕果是佛之法身，「如來至真，其慧無限，隨時說現，見諸自大，以權方便而發起之。法身無漏，悉無所有，普現諸身。」（《度世品經》卷四）法身實際上「悉無所有」，但「以權方便」普現為因位的「諸身」──諸有情受用身、變化身〔註2〕。三身「於佛法身為證得因，於餘二身為生因故」（《佛地經論》卷七）。「生因」即菩薩行。普賢菩薩於因位有何所大行？

「普賢者，大分有二：一三乘普賢；二一乘普賢。」（《華嚴孔目章》卷四）「三乘普賢」，乃《法華經》所明《普賢品》。「一乘普賢」，即《華嚴經》所明普賢者。「一乘普賢者有三：一人，謂第四十五知識普賢者；二解，即普賢品六十行門；……三行，即《離世間品》十種普賢心，十種普賢願行法。」（同上）普賢菩薩的主要表現是其「行法」。所謂「普賢菩薩行」，《華嚴經探玄記》卷十六釋云：「德周法界曰普，用順成善稱賢，攝德表人名為菩薩，對緣造修目之為行」。〔註3〕是說佛法身遍徹整個法界叫普；由法身之體成善發用為賢；雖具法身但以色身（受用身、變化身）顯現名菩薩；不同根機的眾生依據菩薩方便施教而修佛法稱之為行，「行者名因」〔註4〕。由佛到普賢菩薩，即由不可見的法身到可見的受用身、變化身的轉變，是《華嚴》學及中國佛學的一大特徵。其結果是把有情眾生的對外力的崇拜，引導到加強自我的修行。這極大地提高了人們信佛、成佛的信心與自覺性。

普賢菩薩行包括十個方面：「一達時劫，二知世界，三識根器，四了因果，五洞理性，六鑒事相，七常在定，八恒起悲，九現神通，十常寂滅」。〔註5〕十行無非就是強調：因行徹於果位，或謂因果不二。此十種行又各有十門：「一陀羅尼門，一念中有多劫等；二相即門，三世即一念等；三微細門，多在一

〔註1〕《華嚴經探玄記》卷十六，《大藏經》35 冊，第 403 上頁。
〔註2〕見《佛地經論》
〔註3〕《大藏經》35 冊，第 403 上頁。
〔註4〕《華嚴經搜玄記》卷四下，《大藏經》35 冊，第 78 下頁。
〔註5〕《華嚴經探玄記》卷十六，《大藏經》35 冊，第 403 中頁。

中現等；四帝網門，重重顯現等；五不思解脫門，隨智自在現修短等；六一身普遍門，身遍即入三世劫等；七一身普攝門，三世劫海在一毛孔等；八現因門，遍前後際常行菩薩大行願等；九現果門，普於三世現成正覺等；十現法門，普於劫海雲雨說法等。」〔註6〕其中任一門，與余九門互融互攝，十十相即，成「百門普賢行」。這已經包括了世間的一切行。百門普賢行是成佛的心路歷程，諸佛如此，普賢如此，眾生亦須如此。

　　普賢菩薩是人亦是佛，《等目菩薩所問三昧經》卷上：「普賢菩薩，以淨無數眾生，無極清淨，無量功德，興無數福，修無數相，德備無限，行無等倫，名流無外，無得之行，普益三世，有佛名譽。」普賢菩薩「淨無數眾生」，利他；「德備無限」，自利。具「無量功德」、能自利利他者，其人即是佛也。人要成佛，但佛更要依人而成。《華嚴經·普賢菩薩品》：

　　　　一切如來應供等正覺，為受化者隨應說法。愚癡眾生諸纏所纏，計
　　　　我、我所，著吾我見，常隨顛倒，生邪見惑，起邪虛妄，為縛所縛，
　　　　流轉生死，遠如來道。為如是等諸眾生故，如來應供等正覺出興於
　　　　世。

因此之故，普賢等「出興於世」，以行證義，依因得果。其最終目的是要轉凡入聖，依人成佛。智儼在《華嚴一乘十玄門》中指出：「今且就此華嚴一部經宗，通明法界緣起，不過自體因之與果。所言因者，謂方便緣修，體窮位滿，即普賢是也。所言果者，言自體究竟寂滅圓果。」普賢「自體」因行位滿表明，佛無須外求，自體即是。法界緣起，起即不起。

　　「問：此（普賢菩薩行）與性起何別？答：有三別。一此約因，彼就果；二此是能發，彼為所發；三此通修生，彼唯性起。」〔註7〕這是說普賢行是因位、「能發」、要靠修行；性起是果位、「所發」、性體自現。兩者是因果之別。而法藏以此所突顯的乃是性起，「明此普行意在對顯性起果用」〔註8〕。

　　普賢菩薩的因行果滿，以及「自體因之與果」，是法界緣起的重要淵源。

第二節　華嚴初祖杜順、二祖智儼與法界緣起

　　何謂法界緣起？法界緣起也叫無盡緣起，亦是賴耶緣起和真如緣起的融

〔註6〕同上。
〔註7〕《華嚴經探玄記》卷十六，《大藏經》35冊，第403中頁。
〔註8〕同上。

合。法界緣起有三義：「一約染法緣起，二約淨法，三染淨合說」。〔註9〕淨法緣起，即性起，此就果位說的，前第二章有分疏。染法與染淨合說統稱爲法界緣起，此乃就因位說的，下文即予以表述。

一、杜順的法界緣起——「見色等諸法從緣」

華嚴諸祖師均以法界緣起爲主題而立論說教。華嚴初祖杜順在《五教止觀‧華嚴三昧門》中說：

> 若有直見色等諸法從緣，即是法界緣起也。……云何見色等諸法，即得入大緣起法界耶？答曰：以色等諸事本眞實亡詮，即妄心不及也。故經云：言說別施行，眞實離文字。是故，見眼耳等事，即入法界緣起中也。何者？皆是無實體性也，即由無體幻相方成。以從緣生非自性有故，即由無性得成幻有。是故性、相相渾融全收一際，所以見法即入大緣起法界中也。

色等諸法，本就眞實，不須解釋。但有情眾生卻看不到這眞實法。經上說：「言說別施行，眞實離文字。」眞實法是用不著語言文字的。眼所見、耳所聽的，都是眞實法，亦「即入法界緣起中」。爲什麼這麼說呢？一切法皆是體無自性。由體無自性，假相才能成立。以因緣所生，法無有自性，相即不眞實。因此之故，性體與假相融合爲一，見任一法「即入大緣起法界中」。

> 問：既言空有無二即入融通者，如何復云見眼耳等即入法界中耶？
> 答：若能見空有如是者，即妄見心盡方得順理入法界也。何以故？以緣起法界，離見亡情繁興萬象故。（同上）
> 答：如能見「空有無二即入融通」的話，才能入法界。爲什麼？入法界緣起，就見不到萬法之實有，也見不到萬法之空無，因爲有就是無，無就是有。

杜順的法界緣起，乃即色入空，由用即體。

華嚴人是宗《華嚴》大經的，蓮華藏莊嚴世界海是其宗旨、是其究竟。「於此蓮華藏，世界海之內，一一微塵中，見一切法界。」（《華嚴》〔註10〕卷四）「一切世界入一世界，一世界入一切世界。」「一切眾生界悉入一眾生身，一切眾生界悉入菩薩身，一切眾生界悉入如來性藏，一切眾生界悉入一眾生界。」（卷四一）一言以蔽之：「一即是多，多即是一；隨味知義，隨義知味；知非

〔註9〕《華嚴經探玄記》卷十三，《大藏經》35冊，第344中頁。
〔註10〕即六十《華嚴》，以後出現的《華嚴》，如無特別標識，即指此。

有是有，知有是非有；知非相是相，知相是非相；知非性是性，知性是非性。」
（同上卷八）

如果說，杜順的法界緣起是對《華嚴經》大義的探索，那麼智儼的「十
會」「十門」則是對《華嚴經》大義的證驗。

二、智儼的法界緣起——十會、十玄門

智儼「十會」「十門」中的「十」，不是一個實數概念，實際上屬於《華
嚴經》的微言大義。《華嚴經》中有十住、十行、十無盡藏、十迴向、十地、
十明、十忍等，此十數結構有兩方面的意義：一為無盡義，多數情況下是十
十相重地顯示佛法無盡的「大方廣」境界；二為圓滿義。因而智儼有「十會」
「十門」。

何謂「十會」？智儼在《華嚴一乘十玄門》中說：一教義；二理事；三
解行；四因果；五人法；六分齊境位；七法智師弟；八主伴依正；九逆順體
用；十隨生根欲性。

第一，所謂教義者：

> 教即是通相、別相。三乘、五乘之教，即以別教以論別義，所以得
> 理而忘教。若入此通宗，而教即義，以同時相應故也。

「教」是佛演說的方便施設，三乘、五乘都有教，這是「通相」；「別相」
指各自所信奉的不同的教。「義」是教中所含的義理，即累劫修行所要證的佛
果。別教（三乘、五乘）得義（理）而忘教（言說），此通宗（華嚴宗）教即
義，義即教，教義無別。

教義說，是智儼對《華嚴經》中心思想「一即是多，多即是一」進一步
的確證；佛義是一，教派是多。由此，智儼更將《華嚴經》這一宗旨發展為
《華嚴孔目章》中的「一乘道理，一即一切，一切即一」。推而廣之，「十會」
中的「教義」是一，「理事」等九為多；任一會為一，餘九會為多；一多相即，
無有例外。

第二，所謂理事者：

> 若三乘教辨，即異事顯異理，如諸經舉異事喻異理；若此宗即事是
> 理，如入法界等經文是體，實即是理相彰即是事。

理，是義，是萬法所以然的本體；事，即萬法，是理的相、用的顯現。
就三乘而言，不同的事表現出不同的理；華嚴宗則就事見理，理事無二分別。

理、事範疇，可以說是華嚴宗人智慧的結晶，世、出世，有情、無情等

一切萬法現象，均可以理、事概括無餘。法藏以「眞法界」統括理、事，澄觀更以「一眞法界」予以強調，其《華嚴大疏鈔》卷一：「以一眞法界，爲玄妙體。言事事物物，一微一塵，盡爲一眞法界也。其體絕待故曰一，眞實故曰眞，融攝一切萬法，故曰法界，乃《華嚴經》一部之主意。」 澄觀另有四法界說。其四法界是對華嚴學說的總結，又是對智儼理、事範疇理論的高度昇華。

第三，所謂解行者：

> 如三乘說，解而非行，如說人名字而不識其人，若通宗說者即行即解，如看其面不說其名而自識也。相顯爲行，契窮後際爲解。

具體的修行活動爲行，內心對佛法的領會爲解。三乘等，解、行二分，如能叫出某人的名字，見面卻不認識本人；華嚴宗，行就是解，名實相符。

（以下諸會，也都是就別宗與本宗的差異而言，不再另作說明，故只解釋名稱。）

第四，所謂因果者：

> 修相爲因，契窮爲果。

因，指有情的修行過程；因滿進入佛境，則爲果。

第五，所謂人法者：

> 文殊顯其妙慧，普賢彰其稱周，明人即法也。

文殊是智慧的象徵，普賢是修行之極致。文殊、普賢均爲大菩薩。智儼《華嚴孔目章》說：「菩薩者，通其五乘，人、天、凡夫，亦名菩薩。何以故？由成比行，是假名菩薩。……人是菩薩，境是法無我。」「人即法」，是說，拜（文殊、普賢等）菩薩即是佛法（教、義）。引申就是，有情只要具文殊之智，或修普賢之行，即在從事佛法。

第六，所謂分齊境位者：

> 參而不離各住分位，即分齊境位。

萬法因一理遍行而相互融合；但因假名妙有，又各自獨立。

第七，所謂法智師弟者：

> 開發爲師，相成即弟子。

能教者爲師，所得義者爲弟子。

第八，所謂主伴依正者：

> 舉一爲主，餘即爲伴，主以爲正，伴即是依。

主伴、正依，乃方便施設，實主伴、正依，佛理一以貫之，主即伴、正即依，無二無別。智儼在《華嚴五十要問答》：「《華嚴》一部是一乘不共教，餘經是共教，一乘、三乘、小乘共依故；又《華嚴》是主，餘經是眷屬。」

第九，所謂逆順體用者：

> 即是成壞義也。

成、壞可以相互轉化，即逆順體用。智儼《搜玄記・金剛幢菩薩十迴向品》：「此中文相或通果及因，或初總後別，或自他利異，或同異成壞。」（卷二下）智儼六相雖無明文討論，但以成壞二相爲例，即可管窺一斑。

第十，所謂隨生根欲者：

> 隨緣常應也。如《涅槃經》云，此方見滿，余方見半，而月實無虛盈。若此宗明者，常增減而常無增減。

眾生根機不同，見法有別。如有見月圓，有見月缺，而月本身並無圓缺。華嚴宗見萬法有生有滅，但其本體卻恒常如故，不生不滅。

「十會」最大特點是，舉一即具全體，見體即用顯；「十會」互爲主伴，互爲正依。智儼因而指出：「何但此十門（十會），其中之一皆稱周法界，所以舉十門者成其無盡義。」無盡緣起是智儼對華嚴世界海的究竟描述，也是華嚴宗人的崇高境界 ── 法界緣起。這一境界的具體內容是「十會」與「十門」亦互攝，「就此十門，亦一一之門，皆復具十會成一百。」（《華嚴一乘十玄門》）猶如眾鏡相，照眾鏡之影，現於一鏡中，如此影中復現眾影，一一影中復現眾影，即重重現影，成其無盡復無盡。

十門有何特點？據《華嚴一乘十玄門》釋，十門分別是：

一者同時具足相應門（此約相應無先後說）

「即具明教義、理事等十門同時也」。這不是靠方便修行所成，而是依海印三昧力故。就因果而言，小乘說因果，因生以後，緣具果始成，因果有時間的先後順序；大乘雖因果同時生，卻不能體現緣起無盡義，如諸因能同時緣起成房舍，但不能亦成別的物品，因爲因有親疏遠近，所以只能成一物而不能成另一物；華嚴宗說因果，無有因親、緣疏之別，如房舍成時，世間一切法都同時成，一法不成，此房舍也不成。

智儼強調的是因果同時，實要說明的是世間是個大因緣網。這種見解非常深刻。當今社會，蝴蝶扇動一下翅膀，萬里之遙的海面上就會巨浪滔天。一國金融危機，全世界爲之震蕩。

二者因陀羅網境界門（此約譬說）

「亦復具有教義等十門」。《華嚴經》卷二十四：「一切世界廣狹及中，無數無量，不可分別不可壞，不可動不可說，粗細正住倒住平坦方圓，隨入如是世界智，如因陀羅網差別，如是十方世界差別皆現前知。」 智儼是以帝釋殿因陀羅網爲喻，明「一微塵所示現，一切微塵亦如是。故於微塵現國土，國土微塵復示現，所以成其無盡復無盡，此即是其法界緣起。」 因陀羅網喻法界緣起，「乃言自體常如此」（「自體」，佛智慧），即萬法皆是自體的相用。智儼在此要明確的是，體用等價、等值。所以「一切眾生盡成佛，佛界亦不增，眾生界亦不減；若無一眾生成佛，眾生界亦不增，佛界亦不減。」（《華嚴一乘十玄門》〔註11〕）

三者祕密隱顯俱成門（此約緣說）

「此約緣起說也」。隱顯，如《月喻品》云：此方見半（半字即顯，滿字即隱），他方見滿（半字即隱，滿字即顯），而彼月性實無虧盈（無半、滿）。又如十位數：一至十，一即是顯，二、三、四至十即爲隱。隱、顯體無前後，同時具成，又成物無盡，叫祕密。

四者微細相容安立門（此約相說）

該門強調的是《普賢品》中的：一切諸世界入於一微塵中；世界不積聚，亦復不離散。即事物無論大小、淨穢，都能安立相處，不相妨礙，緣由是「以緣起實德無礙自在致使相容」；「實德」，本性。理事等十會能夠安立相容也是如此。此門與「因陀羅網境界門」義有重複，但也有區別：「諸門隱印互相顯發，重重複重重成其無盡者，即是因陀羅網門中攝」；「若諸門一時具顯不相妨礙，即是相容門中攝」。事物相對而成，成其所成則無有成。

五者十世隔法異成門（此約世說）

該門強調的是：「十世相入復相即，而不失先後短長之相」。十世指過去、現在、未來三世中各有三世，共計九世，「三世爲一念，合前九爲十世也」。如以五指爲拳，仍不失指；十世雖同時，而不失十世。

智儼的三世是觀念中的方便劃分，其時間實是自己的主觀感受而已。

六者諸藏純雜具德門（此約行說）

「一切萬法皆悉名施，所以名純；而此施門即具諸度等行，故名爲雜；如是純之與雜不相妨礙，故名具德」。施爲六度之一（布施、持戒、忍、精進、

〔註11〕後面解釋中的引文，如沒有特別說明，即來自《華嚴一乘十玄門》。

定、慧），六度爲諸修行之首。「此明者以施攝諸門，無門不是施，以緣起力故，不同六度相攝。」

智儼在此強調的是，修行一門，即修行了一切法門。

七者一多相容不同門（此約理說）

「以一入多，多入一，故名相容，即體無先後；而不失一多之相，故曰不同。」「一」是性體，「多」是相用。因體攝用，所以「相容」；體、用有別，所以「不同」。

八者諸法相即自在門（此約用說）

前第四門是約相用說，第七門是約理（體）說。該門亦是約相用說。但總明「一即攝一切，成其無盡復無盡，以其無盡故，相即復相入」。

九者唯心回轉善成門（此約心說）

「所言唯心回轉者，前諸義教門等，並是如來藏性清淨眞心之所建立；若善若惡隨心所轉故，云回轉善成。心外無別境故言唯心」。

智儼在此強調的是，三界虛妄唯一心作。

十者託事顯法生解門（此約智說）

「言託事者，如《經》舉金色世界之事，即顯始起於實際之法。」是說任舉世間一事，即顯無盡佛法之理。「此中以事即法故，隨舉一事攝法」。

「十門」分別從因果俱時，佛境，眾生根機，時間相對性，佛之體、相、用，如來藏性清淨眞心，智慧等十個方面，闡釋了法界緣起的內容。又會通「十會」，塑造了一個華嚴宗人的世界圖景：一切法相互依存，彼此融合，同時產生；體即是用，用即是體；萬法依如來藏自性清淨心，彼此無有高下，平等平等；世界是個大因緣網，重重無盡復無盡；眾生初發心時便成正覺，立地就能成佛。

智儼的法界緣起，是從理想的、成佛究竟地上說的。雖帶有宗教性，但不乏對世界本質的合理猜測，如因果律、時間具有主觀性特徵等。可是，就具體時空中事物的存在，以及其客觀性，智儼也以一心加以消解。智儼完全以宇宙理性取代了時、空中事物的邏輯、技術理性的存在。這是整個東方哲學的共同不足之處。

智儼的法界緣起所開創的「十會」「十門」，尤其是「十門」，嚴格地說，是華嚴宗的共同綱領。

第三節　法藏的法界緣起

　　法藏的法界緣起的意蘊主要體現於以下諸論題：因門六義，緣起十義，三界唯心，六相，十玄門，妄盡還源，海印三昧等。

一、因門六義、緣起十義——法界緣起的前提條件

　　一切法皆爲因緣所生。因緣合則有，因緣散則無。所謂因、緣：「一物之生，親與強力者爲因；疏添弱力者爲緣。」〔註12〕因強爲主，緣弱爲輔；兩者相輔相成，缺一不可。有因無緣生，是它生；有緣無因生，是外因生。它生、外因生不墮常，即墮斷，皆爲佛陀所擯斥。法界緣起，因不離緣，緣不拒因。因緣和合，萬象方生。

　　（1）因門六義　智儼在《華嚴五十要問答》中云：

　　　　一切因有六種義：一空有力不待緣，念念滅故；二有有力不待緣，

　　　　決定故；三有有力待緣，如引顯自果故；四無無力待緣，觀因緣故；

　　　　五有無力待緣，隨逐至治際故；六無有力待緣，俱有力故。

「不待緣」，並不是不須「緣」，而是「緣」的功能發揮作用不明顯。「待緣」，則「緣」的功能作用明顯。

　　所謂「一空有力不待緣，念念滅故」：此「滅」是空，空體有力，所以「因」體「未對緣事自遷動故」〔註13〕。「二有有力不待緣，決定故」：「決定」是「有」有力，「所以知外緣未至，性不改自成故」〔註14〕。「三有有力待緣，如引顯自果故」：「如引顯自果」是「有」有力，亦須外緣，「所以知得外緣時，唯顯自因」〔註15〕。「四無無力待緣，觀因緣故」：「觀因緣」乃「空」無力，須外緣，「所以知者爲待外緣，唯顯親因非有，無力能生果也」〔註16〕。「五有無力待緣，隨逐至治際故」：「隨逐至治際」是「有」無力須外緣，「所以知爲隨他故，不可無、不能違緣，故無力也」〔註17〕。「六無有力待緣，俱有力故」：「空」有力須外緣，「所以者爲得外緣，唯顯體空俱成力用也」〔註18〕。因門六義，智儼在《搜玄記》卷三下中，進一步闡釋說：「因緣生理，因有決定用，

〔註12〕丁福保：《佛學大辭典》上，第 991～992 頁。

〔註13〕《華嚴經搜玄記》卷三下，《大藏經》35 冊，第 66 上頁。

〔註14〕《大藏經》35 冊，第 66 上中頁。

〔註15〕《大藏經》35 冊，第 66 中頁。

〔註16〕同上。

〔註17〕同上。

〔註18〕同上。

緣有發果能，方得法生。」〔註19〕。「因」爲主，「緣」爲輔，因緣齊備，「方得法生」。此外，因門六義是與增上緣、等無間緣、所緣緣等互發而成，因門六義之間不能互成，「今言賴緣者，但取因事之外增上等三緣，不取自因六義互相發」。〔註20〕

智儼因門六義的依據是《攝大乘論》，《攝大乘論・所知依分》偈頌：

> 勝義諸種子，當知有六種：刹那滅俱有，恒隨轉應知，決定待眾緣，
> 唯能引自果。

該論闡述的是種子六義，種子六義亦爲《成唯識論》所繼承。唯識學視種子爲萬法生滅之因，太賢《成唯識論學記》卷二：「種子是因，現行是果」。華嚴宗人把種子六義發展爲因門六義。

法藏承襲了智儼的因門六義。法藏《華嚴五教章》卷四云：

> 一切因皆有六義：一空有力不待緣；二空有力待緣；三空無力待緣；
> 四有有力不待緣；五有有力待緣；六有無力待緣。

「初者刹那滅義，何以故？由刹那滅故，即顯無自性，是空也，由此滅故果法得生，是有力也。然此謝滅非由緣力故，云不待緣也。」刹那滅，法體即無自性，是無常、空。有滅就有生，所以能生果，是常、有。「空」有力能生，所以「不待緣」。

「二者是俱有義，何以故？由俱有故方有，即顯是不有，是空義也。俱故能成有，是有力也。俱故非孤，是待緣也。」「俱有」是因緣皆備，所以能生。因緣所生，無自性，所以是「不有」、「空」。因緣和合，能成就法，是「有力」。因緣皆備，「非孤，是待緣」。

「三者是待眾緣義，何以故？由無自性故是空也，因不生緣生故是無力也。即由此義故是待緣也。」「因」體無自性，是空。「因」弱「緣」強，所以是「無力」，「待緣」。

「四者決定義，何以故？由自類不改故是有義，能自不改而生果故，是有力義。然此不改非由緣力故，是不待緣義也。」「因」強有力，能生果，所以「不待緣」。

「五者引自果義，何以故？由引現自果，是有力義。雖待緣方生，然不生緣果，是有力義，即由此故是待緣義也。」「因」能生果，是「有力」。但

〔註19〕《大藏經》35 冊，第 66 上頁。
〔註20〕同上。

須「待緣」。

「六者是恒隨轉義，何以故？由隨他故不可有，恒隨轉。應知決定待眾緣唯能引自果。」「因」是常引他緣，所以是空，「恒隨轉」。乃「因」力弱，須外緣相助，方能生果。

《雜阿含經・302 經》卷十二：「佛告迦葉：若受即自受者，我應說苦自作；若他受他即受者，是則他作；若受自受他受，復與苦者，如是者自他作，我亦不說；若不因自、他，無因而生苦者，我亦不說。離此諸邊，說其中道。」佛陀歷來反對有因作（自作、他作、自他共作），也反對無因作。有因作、無因作，都非「中道」。「緣起之法離有無也」。（《探玄記》卷五〔註21〕）所以不自生，不他生，不共生，不無因生，這一中道法是整個佛法的根本，也是因門六義成立的前提。

因門六義中的第三門「待眾緣」、第六門「恒隨轉」，屬於不自生；第一門「剎那滅」、第四門「決定」，屬於不他生；第二門「俱有」、第五門「引自果」，屬於不共生。合此因門六義，既非有因生，亦非無因生。「自種有故不從他生，待眾緣故非自生，無作用故不共生，有功能故非無因生。」（《華嚴五教章》卷四）

因門六義實際上是中道，亦是八聖支道〔註22〕。

（二）緣起十義　大法界只有「因」而無「緣」，亦不成緣起。所以「諸緣起法要具此十義方緣起，闕即不成」（《探玄記》卷一〔註23〕）。其十義：

一諸緣各異義。二互遍相資義。三俱存無礙義。四異門相入義。五異體相即義。六體用雙融義。七同體相入義。八同體相即義。九俱融無礙義。十同異圓備義。

「一諸緣各異義」——「謂大緣起中諸緣相望，要須體用各別，不相和雜，方成緣起。」一法有一法的體用，諸法各有自己的體用。此體不能發彼用，彼用不能依它體，彼此體用不相混雜，緣起方成。「體」指每一具體有形物，因「此即諸緣各各守自一也」。（同上）

〔註21〕《華嚴經搜玄記》卷三下，《大藏經》35 冊，第 66 下頁。
〔註22〕八正道乃「苦樂俱遣，出於苦樂之外」——《增壹阿含經》卷十。《大藏經》2 冊，第 593 中頁。
〔註23〕《大藏經》35 冊，第 124 上頁。

　　「二互遍相資義」──「謂此諸緣要互相遍應方成緣起，且如一緣遍應多緣，各與彼多全爲一。」 彼法、此法的差異是「一緣」，彼法、此法的總和是「多緣」。彼法、此法雖然有別，但彼此之間還是要有一定的聯繫才能緣起。如一法與多法關聯著，如此與彼多法復能融爲一體。

　　「三俱存無礙義」──「謂凡是一緣要具前二方成緣起，以要住自一，方能遍應，遍應多緣，方是一故。是故唯一多自在無礙。」一法只有具備前二義的條件（獨立與聯繫），才能成緣起。一事物能保持獨立，才能與其它事物聯繫。只有互相聯繫，方能一體圓融。這就是「一多自在無礙」。

　　以上緣起三義「總明緣起本法」，即闡明無盡緣起發生的基本條件──諸緣互具。

　　「四異門相入義」──「謂諸緣力用互相依持，互形奪故。各有全力、無全力義緣起方成。」緣起發生要一方有力、一方無力。如「一」能持「多」，「一」是有力能攝「多」。「多」依於「一」，「多」是無力潛入「一」。反之，「多」能持「一」，也是這樣。「一」有力，「多」有力不能同時存在；「一」無力，「多」無力也不能同時存在。此乃所謂「因不生緣生，緣不生自因生」。〔註24〕

　　「五異體相即義」──「謂諸緣相望，全體形奪，有有體、無體義，緣起方成。」如缺一緣，餘法不起。得此一緣，一切緣起方成。因而，一緣是能起，多緣及果是所起。這就是所謂「多爲一成，多是無體；一能作多，一是有體。」「一」之有體不能與「多」之有體同時俱存；「多」之無體也不得與「一」之無體同時俱存。「一」望於「多」，有「有體」「無體」，所以「能攝他同己，廢己同他，同時無礙。」（同上）

　　「六體用雙融義」──「謂諸緣起法要力用交涉，全體融合方成緣起。」「力」即體。「體用雙融」意味著：體就是用，「舉體全用」；「用無不體」，體用相即，但體用不相入；無礙雙存，體用相即亦相入，「歸體之用不礙用，全用之體不失體」；非即非入，圓融一味，「全用之體體泯，全體之用用亡」。因此，體用同一緣起無礙俱存，絕待離言冥同性海。

　　「此上三門於初異體門顯義理」，該三門講異體雙融之理。

　　「七同體相入義」──「謂前一緣所具多一，與彼一緣體無別故名爲同體。又由此一緣應多緣故，有此多一。所應多緣既相即相入，令此多一亦有

即入也。」所謂「同體」，謂此法、彼法，緣起性空，故名「同體」。所謂「相入」，乃一緣有力能持多一，多一無力依此一緣。因而一能攝多，多便入一。一入多攝，也是如此。

「八同體相即義」——「謂前一緣所具多一，亦有有體無體義，故亦相即。以多一無體，由本一成多，即一也。由本一有體，能作多，令一攝多。如一有多，空既爾；多有一，空亦然。」「有體」、「無體」：或「一」「有體」，「多」「無體」；或「多」「有體」，「一」「無體」。「多一」無體，「本一」成多，即「一」。因為「本一」有體，能作「多一」，是「一」攝「多」。「多」攝「一」，也是如此。

「九俱融無礙義」——「同前體用雙融即入自在」。與第六門「體用雙融義」同。

「此上三門於前第二門『同體』門中辨義理」。該三門講同體雙融即入自在。

「十同異圓備義」——「謂以前九門總合為一大緣起故，致令多種義門同時具足也。」該門是前九門的一大總結。

緣起十義，講的是大法界緣起時，緣的十個方面情況。大法界緣起，一義闕失緣起即不成。如石頭孵不出小雞，水變不成油。

法界緣起，因不能無緣，緣亦不能離因。這是大法界緣起的必要前提條件。有因，或無緣；有緣，或無因，肯定無法緣起。但因緣齊備，亦不一定有法生起。這要看心力如何。

二、三界唯心——法界緣起的性體

（3）三界唯心　《起信論》依一心而開二門，即心真如門和心生滅門。心真如門是性體，心生滅門是其相用。何謂（性）體？「謂一切法真如平等不增減」；何謂相？「謂如來藏具足無量性功德」；何謂用？「能生一切世間、出世間善因果」。（《起信論・立義分》）其實，性體即真如；相即事物之相狀，表於外而想像於心[註25]，亦即現在所言範疇；用即萬法。本體相、用，乃以性體為依存，並為性體所顯現。《起信論》之一心屬於形而上範疇。該一心之形而上性為法藏所忠實地稟持。因而唯心論是華嚴宗的一大特徵。

《華嚴經》有：「心如工畫師，畫種種五陰，一切世界中，無法而不造；

〔註25〕丁福保：《佛學大辭典》，地 1674 頁。

諸佛悉了知，一切從心轉。」（卷一一）造，顯現。「十方諸世界，所有微塵數，可於一念中，計知其多少。」（卷二八）一念，即一心。「諸色從心造，示現猶如幻，虛妄非眞實。」（卷三十）「無量諸境界，悉從心緣起。」（卷三六）「心是三界，心是三世。」（卷三九）三界，指欲界、色界和無色界；三世，即過去、現在、未來。此處之心，爲萬法之所從出。心能了知一切。此心彌漫於時空中，實際上是超越時空。

　　心之功能的放大並非是《華嚴經》的主旨。但法藏「卻側重唯心而發生了偏向」〔註26〕。《華嚴經義海百門・緣生會寂門第一》：「塵是心緣，心是塵因，因緣和合，幻相方生。」塵，指生滅之萬法。「塵」依心而起，心依塵而立。心塵緣會，假相生起。實際上，心生假相。《華嚴經義海百門・鎔融任運門第四》：「如見塵時，是一念心所現。此一念之心現時，全是百千大劫。何以故？以百千大劫由本一念方成大劫。既相成立，俱無體性。由一念無體，即通大劫。大劫無體，即該一念。由念劫無體，長短之相自融。乃至遠近世界，佛及眾生，三世一切事物，莫不皆於一念中現。」萬法是一念心所顯現；念無體、劫無體，所以一念心能現「百千大劫」；念、劫無體，長、短即無性自融；世界，佛及眾生，亦無體無性，皆爲一念心所現。《華嚴金師子章》：「金與師子，或隱或顯，或一或多，各無自性，由心回轉。」金師子的隱顯，乃由一心回轉。《華嚴經旨歸・釋經意第八》：（釋「唯心現故」）「一切法皆唯心現，無別自體，是故大小隨心回轉，即入無礙。」大小事物，體無自性，相融無礙，唯心所現而已。就《華嚴經》卷十：「悉善分別，於一切法而無所著。所有諸法皆由心造。」法藏釋曰：「謂知心外無法故無所著。心造有三種：一轉識分別作，二本識隨薰作，三眞心依持作。皆心作故不有，心作故不無，是故無著也。」〔註27〕法由心起，所以沒有自體，法由心起，所以是假相；此一心有三相（轉識，前七識；本識，阿賴耶識；眞心，眞如體），三心即一心也。《華嚴經》卷十一：「心、佛及眾生，是三無差別。」法藏釋曰：「謂心作佛，心、佛無別；心作凡夫，心、凡無別。能、所依同故云無別也。」〔註28〕同依一心，無心即無佛，無心即無眾生。《修華嚴奧旨妄盡還原觀》：「三界所有法，唯是一心造，心外更無一法可得。」造，顯現；一切法都是一心所現（三界，指欲界、色界和無色界，爲眾有情所居地）

〔註26〕呂澂：《中國佛學源流略講》，第366頁。
〔註27〕《華嚴經探玄記》卷五，《大藏經》35冊，第209下頁。
〔註28〕《華嚴經探玄記》卷五，《大藏經》35冊，第215下頁。

〔註29〕。

　　法藏的一心，實指唯心的本體、宇宙的終極本源。他的法界、眞法界、自性清淨心、眞心、眞如、理、性德、法性、如來藏等，均與此一心等同。

三、六相、十玄門──法界緣起的相用

　　（4）六相　法藏一心之性體所顯現之相是六相。何謂六相？《華嚴金師子章》：

> 師子是總相，五根差別是別相；共從一緣起是同相，眼耳等不相濫
> 是異相；諸根合會是成相，諸根各住自位是壞相。

總相指師子（整體），別相指五根；眼耳鼻舌身是組成整體的部分；總相、別相構成整體與部分的關係。同相指師子、五根都是同一緣起所成，異相指五根各自有其特質；同相、異相是講同一性與差異性的關係。成相指五根齊備方組成師子（缺一緣則不成師子），壞相指五根各自保持獨立（未緣起成師子之前）；成相、壞相講對立統一，相反相成。

　　《華嚴五教章》以舍椽從一多的角度再釋六相：

> 總相者，一舍多德故；別相者，多德非一故，別依比總滿彼總故。
> 同相者，多義不相違，同成一總故；異相者，多義相望各各異故。
> 成相者，由此諸緣起成故；壞相者，諸義各住自法不移動故。

總相是一舍（一中有多），別相是多椽（多非一），椽依舍成（多依一）。同相指多椽各自具有相同性（同爲緣起），異相指多椽各自具有相異性（長短粗細）。成相指多椽緣起則成一舍，壞相指多椽不緣起則各住自相。

　　六相的舍椽之喻，實是闡明了一中有多，多中有一的華嚴原理。一多相即是法界緣起的實質，也是法藏學說的重心所在。

　　六相最初出現在晉譯六十《華嚴經・十地品・初地》：「又一切菩薩所行，廣大無量，不可壞無分別，諸波羅蜜所攝，諸地所淨，生諸助道法，總相、別相、有相、無相、有成有壞，一切菩薩所行諸地道及諸波羅蜜本行，教化一切，令其受行。」此六相還未完善。至世親則六相完備：「經曰，又發大願，所謂一切菩薩所行，廣大無量，不雜諸波羅蜜所攝，諸地所淨，生諸助道法，總相、別相、同相、異相、成相、壞相。說一切菩薩所行如實地道。」（《十

〔註29〕一欲界：有淫欲與食欲二欲之有情住所也。二色界：色爲質礙之義，即有形之物質也；此界在欲界之上，離淫、食二欲之有情住所也。三無色界：此界無一色、無一物質，無身體，亦無宮殿國土，唯有心識住於深妙之禪定。

地經論》卷三）繼而，唐譯八十《華嚴·十地品·初地》六相正式出現：「又發大願，願一切菩薩行，廣大無量不壞不雜，攝諸波羅蜜，淨法諸地，總相、別相、同相、異相、成相、壞相，所有菩薩行，皆如實說。」

「六相」成爲華嚴宗的世界觀始於智儼，成於法藏。智儼《搜玄記·金剛幢菩薩十迴向品》：「此中文相或通果及因，或初總後別，或自他利異，或同異成壞。」（卷二下〔註30〕）又智儼《華嚴五十要問答》：「其六義及前因果理事相成，更以六法顯之。所謂總，總成因果也。二別，義別成總故。三同，自同成總故。四異，諸義自異顯同故。五成，因果理事成故。六壞，諸義各住自法，不移本性故。」（卷下之四十三）但「六相」理論的成熟，直至法藏於《華嚴五教章》《探玄記》〔註31〕中的論述。《華嚴金師子章》中的六相，是華嚴宗人重要的學說理據。

六相圓融，其旨在「顯一乘圓教，法界緣起，無盡圓融自在，相即無礙鎔融，乃至因陀羅網無窮理事等」（《華嚴五教章》卷四）。豈只理事圓融自在，更是事事圓融自在──十玄門成立的理論前提。

（5）十玄門　法藏一心之性體所顯現之用是十玄門。十玄門主要講的是性體之用──事事圓融。澄觀《華嚴經疏》卷三：「事事無礙體者，此中亦具十種玄門」〔註32〕；「約事事無礙，十玄之相」（《華嚴經隨疏演義鈔》卷一）。法界緣起的實相（本質）是六相圓融，六相「顯法界中無孤獨法，隨舉一相，具此六相。緣起集成，各無自性。一一相中，含無盡相；一一法中，具無盡法。」（《華嚴金師子章》〔註33〕）十玄門與六相有何關聯？爲此，《五教章》卷四指出：「然此十門隨一門中即攝餘門無不皆盡，應以六相方便而會通之。」十玄門的成立乃以六相爲其理論基礎；反之，六相的眞理性亦須十玄門予以證實。

十玄門的創立者是智儼。其十玄配十會（十義），意在探搜法界緣起無盡復無盡的玄義。這一理論爲法藏大可稱道。法藏諸多著作不遺餘力的加以發揮、闡釋，終使十玄門成爲華嚴宗的主題曲。法藏的有關十玄、十義的著作有：《華嚴文義綱目》《華嚴經旨歸》《五教章》《探玄記》《華嚴金師子章》等。如《華嚴經旨歸·顯經義》的十義、十玄：

〔註30〕《大藏經》35冊，第42下頁。
〔註31〕見《大藏經》35冊，第149上頁。
〔註32〕《大藏經》35冊，第520中頁。
〔註33〕《大藏經》45冊，第666中頁。

一教義一對，謂無盡言教及所詮義；二理事一對，謂緣起事相，及
所依真理；三境智一對，謂所觀真俗妙境，及辨能觀普賢大智；四
行位一對，謂普賢行海，及辨菩薩五位相收；五因果一對，謂辨菩
薩生、了等因，及現如來智斷等果，亦是普賢圓因舍那滿果；六依
正一對，謂蓮華藏界並樹形等，無邊異類諸世界海，及現諸佛菩薩
法界身云無礙依持；七體用一對，謂此經中凡舉一法，必內同真性
外應群機，無有一法體用不具；八人法一對，謂佛菩薩師弟等人，
顯說法界諸法門海；九逆順一對，謂文中現五熱眾鞞一王虐，及現
施戒順理正修；十應感一對，謂眾生根欲器感多端，聖應示現亦復
無邊。然此十對同時相應，成一緣起無礙鎔融，隨有一處即具一切。
是此經中所具之法。次明所顯理趣者：一性相無礙；二廣狹無礙；
三一多無礙；四相入無礙；五相是無礙；六隱顯無礙；七微細無礙；
八帝網無礙；九十世無礙；十主伴無礙。於前所說十對法中，一一
皆有此十無礙，是故即有百門千門等。

《華嚴經旨歸》的十義、十玄交徹、互融無礙。此是法藏法界緣起說的
一個典型表徵。十義具十玄，十玄復攝十義。舉一即融十，舉十攝百門千門。
十義、十玄的無礙交徹，無盡復無盡，乃法界緣起的實質。

　整個法藏的學說是法界緣起，法界緣起亦即十玄門。十玄門的內容見下
表及其說明。並就兩十玄作一對照：
　（智儼的十玄後人稱為古十玄，法藏的十玄則為新十玄。）

法　　藏				智　　儼
新十玄/十義				古十玄/十會
《探玄記》	《華嚴金師子章》	《五教章》	《華嚴文義綱目》	《一乘十玄門》《搜玄記》
一同時具足相應門	一同時具足相應	一同時具足相應	一同時具足相應	一同時具足相應門
二廣狹自在無礙門	二諸藏純雜具德	二一多相容不同	二因陀羅網法界	二因陀羅網境界門
三一多相容不同門	三一多相容不同	三諸法相即自在	三祕密隱顯俱成	三祕密隱顯俱成門
四諸法相即自在門	四諸法相即自在	四因陀羅網境界	四微細相容安立	四微細相容安立門
五隱密顯了俱成門	五祕密隱顯俱成	五微細相容安立	五諸藏純雜具德	五十世隔法異成門
六微細相容安立門	六微細相容安立	六祕密隱顯俱成	六十世隔法異成	六諸藏純雜具德門
七因陀羅網境界門	七因陀羅網法界	七諸藏純雜具德	七一多相容不同	七一多相容不同門

八託事顯法生解門	八託事顯法生解	八十世隔法異成	八諸法相即自在	八諸法相即自在門
九十世隔法異成門	九十世隔法異成	九唯心回轉善成	九唯心回轉善成	九唯心回轉善成門
十主伴圓明具德門	十唯心回轉善成	十託事顯法生解	十託事顯法生解	十託事顯法生解門
《探玄記》卷一：一教義具足；二理事；三境智；四行位；五因果；六依正；七體用；八人法；九逆順；十應感具足。		《五教章》：一教義；二理事；三解行；四因果；五人法；六分齊境位；七師弟法智；八主伴依正；九隨其根欲示現；十逆順體用自在。	《文義綱目》：一人法；二教義；三因果；四理事；五解行；六分齊境位；七師弟法智；八主伴依正；九逆順體用；十隨生根欲示現。	《搜玄記》卷一、《一乘十玄》：一教義；二理事；三解行；四因果；五人法；六分齊境位；七師弟法智；八主伴依正；九逆順體用；十隨生根欲示現。

說　明

1. 十玄、十義的關係：智儼在《華嚴一乘十玄門》中，只說十門「一一之門，皆復具十會成一百」，「相即復相入成其無盡復無盡」；法藏在《華嚴經旨歸‧顯經義》中，區別十義為「所具之法」、十玄為「所顯理趣」。概十義所指乃理法界，理不可言，必得假借「教」「事」「行」「因」「人」「位」「弟」「伴」「用」「根機」等以明之。十玄則指事法界，事無獨立，故十玄乃指事事無礙法界。十玄、十義相入相即，則理事交徹遍容，大法界緣起成立。

2. 十義：從字面形式、到意義，智儼、法藏的十義均無大的差異。如智儼「理事」義：是「即事是理」（《華嚴一乘十玄門》）。法藏「理事」：「即攝一切理事」（《五教章》卷四）；「體用」義：是「無有一法體用不具」（《華嚴經旨歸‧顯經義》）。智儼、法藏均以理事相即相入、一多相融來界定十義的中心思想，此一觀點實是佛的境界。這也就意味著十義只講理法界而已。

3. 十玄門：智儼是以十玄門來表達法界緣起的深刻內涵，其所據角度，或約理、或約用、或約行、或約相、或約心等。法藏的十玄門直接承自智儼，其早期的《華嚴文義綱目》、《五教章》中的十玄，幾乎與智儼的十玄不相出入，尤其是具有總結性的第一門、第十門，其與智儼完全一致，二至九門次序略有些變動。隨著法藏思想的發展，十玄門隨之也有所變化。例如：

《華嚴金師子章》，十玄名目雖未改變，但有的次序變了。最明顯的是將古十玄「九唯心回轉善成門」，置於最末成了「十唯心回轉善成門」。法藏對此的解釋是：「金與師子，或陰或顯，或一或多，各無自性，由心回轉。說事說理，有成有立，名唯心回轉善成門」。佛教強調「心造諸如來，若逆轉，即是生死。」「三界虛妄皆一心作，生死涅槃皆不出心。」此心即如來藏自性清

淨眞心。法藏意在藉重此如來藏自性清淨心，如順轉即爲涅槃，亦即一切唯心現。而古十玄最後的「十託事顯法生解門」，卻意在強調「一即一切，一切即一」的一多相容。

《探玄記》把古十玄「六諸藏純雜具德門」，改爲「二廣狹自在無礙門」，《華嚴法界觀》「周遍含容觀」中有「廣狹無礙門」；古十玄「三祕密隱顯俱成門」，《探玄記》則爲「五隱密顯了俱成門」；古十玄「九唯心回轉善成門」，《探玄記》則爲「十主伴圓明具德門」。《探玄記》卷一釋「主伴圓明具德門」：「此圓教法，理無孤起，必眷屬隨生。……一方爲主，十方爲伴，余方亦爾。是故主主伴伴，各不相見；主伴伴主，圓明俱德。」〔註34〕「主主伴伴，各不相見；主伴伴主，圓明俱德」：主，理；伴，事。理事有別，所以「各不相見」。理亦是事之理，決無有離事懸空之理，所以理事交徹，「圓明俱德」。法藏的「主伴圓明具德門」意在強調事事無礙。

《華嚴金師子章》與《探玄記》的兩種十玄，都是法藏的精思所在，如鳥之雙翼，不可或缺。《金師子章》的十玄用意在心造一切，《探玄記》的十玄則側重事法界的事事無礙。

4. 十玄源於《華嚴經‧賢首品》，該品說菩薩行的功德殊勝，其中有佛的「海印三昧」和普賢的「華嚴三昧」等諸多三昧。《賢首品》講的就是三昧境界，這種三昧中的法界緣起都是同時具足（第一玄門），又主伴圓明（第十玄門）。各種現象之間的關係不限於數量的多少、大小、廣狹，乃至性質的異同，彼此相即相入，圓融無礙，猶如因陀羅網。〔註35〕

十玄門大意，可借用《華嚴經疏》所作的比喻：〔註36〕第一同時，好像一滴海水便具百川滋味；第二廣狹，好像一面鏡子中見到千里的景致；第三一多，好像一間屋內千盞燈光的交涉；第四諸法，好像金黃的顏色離不開金子；第五秘密，好像片月點綴天空有明也有暗；第六微細，好像琉璃瓶子透露出所盛的芥子；第七帝網，好像兩面鏡子對照，重重影現；第八託事，好像造像塑臂處處見得合式；第九十世，好像一夜的夢便彷彿自在地過了百年；第十主伴，好像北極星的所在被眾星圍繞著。十玄門，其目的是要強調「諸

〔註34〕《大藏經》35冊，第123下頁、124上頁。
〔註35〕因陀羅網，梵語，意譯是天主、帝，具體指的是帝釋天。因陀羅網，即帝釋天宮殿裏的一張網，這張網的網目上綴滿了無數光亮耀眼的明珠。
〔註36〕呂澂：《中國佛學源流略講》，第363頁。

法相即無所障礙」〔註37〕。

　　「華嚴宗用十玄解釋緣起，意在發揮『性起』的理論，以爲此心本來具足一切功德，不假修成而隨緣顯現，佛和眾生只有迷悟的不同，主伴的各異而已。華嚴宗就從這種論點和天台宗所謂『性具』立異，而中國佛學裏『一切現成』的思想發展，到此也可說是登峰造極了。」〔註38〕「一切現成」、十玄無礙，是眾生苦行、勤修的終極目標；是理想化的佛的境界。也許永遠只有少數聖賢大德能圓夢成眞。

　　法藏的學說龐雜而具有包容性，脈絡清晰卻沒有一定的系統性。正是由於沒有系統的系統性，構成了法藏學說的特點。仁者見仁，智者見智。任何將其學說理想化的努力，都將是徒勞的。法藏的學說是宗教，更是哲學；是探究如何成佛，但更是對眾生存在的本原和意義作哲理上的探討。法藏的學說，與其說給眾生以現實的安慰，倒不如說更體現了一種終極關懷。在其宗教的背後更透露出的是理性的自覺，即放棄對現實人生的執著──看山不是山，看水不是水，以此達到理想的境界。

四、妄盡還源──起即不起

　　（6）妄盡還源　「緣起法即是佛故，以因緣生即是不生。」〔註39〕佛不遠人，有情眾生自身即是佛。亦即果不離因，因果交徹。法界緣起即不起，妄盡即還源。

　　妄盡還源是大法界緣起之理事圓融、因果交徹的又一表徵。妄盡還源包含兩個問題：一「源」爲何？二如何息妄歸眞？

　　「源」是什麼？《華嚴經義海百門・抉擇成就門第十》：

> 以妄心爲有，本無體故。如蛇上繩，本無所來，亦無所去。何以故？
> 蛇是妄心，橫計爲有，本無體故。若計有來處、去處還是迷。了無
> 來、去是悟。然悟之與迷，相待安立。非是先有淨心，後有無明。
> 此非二物，不可兩解。但了妄、無妄，即爲淨心。

「妄心」無體，如執繩爲「蛇」。繩本不是「蛇」，「橫計爲有」。所以「蛇」，無所來，亦無所去。悟此道理即是「淨心」。「妄心」與「淨心」，非是二心。迷即「妄心」悟即「淨心」。

〔註37〕《華嚴經探玄記》卷五，《大藏經》35 冊，第 351 下頁。
〔註38〕呂澂：《中國佛學源流略講》，第 363 頁。
〔註39〕《大藏經》35 冊，第 194 中頁。

「妄心」與「淨心」，皆是一心。「所謂一心，是心攝一切世間、出世間法。」(《妄盡還源觀・依體起二用》)「源」，即此一心，「謂自性清淨圓明體，然此即是如來藏中法性之體，從本已來性自滿足，處染不垢，修治不淨，故云自性清淨。」(《妄盡還源觀・顯一體者》)「源」是如來藏自性清淨心。

如何妄盡還源，成爲如來藏佛？「謂見塵性空，即是十方一切眞實之理，名爲入定。」(《華嚴經義海百門・差別顯現門第六》)還源須入定。定即止，「謂觀一切法自性皆空，分別解了一念心行，稱理而觀，攝散入靜名止。」(《華嚴經普賢觀行法門》)止觀應雙修，「止觀兩門，共相成助，不相舍離。若不修止觀，無由得入菩提之路。」(《妄盡還源觀・起六觀》)如何修止？「修止者，住於靜處，端坐正意，不依氣息，不依行色，不依於空，不依地水火風，乃至不依見聞覺知；一切諸想隨念皆除，亦遣除想。以一切法本來無想，念念不生，念念不滅；亦不隨心，外念境界，然後以心除心。心若馳散，即當攝來令歸正念。常勤正念，唯心識觀，一切魔境自然遠離。」(同上)修止能遠離魔境。如何修觀？「唯心識觀」，即觀自心，因爲三界所有法唯是一心造；「言觀者，觀智。」(《華嚴遊心法界記》)智慧能遣除一切無明煩惱。

妄盡還源，乃止觀雙修。「從妄而生無由出苦，菩薩教念止觀二門。」(《妄盡還源觀・入五止》)這是眾有情出凡入聖的要道。「止觀無礙唯是一心故」〔註40〕修止觀，實修己之一心。自信己身有如來藏性，修行皆可得成佛。

五、海印三昧 —— 法界緣起的形象概括

(7)海印三昧　海印三昧源於《華嚴經・賢首品》，該品有：「一切示現無有餘，海印三昧勢力故」。此外，還有「華嚴三昧勢力故」；「禪定寂靜三昧門」；「念佛三昧必見佛，命終之後生佛前」等三昧。

華嚴三昧，據《宗鏡錄》卷十八載：海印，喻之義；三昧，正定之義。海印三昧，即從喻以立名，亦即以大海之澄寂不動，印現萬象。比喻如來之智海，清淨湛然，一切眾生之心念、根欲，皆印現於如來三昧智中。海印三昧具有十義：一謂如來三昧法性平等，離諸名相，不加功用，而能顯現一切諸相，稱爲「無心能現」；二謂如來三昧隨眾生之心而現種種相，此相如光如影，了不可得，稱爲「現無所現」；三謂如來三昧於能現之智與所現之境，皆

〔註40〕《大藏經》35 冊，第 168 下頁。

爲一念圓融而十方普應，稱爲「能現所現非一」；四謂如來三昧於能現之智與
所現之境，雖十方普現不一，然皆本於一念，稱爲「能現所現非異」；五謂如
來三昧乃萬法現於自心，此爲不來，其身相遍於法界，此爲不去，稱爲「無
去來」；六謂如來三昧普遍包容，無法不備，眾生之世界，亦含容而不離於一
心，稱爲「廣大」；七謂如來三昧將一切世界攝於一心中，而不簡別鉅細，皆
能印現，稱爲「普現」；八謂如來三昧於一切世界當念即現，無前無後，色相
宛然，稱爲「頓現」；九謂如來三昧於諸法相，無有不現之時，稱爲「常現」；
十謂如來三昧寂然不動，然爲順應眾生，故於非應之中隨感而應，猶如明鏡，
無心現物，而對象即現，稱爲「非現現」。《宗鏡錄》海印三昧之十義，是法
界緣起本質特徵的十個方面的表述。

所謂海印三昧，《探玄記》卷四云：

> 海印者從喻爲名，如修羅四兵列在空中，於大海內印現其象；菩薩
> 定心，猶如大海，應機現異，如彼兵象故。《大集經》第十四云：喻
> 如閻浮提一切眾生身及餘外色，如是等色，海中皆有印象，以是故
> 名大海印。菩薩亦復如是。得大海印三昧已，能分別見一切眾生心
> 行，於一切法門皆得慧明。〔註41〕

海印，比喻佛之智海，能印現世、出世間一切法。《妄盡還源觀·依體起二用》：
「言海印者，眞如本覺也。妄盡心澄，萬象齊現。猶如大海由風起浪，若風
止息，海水澄清，無象不現。」

海印三昧是法藏法界緣起理論的高度形象概括。其《五教章》首篇就有：
「今將開釋如來海印三昧一乘教義，略作十門」。海印三昧的內容，即十玄
門。

海印三昧與華嚴三昧有何區別？《華嚴遊心法界記》闡釋說：

> 華者菩薩萬行也。何者？以華有生實之用，行有感果之能，雖復內
> 外兩殊，生感力有相似，今以法託事故名華也；嚴者，行成果滿契
> 合相應，垢障永消證理圓潔，隨用贊德故稱曰嚴也。三昧者：理智
> 無二交徹鎔融，彼此俱亡能所斯絕，故云三昧也。……此解行爲言，
> 名爲華嚴三昧。如其據果，亦名海印三昧。此即同時前後爲名，頓
> 現互融爲目，猶如大海現四兵象，象類各差，頓現前後。〔註42〕

〔註41〕《大藏經》35冊，第189上頁。
〔註42〕《大藏經》45冊，第646中頁。

華嚴三昧強調因行，「以行門無礙稱一切自在，華嚴是行法」〔註43〕；海印三昧則強調果滿。兩三昧分別是「佛的海印三昧和普賢的華嚴三昧」〔註44〕。華嚴三昧、海印三昧，猶如海水之於水波，波浪興起，水、波二分；波浪止息，則復歸海水，湛然一味。華嚴三昧是以波見水，海印三昧則是以水見波。實際上，兩者都是華嚴人法界無盡緣起的說明，只不過是觀法的角度不同而已。

六、法界緣起的表現形態──理事無礙、事事無礙

「華嚴宗的教義極爲煩瑣，其思辨哲學也雜糅著各派的論點，因而它是一個佛家中的『雜家』。所謂『雜家』在形式上好像企圖總結以前的各宗思想，但在內容上卻是湊合以前的各宗思想，其所以名爲一家，又在於以一個中心論題爲線索而貫穿於許多思辨形式之中。」〔註45〕其「中心論題」即法界緣起。法界緣起的基本表現形態則是理事無礙，事事無礙。

（一）理事無礙

眞如之性體，即是理；眞如所顯現之相用，即是事。「理即是性，事即是相、諸法」〔註46〕。理事如何能圓融無礙？

1. 杜順的理事圓融。其理、事，即《起信論》中的一心二門：「心眞如門者是理，心生滅者是事。」（《五教止觀・事理圓融觀》）理，或即謂空；事，或即謂萬有。就空、有關係，《五教止觀・事理圓融觀》云：

> 空是不礙有之空，即空而常有；有是不礙空之有，即有而常空故。
> 有即不有，離有邊有；空即不空，離無邊空。空有圓融一無二，故
> 空有不相礙，互形奪故雙離兩邊。經云：因緣故法生，因緣故法滅。

空不礙有，空中即含有；有不礙空，有體即常空。有即是空，無自體（「離有」）方是假有；空即是有，假相（「離無」）才是眞空。空、有無礙，因緣起故。

理事圓融，杜順《五教止觀・華嚴三昧門》進一步指出：

> 即此緣起之法即空無性。由無性故幻有方成。然此法者即全以無性
> 爲其法也。是故此法即無性而不礙相存也。若不無性，緣起不成，
> 以自性不生皆從緣故。既全收性盡，性即無爲不可分別，隨其大小

〔註43〕《大藏經》35 冊，第 189 中頁。
〔註44〕呂澂：《中國佛學源流略講》，第 363 頁。
〔註45〕侯外廬：《中國思想通史》第四卷，人民出版社 1980 年版，第 235 頁。
〔註46〕侯外廬：《中國思想通史》第四卷，第 232 頁。

性無不圓。一切亦即全性爲身，是故全彼爲此，即性不礙幻有。所
以一具眾多。既彼此全體相收，不礙彼此差別也。是故彼中有此，
此中有彼。

「一」是理，「多」是事，一理能應萬事，所以「一具眾多「。理能隨緣
起萬事，萬事無不有是理，「故彼中有此，此中有彼」。所以彼此相融無礙。

杜順於此觸及到的是佛法的根本──緣起法。此緣起大法能爲聖心所感
應。這就是爲何說成佛無須遠方它覓，求則在己一心中的道理。

（二）智儼的理事圓融

智儼在《華嚴孔目章·第五會依其五教明順善法數義》卷二：「所有理事，
對緣發起。」理、事，因緣而起。緣起而有理，緣起而有事。理事如何能圓
融？其《華嚴孔目章·第八會入法界品初辨迴心章》卷四：「理性體融，在因
爲因，在果爲果，其性平等。」理因緣起性，於因果一切法平等無二。

（三）法藏的理事圓融

其《華嚴經義海百門·緣生會寂門第一》：「經云：即法界無法界，法界
不知法界。若性相不存，則爲理法界；不礙事相宛然，是事法界。」「性相不
存」，乃眞空，爲理法界；「事相宛然」，乃假相妙有，是事法界。「法界無法
界，法界不知法界」：即理事無礙圓融，性相一體。

據宗密說，杜順作《華嚴法界觀》一文。該文著重闡述了三個問題：一
眞空觀，二理事無礙觀，三周遍含容觀。法藏《華嚴三昧章》收其全文，後
「東洋刻本改其名爲《華嚴發菩提心章》」（楊文會語）。現以法藏名，就《華
嚴法界觀》中的理事無礙十義，作一剖析：

一理遍於事門：能遍之理，性無分限；所遍之事，分位差別。一一
事中，理皆全遍非是分遍。何以故？以彼眞理不可分故。是故一一
纖塵，皆攝無邊眞理無不圓足。

是說：理體無限，事相有別，每一事中含全體之理，因爲眞空之理不
可分。所以一介纖塵，即能含攝全體眞理。

二事遍於理門：能遍之事，是有分限；所遍之理，要無分限。此有
分限之事，於無分限之理全同非分同。何以故？以事無體，還如理
故。是故一塵不壞而遍法界也，如一塵一切法亦然。

是說：具體法是有限物；眞空之理無有際限。此一具體法與眞空之理
完全等同。這是因爲事法無自體，法滅即還原成理。所以任一

事法即遍含法界眞理。

三依理成事門：事無別體，要因眞理而得成立。以諸緣起皆無自性故，由無性理事方成故。如波攬水以成動，水望於波能成立故。依如來藏，得有諸法。

是說：如來藏，自性清淨，是理體。事法依緣起法之理而成。所以萬法得依如來藏。

四事能顯理門：由事攬理故，則事虛而理實。以事虛故，全事中之理挺然露現，猶如波相虛，令水體露現。

是說：事相虛妄，理體眞實。事滅理存，猶如波息水現。

五以理奪事門：事既攬理成，遂令事相皆盡。唯一眞理，平等顯現。以離眞理外，無片事可得故。如水奪波，波無不盡。此則水存已，壞波令盡。

是說：萬法皆有息滅，唯有眞理永恒存在，平等顯現。

六事能隱理門：眞理隨緣成諸事法，然此事法既違於理，遂令事顯，理不現也。如水成波，動顯靜隱。

是說：眞理不守自性，必成事法。事相宛然，則事顯理隱。所謂：「法身流轉五道名曰眾生，故眾生現時法身不現也」。

七眞理即事門：凡是眞理必非事外，以是法無我理故。事必依理，理虛無體。是故此理舉體皆事，方爲眞理。如水即波，無動而非濕，故即水是波。

法：軌持（概念）義，謂諸法，雖復任持，軌生物解，卻無勝性實自在用。法無我者，謂蘊界處等，名之爲法，此無人故，名無我（普光語〔註47〕）；《瑜伽》九十三：「法無我者，謂一切緣生諸形，性非實我，是無常故」。一切法皆無常，必以空性之理爲依持。所以有事即有眞理。

八事法即理門：緣起事法必無自性，無自性故舉體即眞。故說眾生即如，不待滅也。以波動相，舉體即水，故無異相。

是說：緣起之法乃無自性，所以任舉一法即是眞理。如眾生本來就是眞空之理，是如來藏，豈待滅後成眞理之空，復成如來藏？

〔註47〕釋正剛：《唯識學講義》，第 367 頁。

九眞理非事門：即事之理，而非是事，以眞、妄異故，實非虛故，所依非能依故。如即波之水非波，以動濕異故。

是說：理、事非一，理實事虛故。理是能依，事是所依。能、所有別。

十事法非理門：全理之事，事恒非理。性相異故，能依非所依故。是故舉體全理，而事相宛然。如全水之波，波恒非水，以動義非濕故。

是說：雖然事含全體之理，但事不是理。因爲性、相有別，能依之理非所依之事。如波之於水，波性動、水性濕，所以波不即是水。

《華嚴法界觀》中的理事無礙十義，除九、十兩門，可從邏輯上將理事二分外，一至八門，理事皆相融爲一。一至八門，或理隱事顯，或事隱理顯；或事即理，或理即事。總之，理事相融無礙。在此基礎上，法藏又以十門予以發揮：一理事俱融門，二理法隱顯門，三事法存泯門，四事事相在門，五一事隱現門，六多事隱現門，七事事相是門，八一事存泯門，九多事存泯門，十圓融具德門（見《華嚴三昧章》）。法藏於此側重的是，以一多關係來闡釋理事圓融。

《華嚴法界觀》中的理事無礙十義，澄觀《華嚴法界玄鏡》總結說：「第一理事相遍對；第二理事相成對；第三理事相害對；第四理事相即對；第五理事相非對，亦名不即對。然此五對皆先明理，尊於理故，又皆相望。一三五七九以理望事，二四六八十以事望理。」「以理望事」，乃理不即於事；「以事望理」，乃事不即於理。但理因事顯，事因理存，理事互融，所以理事相望。

《華嚴法界觀》中的理事無礙十義，乃基於大法界無盡緣起。「此上十義，同一緣起。約理望事，則有成有壞，有即有離；事望於理，有顯有隱，有一有異。逆順自在，無障無礙，同時頓起。深思令觀明現，是謂理事圓融無礙觀也。」（《華嚴發菩提心章》）法藏的這一理事圓融無礙觀，是華嚴宗人的世界圖景，也是《華嚴經·十住品》「一即是多，多即是一」的理論提升。

所以，《華嚴經·明法品·玄義章》：「問：若就理性，既一、多俱絕，則無可即；若約事相，人、法相乖，故云何即？若約事有即，即壞其事，即乖於俗；若約理有即，即乖於眞；若舉事而取理，即不異前門。更何可辨？答：只由此二義故，得相即也。何者？若事而非理，不可即；若理而非事，無可即。今由理事不二而二，謂即事之理方爲眞理故，全事相即而眞理湛然；即理之事方爲幻事故，恒相即而萬象紛然。良由理事相是而不一。故全一多互

即而不雜也。」若「舉事而取理」，就俗而言，則「壞其事」；就眞來說，則壞其理。只有即事之理方爲眞理，即理之事方爲幻事。法藏在此強調的是一、多相即，不二而二之理事相融。此理亦貫穿於：空、不空門；相在、不在門；相是、不是門。此三門「是謂法界緣起門」。

此外，《華嚴經義海百門‧鎔融任運門第四》：

> 理事者：如塵相圓小是事，塵性空無是理。以事無體，事隨理而融通。由塵無體，即遍通於一切。由一切事不異理，全現塵中。故經云：廣世界即是狹世界，狹世界即是廣世界。……圓融者：以事無體故，事隨理而圓融；體有事故，理隨事而通會。是則終日有而常空，空不絕有；終日空而常有，有不礙空。然不礙有之空，能融萬象；不絕空之有，能成一切。是故萬象宛然，彼此無礙也。

事，「如塵相」等；理，是「性空」。理事之所以能圓融，「以事無體故，事隨理而圓融；體有事故，理隨事而通會。」

（二）事事無礙

杜順《華嚴法界觀》「周遍含容觀」講「事事無礙法界」（宗密語）。法藏《華嚴三昧章》錄其全文。「周遍含容觀」亦有十門：

一理如事門：謂事法既虛相無不盡，理性眞實體無不現。此則事無別事，即全理爲事。是故菩薩雖復看事即是觀理，然說此事爲不即理。

事因有理而方爲事，理也不壞事相宛然。看事即是觀理。

二事如理門：謂諸事法與理非異。故事隨理而圓遍，遂令一塵普遍法界，法界全體遍諸法時，此一微塵亦如理性，全在一切法中。如一微塵，一切事法亦爾。

某一事法之所以能全在一切法中，是因爲該事法有一切法的理性。所以一一事皆如理普遍廣大。

三事含理事門：謂諸事法與理非一，故存本一事而能廣容，如一微塵其相不大，而能容攝無邊法界，由刹等諸法既不離法界。是故俱在一塵中現，如一塵一切法亦爾。此理事融通非一非異。

理、事非一，理是能攝，事是所攝；理、事非異，某一事所含理體，與余一切事所含體不異，即隨所含理體能於一事中現、一切事中現。

四通局無礙門：謂諸事法與理非一，即非異。故令此事法不離一處，即全遍十方一切塵內，由非異即非一故。全遍十方而不動一位，即遠即近即遍

即住，無障無礙。

事法與理非一，是局義；事法與理非異，是通義。通局無礙，某一事法住一處，即能全遍十方一切塵內。

五廣狹無礙門：謂事與理非一，即非異。故不壞一塵而能廣容十方剎海。由非異即非一故，廣容十方法界，而微塵不大。是則一塵之事，即廣即狹即大即小，無障無礙。

事與理非一，是狹；事與理非異，是廣。廣狹無礙，一塵即能廣容十方法界。

六遍容無礙門：謂此一塵望於一切，由普遍即是廣容。故遍在一切中時，即復還攝一切諸法全住自中。又由廣容即是普遍故，令此一塵，還即遍在自內一切差別法中。是故，此塵自遍他時，即他遍自，能容能入，同時遍攝無礙。

某一事法能遍在一切法中時，即是廣容一切法於自法中，此遍即是容；該法容在他法中時，也即他法遍在自法中，此容即是遍。

七攝入無礙門：謂彼一切望於一法，以入他即是攝他，故一切全入一中之時，即令彼一還復在自一切之內同時無礙，又由攝他即是入他，故一法全在一切中時，還令一切恒在一內同時無礙。

入他即是攝他，「入」上文之遍義，「攝」上文之容義。以多望一，無多可遍，所以稱入；又無多可容，所以稱攝。一法遍在一切法中時，也就是一切法容在一法中，此攝他即是入他。如九鏡各攝一鏡在己中時，九鏡即同入彼一鏡內。

八交涉無礙門：謂一法望一切，有攝有入。通有四句：謂一攝一切，一入一切；一切攝一，一切入一；一攝一法，一入一法；一切攝一切，一切入一切。同時交參無礙。

一法望一切：一法，既是能入、能攝，又是所入、所攝；一切法亦然。如，此一法能入即彼（一切法）所攝，此能攝即彼所入。攝，容；入，遍。

九相在無礙門：謂一切望一，亦有入有攝。亦有四句：謂攝一入一，攝一切入一；攝一入一切，攝一切入一切。同時交參無障無礙。

我攝餘法在他法中，他又攝餘法在我法中，彼此互即，所以叫相在。

十普融無礙門：謂一切及一，普皆同時，更互相望。一一具前兩重四句，普融無礙。

該門普融八九，是令各各一時頓具，重重無盡。

宗密總結此十門大義：一爲法義體用之本，二是周遍，三是含容，四釋二也，五釋三也，六七皆收四五也，八九融攝六七，十收八九也。

依宗密之解，「周遍含容觀」十門義，乃落在體用相即上。體無形質，即用顯體；用無自性，即體而有。一法如此，一切法無不如彼。

因此之故，法藏認爲，一華葉即可現十門義：（一）一華葉「同時相應具足圓滿」；（二）一華葉「普周法界而不壞本位，以分即無分，無分即分，廣狹自在無障無礙」；（三）一華葉「舒己遍入一切法界中，即攝一切令入己內，舒攝同時既無障礙，是故鎔融」；（四）一華葉「廢己同他，舉體全是彼一切法，而恒攝他同己，全彼一切即是己體，一多相即，混無障礙」；（五）一華葉「能攝彼，即一顯多隱，一切攝華，即一隱多顯，顯顯不俱，隱隱不並，隱顯顯隱同時無礙」；（六）一華葉「中微細剎等一切諸法，炳然齊現」；（七）一華葉「一一微塵之中，各皆並現無邊剎海，剎海之中復有微塵，彼諸塵內復有剎海，如是重重不可窮盡，非是心識思量所及，如帝釋網天珠明徹互相影現，影復現影而無窮盡」；（八）「見此華葉即是見於無盡法界」；（九）「此一華既具遍一切處，亦復該一切時，謂三世各三，攝爲一念，故爲十世也，以時無別體依華以立」；（十）「此華有世界海塵數蓮華以爲眷屬」。〔註48〕

一華葉十門復具十「義」，成百門；百門復具「十玄門」，成千門。何況一華葉，任一法均具十門、百門，成千門；任一法皆「有世界海塵數蓮華以爲眷屬」。此乃法藏及華嚴宗人，事事無礙，無盡復無盡大法界緣起的世界圖景。

事事無礙，法藏進一步的體會是：

> 多身入一鏡象觀，即事事無礙法界也。謂毘盧遮那十身，互用無有障礙也。經云：或以自身作眾生身、國土身、業報身、聲聞身、緣覺身、菩薩身、如來身、智身、法身、虛空身。如是十身，隨舉一身攝餘九身。故曰多身入一鏡象觀。如一身有十身互作。一一毛孔、一一身分、一一支節中，皆有十身互作。或以眼處作耳處佛事，或以耳處作眼處佛事，鼻舌身意亦復如是。（《妄盡還源觀》）

處於因位眾生六根功能各異，如眼見色，耳聞聲，鼻嗅香等。但果位佛則事事無礙——「或以眼處作耳處佛事，或以耳處作眼處佛事，鼻舌身意亦復如是」。

〔註48〕《大藏經》35 冊，第 123 中、下頁。

此外：

> 如善財童子，從祇桓林中漸次南行，至毘盧遮那莊嚴大樓閣前，暫
> 時歛念，白彌勒菩薩言：唯願大聖，開樓閣門令我得入。彌勒彈指
> 其門即開。善財入已還閉如故。見樓閣中有百千樓閣，一一樓閣前
> 各有彌勒菩薩；一一彌勒菩薩前，各有善財童子，一一善財童子皆
> 悉合掌在彌勒前，以表法界重重，猶如帝網無盡也。此舉一樓閣為
> 主，一切樓閣為伴也。故云主伴互現帝網觀，亦是事事無礙觀也。（同
> 上）

此名事事無礙，乃隨舉一法即主伴齊收，重重無盡，一切事中皆悉無盡也。

　　事事無礙何以成立？於此，《金師子章光顯鈔》云：「事事無礙者，即理事是無別體故也。理本遍諸事，無分齊故。觀一事無性時，圓盡法界真理。若一塵上理不遍諸事者，理性被分折，即同有為。無此過故，諸事法如理即遍也。」〔註49〕理事同體，諸事法因含「理」而圓融無礙。事事無礙，乃理事無礙，其究竟是依法界緣起而立也。

　　「周遍含容觀」十門義，亦是華嚴宗人大力推崇的「十玄門」的源流處。「是故十玄亦自此出」（澄觀《華嚴法界玄鏡》）。

　　法藏的法界緣起，以及《華嚴經》的「一即是多，多即是一」，是不同時代的思想家們對世界有機整體聯繫的天才猜測。正如一位西方哲學家所指出的那樣：「一切在這個世界中所共同地存有的東西，都是通過一條普遍的因果律，直接或間接地互相依存的。由於這種樣式，世界不僅是一個萬有的總體，而且是一個萬有的統一體，即一個整體（儘管它是無限的）」。〔註50〕

〔註49〕方立天：《華嚴金師子章校釋》，中華書局 2004 年版，第 127 頁。
〔註50〕胡塞爾：《歐洲科學危機和超驗現象學》，上海譯文出版社 2005 年版，第 42 頁。

第四章　法藏的圓融之「理」（二）
——如來藏緣起

　　理是如來藏〔註1〕，智顗早就提及過，但與其即空即假即中的圓融三諦來說，此一觀念只能退而求其次。於法藏，理是如來藏，才眞正上昇爲其學說的主題。而且法藏圓融之「理」的另一理論基礎就是如來藏（緣起說）。如來藏緣起說造於中國，它的盡頭卻在印度。印度的如來藏說與中國的如來藏緣起說，是源與流的關係，但如來藏緣起說更具中國化。

第一節　如來藏（tathāgata-garbha）說

　　如來藏說，指的是以如來佛爲主題的、即關於眾生是否有佛性的學說。所謂如來藏，是指如來（tathāgata）在胎藏（garbha）中，也就是如來在眾生（因）位。此謂「譬喻如來藏說」。因此從「如來常住不變」的思想中，即可推導出眾生本有如來體性的結論。如來藏說主要探討眾生成佛的原因、根據或者說內在保證，其表現形態隨著思想的發展而有所不同。這就是後來出現的所謂「法性如來藏說」。

一、如來藏說的源流

　　古印度吠陀仙人那羅延的《原人歌》謂：「唯此原人，是諸一切，既屬過去，亦爲未來。唯此原人。不死之主，享受犧牲，昇華物外。」〔註2〕原人是一超時空的絕對體。這一思想爲《奧義書》學者們所繼承和發展。如：

〔註1〕見《法華文句・釋方便品》及《法華玄義》卷五下。
〔註2〕《梨俱吠陀》X.90.2。

> 不死原人，於此大地，永放光輝；不死原人，內我爲體，永放光輝；
> 他正是我，此是不死，此即是梵，此即一切。〔註3〕

原人、我、梵三者，名異而實同。梵可分爲無相梵、有相梵二類：無相梵，亦稱上梵、不滅者，是無規定的超驗實體；有相梵，乃是無相梵從自身體中異化出的自己的一個對立面，它是有規定的、可經驗的有限物。所以梵具有神、人二性。佛教也一般地接受「梵」這個概念〔註4〕。

又《奧義書》：「識所成我，梵也。……識爲一切之因，識者梵也」；「依名色而開展，我入於名色而隱於其中。」〔註5〕梵、我、識，入於名色中，不就是「如來藏自性清淨，……入於一切眾生身中」〔註6〕嗎？顯然，如來藏有著原始印度神我因子的痕迹〔註7〕。

原始佛教《增一阿含經・11經》卷二：

> 若有比丘，正身正意，結跏趺坐，繫念在前，無有他想，專精念佛。
> 觀如來形，未曾離目；已不離目，便念如來功德。如來體者，金剛
> 所成，十力具足，四無所畏，在眾勇健。如來顏貌，端正無雙，視
> 之無厭，戒德成就，猶如金剛而不毀，清淨無瑕。〔註8〕

所謂的「如來形」「如來體」「清淨無瑕」，即指佛的法身功德，猶如金剛一般，永恒不滅。後來所謂的如來藏自性清淨，就是從這「如來體」「清淨無瑕」演變而來的。如《如來藏經》：

> 我以佛眼觀一切眾生，貪欲、恚癡諸煩惱中，有如來智、如來眼、
> 如來身，結跏趺坐，儼然不動。善男子，一切眾生雖在諸趣煩惱身
> 中，有如來藏常無污染，德相備足，如我無異。〔註9〕

「諸趣」，指地獄、餓鬼、畜生、人、天、非天（阿修羅，一種惡神）。這裏的「如來身」，與上文中的「如來形」「如來體」意思相同；「如來藏常無污染」，即上文中的「清淨無瑕」；「德相備足」之「德」，即承緒上文中的「如來功德」，其所指乃如來藏「常樂我淨」的四種德性；「德相備足，如我無異」，即「如

〔註3〕《廣林奧義》II.5.1。
〔註4〕巫白慧：《印度哲學》，東方出版社2000年版，第294頁。
〔註5〕《愛陀賴耶奧義書》3.3；《布列哈德奧義書》1.4.7。
〔註6〕《楞伽阿跋多羅寶經》卷二，《大藏經》16冊，第489上頁。
〔註7〕印順：《如來藏之研究》，（臺灣）正聞出版社民國八十一年版，第85頁。
〔註8〕《大藏經》2冊，第554上頁。
〔註9〕《大藏經》16冊，第457中、下頁。

來藏」是「我」（的異名）。

二、如來藏說的相關主題

1. 我

「諸法無我」是佛法的三法印（三法印：諸行無常、諸法無我、涅槃寂靜）之一。「若我實無，誰能作業？誰能受果？……若實無我，業已壞滅，云何復能生未來果？」〔註10〕「我若實無，誰於生死輪迴諸趣，誰復厭苦求趣涅槃？」〔註11〕「趣」，究竟歸向。印度有神教認爲，我的存在是確定無疑的，惟有確證有眞自我，才能得到解脫。生死輪迴中有我。佛陀則認爲，有我見才是生死流轉的根本，人間苦難的淵藪。世間沒有眞我，我是由五蘊和合而成的，是依蘊、界、處施設的，是假有。依蘊立我，如依薪立火那樣，火不能離薪，但火也並不是薪。總之，眞佛無我——法無我，人無我，一切皆空。

佛雖反對有我說，但實踐中卻很不徹底。「依五蘊中的心來安立有情，在佛法是有理由的。」〔註12〕如《雜阿含經・267經》卷十：「長夜心貪欲所染，瞋恚、愚癡所染。……心惱故眾生惱，心淨故眾生淨。譬如畫師，畫師弟子，善治素地，具眾色彩，隨意圖畫種種像類。」《法句經》：「心爲法本，心尊心使，中心念惡，即言即行，罪苦自追，車轢於轍。」〔註13〕心，因其是無常的、無我的，所以能爲一切法的主導者。這樣的心實際上已取得了神我的地位，而且發揮著積極的主宰功能。

2. 心（識定〔註14〕）・心性本淨

心（識定）在佛教中，具有神我義。《中阿含經・19經》卷四：「有五因緣，心生憂苦。云何爲五？淫欲纏者，因淫欲纏故，心生憂苦。如是：瞋恚、睡眠、掉悔、疑惑纏者，心生憂苦。……有五因緣，心滅憂苦。」《中阿含經・97經》卷二四：「緣識故則有名色。……若識不得名色，若識不立、不倚名色者，識寧有生、有老、有病、有死有苦耶？」〔註15〕《增一阿含經・123經》卷七：「彼人諸根不定，若眼見色，隨起色想，流馳萬端，爾時眼根則非清淨，

〔註10〕《阿毗達磨俱舍論》卷三〇，《大藏經》29冊，第158中、下頁。
〔註11〕《成唯識論》卷一，《大藏經》31冊，第2中頁。
〔註12〕印順：《如來藏之研究》，第53頁。
〔註13〕《大藏經》4冊，第562上頁。
〔註14〕「心性本淨，是與定（samādhi）有關的，定學也稱爲心（citta）學。」——印順：《如來藏之研究》，第67頁。
〔註15〕《中阿含經》，宗教文化出版社2000年版，第64頁、424頁。

生諸亂想，不能制持，眾惡普至。」心、識、定，應該說是如來藏的淵源。

心性本淨，亦可稱為心本性淨、心意清淨、自性清淨心。源出《增一阿含經》〔註16〕。此亦為後來《般若》等大乘經所採用。初期大乘經，多說一切法本性淨、一切法本性空。後期大乘經，傾向唯心說，心為一切法的所依，所以多說心性本淨。實際上這都是如來藏的另類稱呼。《增一阿含經・264 經》卷二二：「諸生結永盡，意念不錯亂；以無塵垢礙，入彼舊幫土；心性極清淨，斷魔邪惡念。」南傳上座部《增支部・一法品・6 經》釋云：「此心極光淨，而客塵煩惱雜染，離客塵煩惱而得解脫。」就此，漢譯《舍利弗阿毗曇論》卷二七引用《增一阿含經》這段話則為：「心性本淨，為客塵所染」。謂眾生心中，本有（如來藏）清淨性，但為客塵所覆，此乃成為大乘後期的主流。又如「不得心垢相，不得心淨相，但知是心常清淨相。」（《持世經》卷三）〔註17〕心常清淨，乃超越於垢、淨的。不著垢相，不著淨相，心乃真空也。

佛教有以懺悔罪業，悟性本空為主題的，如《阿闍世王經》；懺罪悟性，說明心不可得；心過去已滅，未來未至，現在不住；心無形無相，無去無來；心如虛空，煙、霧、雲、塵、羅睺羅手等五事，不能使虛空有垢。「心者本淨故，亦無有沾污，亦無有而淨者。」〔註18〕所以心本清淨，一切法本來清淨，貪、瞋、癡等煩惱也是本來清淨。「若能思惟分別貪欲、瞋怒、愚癡及諸塵勞，本來清淨，是則菩薩求佛道也。」（《大淨法門經》〔註19〕）心性本淨，是心真空、不可得的意思，決非是心有清淨莊嚴的功德。如此說心性本淨，乃啟發人向上、為善的一種方便而已。所以《成實論》卷三：「心性非是本淨，客塵故不淨，但佛為眾生謂心常在，故說客塵所染則心不淨。又佛為懈怠眾生，若聞心本不淨，便謂性不可改，則不發淨心，故說本淨。」〔註20〕如以心淨為常在，則原始佛教判執常為愚癡的邪見。為對治常心的邪執，所以說心是不淨的。心不淨，心即是非常。又有人自覺心地不淨，煩惱重重，不能勇猛

〔註16〕《增一阿含經・序品第一》卷一：「自淨其意，是諸佛教」；「諸惡莫作，是諸法本，便出生一切善法；以生善法，心意清淨」。宗教文化出版社 2000 年版，第 6 頁。

〔註17〕《大藏經》14 冊，第 658 下頁。

〔註18〕《阿闍世王經》卷下，《大藏經》15 冊，第 401 下、403 上、下頁；《文殊支利普超三昧經》卷下，《大藏經》15 冊，第 421 下—422 上、424 中—425 上頁。

〔註19〕《大藏經》17 冊，第 824 上頁。

〔註20〕《大藏經》32 冊，第 258 中頁。

地發心修行。爲引導這些懈怠的人，所以說自性本來清淨，暫時爲煩惱所染，只要自勉精進，淨心即可發現。心性本淨原是種善巧方便。其實，心超染淨，絕待無二。

3. 法　身

法身是如來藏說發展的一個重要環節。法身的展開是中道、因緣法本身、法界、法性等。這些名詞早已具現於《阿含經》中。如《中阿含經·169 經》卷四三：「莫求欲樂、極下賤業，爲凡夫行；亦莫求自身苦行，至苦非聖行，無義相應。離此二邊，則有中道。」《雜阿含經·300 經》卷一二：「自作自覺則墮常見，他作他覺則墮斷見，義說、法說，離此二邊，處於中道而說法。」《中阿含經·181 經》卷四七：「因此有彼，無此無彼，此生彼生，此滅彼滅。謂緣無明有行，乃至緣生有老死。若無明滅則行滅，乃至生滅則老死滅。阿難！如是比丘知因緣。」《增一阿含經·303 經》卷二六：「若如來出世，若如來不出世，此法界恒住如故，而不朽敗。」《雜阿含經·604 經》卷二三：「如來之體身，法身性清淨。」〔註21〕《雜阿含經·854 經》卷三十：「如來出世及不出世，法性常住。」無疑地，中道、因緣法、法界、法性等，可統稱爲「法性如來藏」。其具有永恒不滅性。

釋迦佛的誕生、成佛至般涅槃，乃是方便示現，不是眞實的。佛成佛以前，也是無常的，但爲了達到如來常恒不變、眾生成佛的目的，所以《增一阿含經·429 經》卷四四：「肉身雖取滅度，法身存在。」法身不滅是理性，亦是智慧。它給眾生以希望，更給眾生以關懷。法身的出現又是以色相來示好眾有情的。「言非色者，即是聲聞、緣覺解脫；言是色者，即是諸佛如來解脫。」（《涅槃經》卷五）〔註22〕「如來妙色身，世間無與等。……如來色無盡，智慧亦復然。」（《勝鬘經》）〔註23〕《法華經》卷四：「微妙淨法身，具相三十二。」〔註24〕如來藏法又是「法身有色」說。

處于果位的如來法身色相妙好，常恒不變；處於因位的眾有情貪瞋愚癡，無常易變；以因果不二，所以眾生身有如來藏。「一切眾生悉有佛性，無量相好，莊嚴照明。」〔註25〕「如來藏自性清淨，轉三十二相，入於一切

〔註21〕　《雜阿含經》，宗教文化出版社 2000 年版，第 530 頁。
〔註22〕　《大藏經》12 冊，第 392 上頁。
〔註23〕　《大寶積經》卷一一九，《大藏經》11 冊，第 673 上頁。
〔註24〕　《大藏經》9 冊，第 35 中頁。
〔註25〕　《大法鼓經》卷下，《大藏經》9 冊，第 297 中頁。

眾生身中。」〔註26〕如來藏，有色、有無量相好莊嚴，是初期如來藏說的特色。如來藏是佛果、究竟位，其與因位的眾生有無關係？答：有！《增一阿含經‧433經》卷四六：「如來能覆蓋一切眾生。」這大概是一切眾生悉有佛性的源流。

早期如來藏說帶有強烈的神我色彩，這是確定無疑的。其實，任何宗教都迴避不了這個問題。只不過是表達的方式不同而已。

三、初期大乘《般若》《華嚴》的如來藏說

「如來藏說，不是直承原始佛教的法流，而是繼承初期大乘，適應世俗。……初期大乘經，可以《般若》《華嚴》為二大流。」〔註27〕《般若經》與《華嚴經》，現存的都是大部集，兩部大經都是陸續結成集的。《般若經》較早出，但彼此互有影響，各自又表現出自己的特色。

1. 空性是《般若經》如來藏說的特徵

《阿含》的如來藏說其實是神我之有，而《般若經》的如來藏說則一切皆空。

《雜阿含經‧302經》卷一二：

> 佛告迦葉：若受即自受者，我應說苦自作；若他受他即受者，是則他作；若受自受他受，復與苦者，如是者自他作，我亦不說；若不因自他，無因而生苦者，我亦不說。離此諸邊，說其中道。如來說法，此有故彼有，此起故彼起，謂緣無明行，乃至純大苦集；無明滅則行滅，乃至純大苦集滅。

緣起法——此有故彼有，此生故彼生，此無故彼無，此滅故彼滅——是整個佛法的基石。世界實際上就是由這個大因果關係網絡所組成。緣起法的初期表現是十二支緣起（業感緣起），即善業有好報，不善業有惡報。緣起法進入大乘前期的表現即是中道緣起：「眾因緣生法，我說即是無，亦為是假名，亦是中道義；未曾有一法，不從因緣生，是故一切法，無不是空者。」（《中論》卷四）緣起法是無、是空，因為法無自體；緣起法亦是「假有」，因為虛幻不實。所以緣起法是中道空，兩邊不執。一切法皆從因緣生，所以一切法無不是空。這就是中道空法。《雜阿含經》：非自作、非他作、非自他共作、非無

〔註26〕《楞伽阿跋多羅寶經》卷二，《大藏經》16冊，第489上頁。
〔註27〕印順：《如來藏之研究》，第89頁。

因作，用《中論》的說法即是「八不」〔註28〕中道，是眞空。中道空是《般若經》所弘揚的主題。

　　《般若經》講的是菩薩道。菩薩道是以般若的無所住爲論題的，其重點在於「正法」的悟入。在般若的如如觀中：一切法——境、行、果，一切人——聲聞、緣覺、菩薩、佛，都是如幻如化，似水中月、鏡中影，本性空寂。「諸法實相者，心行言語斷，無生亦無滅，寂靜如涅槃。」（《中論》卷三）〔註29〕實相、涅槃，如來藏也。「我不可得，……佛不可得，畢竟淨故。」（《般若經》）〔註30〕淨，如來藏自性清淨。《般若經》的意趣明顯表現了一切皆空的特點。

　　《小品般若波羅蜜經》卷六：

　　　　菩薩得阿耨多羅三藐三菩提時，爲眾生說色趣空，說受、想、行、識趣空，一切法皆趣空，不來不去。何以故？色空不來不去，受、想、行、識，空不來不去，乃至一切法空不來不去故，一切法趣空，不過是趣。一切法趣無相，趣無作，趣無起，趣無生，趣無所有，趣夢，趣無量，趣無邊，趣無我，趣寂滅，趣涅槃，趣不還，趣不趣。一切法不過是趣。〔註31〕

「趣」，究竟；「趣不趣」，沒有趣與不趣的分別。句意即：求一切法的究竟相，一切法無不是空。

　　《摩訶般若波羅蜜經》卷一一五：

　　　　爲眾生說色趣空，說受、想、行、識趣空，乃至說一切種智趣空。……一切法趣空，是趣不過。何以故？空中趣不趣不可得故。

　　　　一切法趣無相，……趣無作，……趣無起，……趣無所有、不生不滅、不垢不淨。

　　　　一切法趣有常，……趣樂、淨、我。……趣無常、苦、不淨無我。

　　　　一切法趣須陀洹，乃至佛，是趣不過。何以故？須陀洹乃至佛中，趣不趣不可得故。〔註32〕

〔註28〕不生亦不滅，不常亦不斷，不一亦不異，不來亦不出。見《中論·觀因緣品》卷一。
〔註29〕《大藏經》30 冊，第 24 上頁。
〔註30〕《摩訶般若波羅蜜經》卷六，《大藏經》8 冊，第 238 下頁。
〔註31〕《大藏經》8 冊，第 561 下頁。
〔註32〕《大藏經》8 冊，第 332 下—333 下頁。

意即：一切法趣空，趣即不趣，一切法乃至佛都不可得，一切法平等平等。

另外，《般若經》中的「一切法本清淨相」(《小品般若經》卷八)〔註33〕；「我不可得，……五眼不可得，畢竟淨故」(《般若經》卷六)〔註34〕；「色淨即是果淨，色淨故果亦淨，受、想、行、識淨即是果淨，受、想、行、識淨故果亦淨」等(《小品般若波羅蜜經》卷三)〔註35〕。這裏所謂的清淨、淨，並不局限於心的本性，而是遍行於一切法的。《般若經》說一切法本性空，也強調一切法畢竟空；說本性淨，即強調畢竟淨、畢竟空。其實，淨與空，是一個意思。《大智度論》卷六三：「畢竟空即是畢竟清淨，以人畏空，故言清淨。」〔註36〕喜實有厭空無，是人之常情。爲了教化的方便，乃以淨代空。此乃使人感覺到一種清淨妙有的存在，因有所依持，就易於爲眾有情所接受。正是龍樹的這一解說，搭起了從大乘前期的般若之空通向後期的心性實有之橋梁。

2. 一多相即的法法平等是《華嚴經》如來藏說的特徵

《華嚴經》的世界圖景（佛境）是「華藏莊嚴世界海」，也稱「蓮華藏世界」、「華藏世界」。這個世界森羅萬象，無所不有，卻又秩序井然：

> 法界不可壞，蓮華世界海，離垢廣莊嚴，安住於虛空。此世界海中，刹性難思議，善住不雜亂，各各悉自在。(六十《華嚴·盧舍那佛品第二之三》卷四)

之所以如此，是由於有一盧舍那佛的法身在起作用。「大聖神力無有邊」〔註37〕。「蓮華世界」，亦稱法界；「法界不可壞」，是由於法界是與如來法身相等同。

如來法身是「法界」——「一」，其周遭世界萬法是「蓮華世界海」——「多」。所以六十《華嚴·十住品第十一》卷八：

> 所謂知一即是多，多即是一。隨味知義，隨義知味。知非有是有，知有是非有；知非相是相，知相是非相；知非性是性，知性是非性。

一、多相即；義、味無二；非有、有，非相、相，非性、性，不一不二。此乃是《阿含》、《般若》中道說的進一步發展。「一即是多」之「一」：落在因位爲眾生、事法界、多，在果位是如來藏、空性、涅槃、佛性、自性清淨

〔註33〕《大藏經》8 冊，第 574 中頁。
〔註34〕《大藏經》8 冊，第 260 下—261 上頁。
〔註35〕《大藏經》8 冊，第 551 中頁。
〔註36〕《大藏經》25 冊，第 508 下頁。
〔註37〕六十《華嚴·盧舍那佛品第二之一》卷三。

心、理法界。一多相即表明：如來與萬法相融，萬法之間亦相即無礙，因爲如來法性即在一切法身之中。一多相即，意味著法法平等，也意味著「華藏莊嚴世界海」。這是《華嚴經》的中心思想。一多相即，爾後也就成了華嚴宗的宗旨──「一即一切，一切即一」的理論來源。

　　一多相即，用華嚴宗的話來說，即理事圓融或者如來藏緣起。

　　如來藏在《華嚴經》中有確證。首先，有其名：如六十《華嚴·金剛菩薩迴向品第二一之一》卷一五：「以不可盡諸方便，迴向無盡如來藏，發起無上菩提心。」六十《華嚴·如來性起品第三二之四》卷三七：「爲饒益眾生，令悉開解故，以非喻爲喻，顯現眞實義，如是微密法，無量劫難聞，精進智慧者，乃聞如來藏。」六十《華嚴·入法界品第三四之一五》卷五九：「慈悲爲胞胎，菩提分肢節，長養如來藏，增益功德藏。」其次，更有如來藏之實義，如六十《華嚴·寶王如來性起品》卷三五：

> 如來智慧無處不至。何以故？無有眾生，無眾生身如來智慧不具足者，但眾生顛倒，不知如來智；遠離顛倒，起一切智、無師智、無礙智。佛子，譬如有一經卷，如一三千大千世界，大千世界一切所有無不記錄。……彼三千大千世界等經卷，在一微塵內，一切微塵亦復如是。……佛子，如來智慧、無相智慧、無礙智慧，具足在於眾生身中。但愚癡眾生顛倒想覆，不知、不見。〔註38〕

這段經，一直被視爲《華嚴經》中如來藏說的經典範文。三千大千世界在一微塵內，譬如如來智慧在眾生身內；「一切微塵亦復如是」，就是一切眾生都有如來智慧。如來藏在眾生身中，但眾生愚癡不見如來藏。

　　此外，《華嚴經》的「金喻、寶喻，特別是華藏所象徵的意義，即使還沒有明確地提到如來藏一詞，但是，如來藏說，已確乎達到了呼之欲出的階段。」〔註39〕

　　如來藏說的形式與內容，於《華嚴經》中無不具備。

　　《華嚴經》不主唯心說，可是「心如工畫師，畫種種五陰，一切世界中，無法而不造；如心佛亦爾，如佛眾生然，心佛及眾生，是三無差別。」（六十《華嚴·菩薩說偈品第十六》卷十一）〔註40〕「三界虛妄，但是心作。」（六

〔註38〕《大藏經》9 冊，第 623 下─624 上頁。

〔註39〕印順：《如來藏之研究》，第 102 頁。

〔註40〕義亦可參考八十《華嚴》，《大藏經》10 冊，第 102 上、中頁。

十《華嚴・十地品・第六現前地》卷二六）〔註41〕「心」儼然是一形而上的
本體，宇宙的創造者、主宰者，是神我。實際上，《華嚴經》之「心」決無此
義。此「心」爲後期大乘如來藏說所改造並吸收，並發展成爲宇宙本體論式
的實有之「心」。這是如來藏說發展的否定之否定階段──般若之空是對小乘
之有的否定，《華嚴經》之心又是對般若之空的否定。華嚴的三界唯心說，對
大乘後期的涅槃佛性如來藏說，以及中國哲學的心性說都有著深刻的影響。
「華嚴的唯心說，當然是心性本淨的。」〔註42〕《華嚴經》的心，又是後來
心性本淨的如來藏的異名。

　　前期大乘的如來藏是空；後期大乘的如來藏則不空，是如來藏心性本淨
之實有。

四、大乘後期的如來藏說及其經典

　　緣起法進入大乘後期的表現是涅槃佛性的如來藏說。由此而展開的如來
藏說則強調：一切眾生悉有佛性，是眞實有，而非虛妄不實。前者是整個如
來藏說的特點，後者則是大乘末期的如來藏說的特點。

　　大乘後期的如來藏說，其主要關注的問題──是佛性（佛的功德）的有
無，對這一問題的回答，當然是肯定的。而其答案就在如來藏經典中。「公元
三世紀起，如來藏經典，次第流傳出來。」〔註43〕大乘後期的如來藏說所依
據的經典主要有七部：一、《大方等如來藏經》現存晉佛陀跋陀羅、唐不空所
譯的二本；二、晉法顯所譯的《大般泥洹經》六卷，與北涼曇無讖所譯的《大
般涅槃經》（初分）前四品（十卷）相當；三、《大雲經》──《大方等無想
經》現存殘本七卷，也是曇無讖譯的；四、《大法鼓經》二卷；五、《央掘魔
羅經》；六、《勝鬘經》二卷（該三部經，都是宋元嘉年間，求那跋陀羅所譯）；
七、《不增不減經》一卷，元魏菩提流支譯。

　　諸經雖說法門相通，但因傳出的先後不同，內容亦有別。《如來藏經》：受
《華嚴經》的影響，多用比喻來說明在煩惱覆藏中，一切眾生有如來藏；依晉
譯本，佛性、佛藏、如來性，都是如來藏的異名。《大般涅槃經》（初分）前四
品：說如來常住的大般涅槃，不同於二乘所見的入滅；如來常住，所以一切眾

〔註41〕義亦可參考八十《華嚴》，《大藏經》10 冊，第 194 上頁。
〔註42〕印順：《如來藏之研究》，第 104 頁。
〔註43〕「成立於三世紀的中觀論典，還沒有提到如來藏說。」──印順：《如來藏
　　　　之研究》，第 147 頁。

生悉有佛性，如卷七：「我者，即是如來藏義；一切眾生悉有佛性，即是我義」；一切眾生悉有佛性，佛性即如來藏我，「我者即是佛義，常者是法身義，樂者是涅槃義，淨是法義。」〔註44〕《大方等無想經》卷一：「一切眾生皆有佛性，其性無盡。……令諸眾生明見佛性，得見如來常樂我淨。」〔註45〕《央掘魔羅經》：以央掘魔羅執劍害佛為緣起，受文殊執劍法門的影響，呵斥諸天、聲聞大弟子、文殊的空行；一再說「一切眾生有如來藏」、「如來常恒不變如來之藏。」〔註46〕《大法鼓經》：從「眾生和合施設」說起，說到眾生的不增不減；所以「眾生般涅槃者，為有盡耶？為無盡耶？佛告迦葉：眾生無有盡」；「般涅槃者，悉皆常住」；〔註47〕該經又可說是《法華經》的如來藏化。《勝鬘經》也受到《法華經》的影響，說「正法」，二乘涅槃的不真實，闡明一乘而說到如來藏；如「得一乘者，得阿耨多羅三藐三菩提；阿耨多羅三藐三菩提者，即是涅槃界；涅槃界者即是如來法身」；「如來法身不離煩惱藏，名如來藏」；「如來藏者，……自性清淨藏」。〔註48〕《不增不減經》：從眾生的不增不減，說「第一義諦」的甚深，如《經》上曰：「甚深義者即是第一義諦，第一義諦者即是眾生界，眾生界者即是如來藏，如來藏者即是法身」；依眾生界說如來藏又有三義，「眾生界中示三種法，皆真實如不異不差。何謂三法？一者如來藏本際相應體及清淨法，二者如來藏本際不相應體及煩惱纏不清淨法，三者如來藏未來際平等恒及有法。」〔註49〕三法之第一，是如來藏不空義；第二，是如來藏空義；第三，是如來藏法的平等、永恒、真實有。就「如來藏未來際平等恒及有法」，《不增不減經》解釋說：「即是一切諸法根本，備一切法、具一切法，於世法中不離不脫真實一切法，住持一切法，攝一切法。……我依此不生不滅、常恒清涼、不變歸依，不可思議清淨法界。」〔註50〕如來藏不生不滅、常恒不變，是一切法的所依體。《勝鬘經》義也與此相同。

此外，還有論，如《究竟一乘寶性論》《無上依經》《大乘法界無差別論》，《無上依經》是論經。《寶性論》與《無上依經》說到了如來藏的諸功德：佛界、佛菩提、佛德、佛業等；《法界無差別論》的十二義，則以菩提心為主題。

〔註44〕　《大藏經》12 冊，第 377 中頁。
〔註45〕　《大藏經》12 冊，第 1082 下頁。
〔註46〕　《大藏經》2 冊，第 540 下頁。
〔註47〕　《大藏經》9 冊，第 293 上頁、294 下頁。
〔註48〕　《大藏經》12 冊，第 220 下頁、221 下頁。
〔註49〕　《大藏經》16 冊，第 467 中頁。
〔註50〕　《大藏經》16 冊，第 467 下頁。

二論一經共同探討的是如來藏的功德問題。

　　較前期如來藏說而言，後期大乘經典如來藏說的一個總的特點是，一切眾生悉有佛性。佛性即如來藏。佛性如來藏，乃「法性如來藏」。法性如來藏乃一切法具有佛性。這一思想，包括《楞伽經》等，成爲了此後如來藏及中國佛教學說的主流。

第二節　如來藏緣起說

　　如來藏說造於印度；如來藏緣起說則是中國自造，確切地說造於《起信論》。「斯論之作固出於梁陳小兒。」〔註 51〕大、小乘的如來藏說，主要解決了「一切眾生悉有佛性」的問題；而解決「如何有」的問題的，則是如來藏緣起說。何謂如來藏緣起說？如來藏緣起說，指的是萬法如何以如來藏爲依持而起，又如何以如來藏爲依持而滅；用哲理來說，就是理如何起事，事如何復歸於理。

一、《起信論》的如來藏緣起要義

何謂如來藏？《起信論》曰：

> 從本已來，性自滿足一切功德。所謂自體有大智慧光明義故，遍照法界義故；眞實識知義故，自性清淨義故，常樂我淨義故，清涼不變自在義故；具足如是過於恒沙，不離、不斷、不異，不思議佛法，乃至滿足無有所少義故，名爲如來藏，亦名如來法身。〔註 52〕

「不離、不斷、不異」，指中道；「無有所少」，無有一法不爲如來藏所含攝。《起信論》的如來藏，是「大智慧」、「自性清淨」、「常樂我淨」、「清涼不變自在」、中道。如來藏是眞如，猶如老莊之道般，絕待無二；它是形而上的道體、性體、心體。總其義如來藏又即爲一心。一心要開出二門。一心開二門，即：

> 依一心法，有二種門。云何爲二？一者，心眞如門；二者，心生滅門。
>
> 是二種門皆各總攝一切法。此義云何？以是二門不相離故。〔註 53〕

《起信論》的所謂「一心二門」：就是把「一心」，視作能夠生起宇宙萬物的「眞如心」，「一心」與「眞如心」相等同；「眞如心」有生起萬物的功能，其自身不生不滅，恒常自在。爲其所生的具體事物則有生有滅，轉瞬即逝，故

〔註 51〕王恩洋：《中國佛教與唯識學》，第 92 頁。
〔註 52〕（梁）眞諦：《大乘起信論校釋》，中華書局 2000 年版，第 101 頁。
〔註 53〕同上，第 16 頁。

為「生滅心」。「眞如心」能生，「生滅心」所生。能、所不二。一切世間的染、淨因果，皆以此「一心」為依止。從宗教觀來看，佛見眞如心，眾有情見生滅心，其實都是一如來藏自性清淨心所顯現；從體用觀來看，「眞如心」是體，「生滅心」是用，體用不即不離。從義理來說，一心（如來藏）有三種表象：「一者體大，謂一切法眞如平等不增減故；二者相大，謂如來藏具足無量性功德故；三者用大，能生一切世間、出世間善因果故。」〔註54〕如來藏因具足一切功德，在聖不增、在凡不減，所以能生一切世間、出世間善惡因果。亦即一心開二門：心眞如門（出世、果、淨），心生滅門（世、因、染）。視角不同，名稱形式雖有差別，但皆可說是同「一心」的眞相實用而已。

一心二門：「不染而染，明性淨隨染舉體成俗，即生滅門也；染而不染門，即染常淨本來眞諦，即眞如門也。」（《探玄記》卷十三）〔註55〕此意味著如來藏定要緣起：「不染而染」，體即用；「染而不染」，用即體。也就是說，萬法因如來藏而「舉體成俗」，如來藏亦因萬法而「即染常淨」。如來藏者即眞如體：

> 此眞如者依言說分別，有二種義。云何為二？一者如實空，以能究竟顯實故；二者如實不空，以有自體具足無漏性功德故。……依一切眾生以有妄心，念念分別，皆不相應，故說為空；若離妄心，實無可空故。所言不空者，已顯法體空無妄故；即是眞心，常恒不變，淨法滿足，則名不空；亦無有相可取，以離念境界，唯證相應故。
> 〔註56〕

「不相應」，一切妄法體無自性，眞如卻是有自體的，所以不相應；「相應」，掃除一切妄法，使眞心顯現，名相應。所謂「空」是眞如使妄染成空，又名空如來藏；所謂「不空」是眞如具足大智慧光明等功德，亦名不空如來藏。「空如來藏，若離、若脫、若異，一切煩惱藏。世尊，不空如來藏，過於恒沙，不離、不脫、不異，不思議佛法。」（《勝鬘經》）〔註57〕依於如來藏的煩惱等有為法，是空的；依於如來藏，與之不離不異、無量無邊的不思議佛法，則是不空的。如來藏是一切法的無差別性，但於佛顯為相應不空之本體，於眾有情則顯為不相應空之幻有。

〔註54〕同上，第 12 頁。
〔註55〕《大藏經》35 冊，第 347 中頁。
〔註56〕《大乘起信論校釋》，第 21、22 頁。
〔註57〕《大藏經》12 冊，第 221 下頁。

如來藏緣起，於《起信論》則意味著一心顯現萬法。如：

> 三界虛僞，唯心所作。離心則無六塵境界。此義云何？以一切法皆
> 從心起妄念而生。一切分別即分別自心，心不見心，無相可得。當
> 知世間一切境界，皆依眾生無明妄心而得住持。是故一切法，如鏡
> 中像，無體可得，唯心虛妄。以心生則種種法生，心滅則種種法滅。
> 〔註58〕
>
> 是心從本已來，自性清淨而有無明；爲無明所染，有其染心；雖有
> 染心，而常恒不變。〔註59〕

六十《華嚴·十地品·第六現前地》有：「三界虛妄，但是心作。」《起信論》
這裏明顯地將此「心」實體、本體化。該「心」絕待無二，自性清淨，但能
生萬法。《起信論》的「心」「自性清淨」實就是如來藏的異名。如來藏，亦
因《起信論》而完全心性化了。

心性如何緣起萬法？

位於三法印之首的「諸行無常」，概括了一切世間法的特質。「行」是一
切有爲法，實起於一心之想念。「一切法皆是想念中而成立故，是故一切悉是
想也。」（《探玄記》卷八）〔註60〕萬法不離一心之想、念，只有念念不住，
前念、今念、後念，念念不斷，才能有法法相續、變幻無常。「若一念斷絕，
法身即離色身；念念時中，於一切法上無住；一念若住，念念即住，名繫縛；
於一切法上念念不住，即無縛也。此是以無住爲本。」（《壇經》）萬法因一念
心之無住而得以存在。所以萬法是無常的，而恒常不變的則是一心。自性清
淨心，是一切無常法的根本所依。

《起信論》的如來藏緣起說主要是以「一心開二門」來表達的，實即心
性緣起。此外，《起信論》中的「本覺」說，亦是如來藏緣起說的一種獨特表
現方式；「本覺」，即法性，即如來藏自性清淨心。

二、法藏的如來藏緣起論

緣起法是整個佛法的奠基石，法藏和其前人殫精竭慮，創造性地將該大
法發展爲性起、法界緣起，以及如來藏緣起三門。

〔註58〕《大乘起信論校釋》，第55、59頁。
〔註59〕同上，第61頁。
〔註60〕《大藏經》35冊，第272下頁。

（1）性　起

所謂性起，智儼《華嚴孔目章・性起品明性起章》卷四：

> 性起者，明一乘法界，緣起之際，本來究竟，離於造修。何以故？
> 以離相故，起大解大行，離分別菩提心中，名爲起也。由是緣起性
> 故，說爲起。起即不起，不起者是性起。

「一乘法界」，指華嚴圓教一乘。該教因理性體融，而冠於五教之首（小乘教、始教、終教、頓教、一乘教）。「性」，眞如法性；「起」，顯現。華嚴圓教之性體在因爲因，在果爲果，所以理事平等一如，「起即不起」。「三乘緣起，緣聚即有，緣散則離；一乘緣起，緣聚不有，緣散未離。」（《華嚴孔目章・融會三乘決顯明一乘之妙趣》卷四）華嚴圓教一乘，乃是緣聚不有，緣散不無。此乃「有」即「無」，用即體。

法藏《妄盡還源觀》曰：「依體起用，名爲性起」。「體」有一體：

> 一體者：謂自性清淨圓明體，然此即如來藏中法性之體。從本以來
> 性自滿足，處染不垢，修治不淨，故云自性清淨。性體遍照無幽不
> 燭，故曰圓明。又隨流加染而不垢，返流除染而不淨。亦可在聖體
> 而不增，處凡身而不減。（《妄盡還源觀》）

「體」是自性清淨心，即如來藏中眞如法性淨體。「體」超染離淨，性自具足，在聖不增、在眾生不減。體不離用。「用」有二用：

> 依前淨體起於二用。一者海印森羅常住用。言海印者，眞如本覺也。
> 妄盡心澄，萬象齊現，猶如大海因風起浪，若風止息海水澄清無象
> 不現。《起信論》云：無量功德藏法性眞如海，所以名爲海印三昧也。
> 經云：森羅及萬象，一法之所印；言一法者所謂一心也，是心即攝
> 一切世間、出世間法。……二者法界圓明自在用。是華嚴三昧也。
> 謂廣修萬行稱理成德，普周法界而證菩提。（《妄盡還源觀》）

「海印」，眞如本覺也，即如來藏自性清淨心；「法界」，「法界即是一心，諸佛證之以成法身。」（《探玄記》卷一）〔註61〕「法界」即是如來藏自性清淨心。這裏的華嚴三昧與海印三昧區別是：華嚴三昧強調因行，「以行門無礙稱一切自在，華嚴是行法」〔註62〕；海印三昧則強調果滿。兩三昧分別是「佛

〔註61〕《大藏經》35 冊，第 120 上頁。
〔註62〕同上，第 189 中頁。

的海印三昧和普賢的華嚴三昧」〔註63〕。所以「性起」即是世間森羅萬象的當下顯現，此乃「法界圓明自在用」也；即萬法是依如來藏自性清淨心而起；或謂用由體顯，體用相即。

性起的特點是：「性起唯淨，緣起通染淨。性起唯約理，緣起約事。若以染奪淨，則屬眾生，故名緣起。今以淨奪染，屬諸佛，故名性起。又從緣無性方顯性起，故緣起即性起。由見緣起推知性起，故性起即緣起。」（《金師子章光顯鈔》〔註64〕）法藏的性起「唯淨」，而「通染淨」的則是其法界緣起、如來藏緣起。

（2）法界緣起

何謂法界緣起？法界緣起也叫無盡緣起，一言以蔽之：「一即一切，一切即一」；約理說——理事圓融，約事說——事事無礙；比喻地說，即果位的海印三昧，因位的華嚴三昧。華嚴人的「十玄門」就是法界緣起的經典理論闡釋。法界緣起有三義：「一約染法緣起，二約淨法，三染淨合說」。（《探玄記》卷十三）〔註65〕法藏的淨法緣起，實是專指性起而言。「法界者，是如來藏體。」（《探玄記》卷六）〔註66〕所以，法界緣起的「染法」「淨法」「染淨合說」諸緣起，可統稱為如來藏緣起。也就是說如來藏緣起即法界緣起。

（3）如來藏緣起

所謂如來藏緣起，即指萬法如何因如來藏而生，又如何因如來藏而滅。對於這個問題，《華嚴經旨歸·說經佛第三》：

> 如來藏雖作眾生，而不失自性。

如來藏自體則無有生滅。所以萬法能以如來藏為依止。

《探玄記》卷十三曰：

> 如來藏不守自性，隨緣顯現八識、王數、相見種現。……如來清淨藏，世間阿賴耶，如金作指環，展轉無差別。〔註67〕

「八識」，本識（第八識）與轉識（前七識）；「王數」，心王、心所；「相見」相分、見分。謂如來藏不守自性，隨緣起事，如金作器，種種有別，但金性

〔註63〕呂澂：《中國佛學源流略講》，第363頁。
〔註64〕方立天：《華嚴金師子章校釋》，第58頁。
〔註65〕《大藏經》35冊，第344中頁。
〔註66〕《大藏經》35冊，第234中頁。
〔註67〕《大藏經》35冊，第347上頁。

不改。就八識而言，皆依如來藏而平等顯現，八識本身沒有自體，猶如海浪有種種相，但離海水悉無所有。

又宗密《禪源諸詮集都序》云：

> 一心者，名如來藏。能遍興造一切趣生，造善造惡，受苦受樂。（卷上之二）

> 但以此心靈妙，自在不守自性。故隨迷悟之緣，造業受報，遂名眾生；修道證真，遂名諸佛。又隨緣而不失自性，故常非虛妄，常無變異不可破壞，唯是一心。（卷下之一）

法藏的如來藏實即是《起信論》中的「眾生心」。此心清淨一如，絕無對待，世、出世間一切法皆以之為依持。「一心名如來藏。」（《大乘起信論別記》）如來藏即是一心。「一切世間法唯是自心變異所作，心為其本。」（《探玄記》卷四）〔註68〕「一切世間境界悉於中現，不出不入、不失不壞，常住一心。」（同上）〔註69〕世間法不離一心（如來藏）。出世間法亦如此，如：智儼〔註70〕《華嚴孔目章·請分中轉依章》卷三：「如來藏先為生死依，後轉為法身為究竟依」；「凡諸有心悉有佛性，以諸妄念必依於真，由真力故，令此妄念無不返流。」（《大乘起信論義記》卷中末）「真」，佛，即一心（如來藏）也。世間法、出世間法皆以一心為所依持。所以「心佛及眾生是三無差別」（《探玄記》卷十九）〔註71〕；「眾生界、法界無二無別，即此法身以惑污故，流轉五道名為眾生。」（《探玄記》卷六）〔註72〕佛、眾生、一心，本來無別；因為佛、眾生皆依一心而起，亦依一心而滅。故惟有一如來藏自性清淨心「常無變異不可破壞」，此外別無所有。此心不守自性，所以「能遍興造一切趣生」。

心之想、念相續不斷，所以「心」體無著，所以「心」即能生萬法。「心造有三種：一轉識分別作，二本識隨薰作，三真心依持作。皆心作故不有，心作故不無，是故無著也。」（《探玄記》卷八）〔註73〕一切法皆以無著之心為依止。此即為如來藏緣起萬法之故。

〔註68〕《大藏經》35 冊，第 180 中頁。
〔註69〕《大藏經》35 冊，第 181 上頁。
〔註70〕未標明作者的著作，一律是法藏，除此均已標明。
〔註71〕《大藏經》35 冊，第 471 中頁。
〔註72〕《大藏經》35 冊，第 227 中頁。
〔註73〕《大藏經》35 冊，第 209 下頁。

「如來藏，二門分別：一者喻說，二者法說。」（《大乘起信論別記》）如來藏的意義有兩種：一是「喻說」——譬如幻巾作兔，此兔生即是死，因為幻有就是空無〔註74〕；「巾喻眞如如來藏，兔喻眾生生死等」（《大乘起信論別記》），「巾」之「如來藏」是佛法之空無，「兔」之「眾生」是佛法之幻有；此即爲「喻說」。二是「法說」——即如來藏緣起亦是佛之大法之一。

《金剛經》云：「凡所有相，皆是虛妄。」如來藏緣起也是一種方便施設。但作爲對宇宙人生探討的文化現象，如來藏緣起說卻是眞理。

小　結

如來大法本是言語道斷，心行處滅。但如來藏緣起、法界緣起則是法藏圓融之「理」的充分表述。在此需要釐清幾點的是：

其一、圓融之「理」有染、淨之分。性起指淨法而言，性即中道、眞空、眞如、佛性之淨體也。如來藏緣起、法界緣起指染淨合說而言，如來藏、法界乃即染即淨也。此意味著眾生有眞佛性，佛亦不斷染性，一切諸法乃至眾生、諸佛，平等互即，圓融無礙。

其二、如來藏緣起、法界緣起有區別。宗密在《圓覺經略疏》中指出「如來藏」與「法界」的區別是：一者在有情數中名如來藏，在非情數中名法界性；二者謂法界則情器交徹心境不分，如來藏則但語諸佛眾生清淨本源心體。如來藏、法界，分別與佛性、法性（「法性即是法界」〔註75〕）對應著。

其三、華嚴宗雖然提倡眾生本來是佛，但他們區分「法性」和「佛性」，以法性爲無情之性、佛性僅就有情而言，以及以清淨心爲佛性的思想，對當時天台宗的思想衝擊非常大〔註76〕。這不是法藏的圓融之「理」的初衷，而是華嚴宗後來發展的一種趨勢。法藏的圓融之「理」實開「無情有性」說的先河。《華嚴經義海百門‧體用顯露門第五》：「名佛性者，謂覺塵及一切法。從緣無性名爲佛性。經云：三世佛種，以無性爲性。此但一切處，隨了無性即爲佛性。不以有情故有，不以無情故無。今獨言有情者，意在勸人爲器也。常於一塵一毛之處，明見一切理事，無非如來性。」　圓融之理「不以無情故無」佛性，「一切理事，無非如來性」。

〔註74〕《大藏經》35 冊，第 191 上頁。
〔註75〕智顗：《法華玄義》卷十上。
〔註76〕俞學明：《湛然研究》，中國社會科學出版社 2006 年版，第 182 頁。

　　其四、如來藏緣起與前述的眞如緣起不同。眞如緣起是專指淨法（性起）而言，如來藏緣起則包含染淨合說而言。

　　其五、「眞該妄末，妄徹眞源；性相通融，無障無礙」（《五教章》卷四）。「眞」「性」指緣起大法，「妄」「相」指如來藏緣起、法界緣起等。如來藏緣起、法界緣起，以及性起均是施教方便之權，佛陀的緣起大法才是實。也就是說，三者只有語言表現的形式差異，其實質是相同的。

第五章　圓融之「理」與天台宗的因緣以及對華嚴宗自身發展的影響

　　佛教東漸以後，魏晉南北朝是以認識、翻譯、介紹佛教典籍爲主，隋唐佛教則大興，且逐漸地本土化、中國化。佛教中國化的結果是三論宗（中觀宗）、天台宗、華嚴宗（賢首宗）、唯識宗、禪宗、淨土宗、律宗、密宗等八大宗的建立。法藏所創立的華嚴宗，實際上是受傳統文化（主要是形而上之道及其實有性）的影響，以及對天台、唯識諸宗的吸收、利用、改造的結果。尤其是天台智者大師（538～598），其學說與法藏（643～712）的圓融之「理」有著直接的聯繫。而法藏的圓融之「理」又給華嚴宗的後繼者澄觀（737～838，或738～839）、宗密（780～841）以深刻的影響。

第一節　圓融之「理」與智者大師的「圓融三諦」

一、「圓融三諦」

　　天台宗大成於智顗。智顗一生講述甚豐，如《法華玄義》、《法華文句》、《摩訶止觀》，世稱三大部；《觀音玄義》、《觀音文句》、《觀經義疏》、《金光明經玄義》、《金光明經文句》，世稱五下部；以及《維摩經疏》等約三十餘部。該系列著述貫穿的一個根本思想即是「圓融三諦」，「圓融三諦，妙法也」〔註1〕。所謂三諦，乃俗諦、眞諦、中道第一義諦，智顗對此解釋說：「若法性無明合，有一切法陰界入〔註2〕等，即是俗諦；一切界入是一法界，即是

〔註1〕《法華玄義》卷一上。
〔註2〕即「五陰十二入十八界」；又「十法界通稱陰入界」——見《摩訶止觀》卷

眞諦；非一非一切，即是中道第一義諦。」〔註3〕因「無明」而有「陰界入」等一切法，是俗諦假有；眞諦只有「一法界」之空（無「一切界」之假有）；中道第一義諦則是非有非無。實際上，空假中「三諦圓融，一三，三一。」〔註4〕何以如此？「因緣所生法，即空即假即中。因緣所生法，即空者，此非斷無也；即假者，不二也；即中者，不異也。」〔註5〕一切法爲因緣所生，故一切法即空即假即中。「即空即假即中者，雖三而一，雖一而三，不相妨礙」〔註6〕。此乃智者大師的本懷所繫。

智者大師的圓融三諦，具體體現爲四悉檀、觀心、如來藏，以及實相說。

1. 四悉檀

悉檀是印度話，智顗的解釋：「悉是此言（漢語），檀是梵語。悉之言遍，檀翻爲施。佛以四法遍施眾生。」〔註7〕周叔迦的解釋：悉檀意思是成就，即是四種成就眾生的方便，也就是推原佛說法的四種用義。悉檀的兩種解釋大體相同，均爲施權之方便義。所謂第一世界悉檀，就是就一般因緣的道理來敘說某一件事或理，乃普通所謂俗諦。第二爲人悉檀，因爲人人的心不同，所以就同一事理而隨各人的心器有不同的說法，令他得益。譬如對甲說有、說應當，或對乙便說無有、說不應當。第三對治悉檀，因爲人人的煩惱病不同，所以對治的方法也不同。譬如多瞋心的，教他修慈心；多貪心的，教他修不淨觀；多癡心的，教他修因緣觀。第四第一義悉檀，是就實相的道理來敘說某一件事或理。第一義悉檀有兩種：一是不可說，是三乘佛所證的眞實法；二是可說，是四門入實的方便──如一切實、一切不實、一切亦實亦不實、一切非實非不實，於此四句中由任何一句能通達諸法實相，便是第一義悉檀〔註8〕。

四悉檀是智顗教義開權顯實的第一方便施設。如《法華玄義》卷一下：「一悉檀通有四悉檀。論云：陰入界隔別是世界，因緣和合故有人是爲人，正世界破邪世界是對治，聞正世界得悟入是第一義。」《法華文句》卷四下：

五上。
〔註3〕《摩訶止觀》卷五上。
〔註4〕《法華玄義》卷二下。
〔註5〕同上。
〔註6〕《摩訶止觀》卷一下，《大藏經》46冊，第7頁。
〔註7〕《法華玄義》卷一下。
〔註8〕周叔迦：《周叔迦佛學論著集》下集，第943頁；或見《法華玄義》卷一下。

「約五濁論四悉檀者，劫命是世界，眾生見是為人，煩惱是對治，用三悉檀除其五濁，後為說大，一義悉檀也。」第一義悉檀是「實」，餘三悉檀是「權」。「四悉檀者，三是世間，是故為權；第一義是出世，是故為實。」(《法華文句》卷三下〔註9〕)

何謂權？何謂實？智顗說：「權是權謀暫用還廢，實是實錄究竟旨歸」〔註10〕。權是種方便手段，實才是究竟。「權」或是空、或是假、(因「俗有真無，凡夫為俗諦所攝，二乘為真諦所攝」〔註11〕，故) 或是中。「實」或心行處滅言語道斷、或真如、或「理」、或「中道」(「離斷常名中道非佛性中道」〔註12〕)。而「空有不二不異不盡」〔註13〕的中道是智顗開權所顯之「實相正體」〔註14〕。

為何立此權實？《摩訶止觀》卷三下云：

> 佛知眾生種種性欲，以四悉檀而成熟之。若人欲聞正因緣，為說三藏；欲聞因緣即空，為說通觀；欲聞歷劫修行，為說別觀；欲聞即中，為說圓觀。

智顗立權實完全是種方便施設。其最終目的乃「向以見理為實，實只是非權非實。」〔註15〕所謂「理」，乃即空即假即中的「實相正體」。「理為實，事為權」〔註16〕，權實亦即事理。

智顗的四悉檀主要目的是要服務於其圓融三諦義理的，另一方面也為了其「法華廢三權興一實」〔註17〕圓教服務的。

2. 觀　心

印度佛教釋迦牟尼佛有諸多具體的分身，如《華嚴經》中的盧舍那佛、《法華經》中的多寶佛等。此外，釋迦牟尼佛還有諸多具體的化身，如普賢、文殊、彌勒、觀世音菩薩等，他們猶如孔子的七十二賢弟子，銜著使命來到人間化導。而中國化的釋迦牟尼佛卻不然，其有普泛化傾向，這種傾向有兩個

〔註9〕朱封鰲：《妙法蓮華經文句校釋》，第339頁、第247頁。
〔註10〕《摩訶止觀》卷三下。
〔註11〕《摩訶止觀》卷三上。
〔註12〕《摩訶止觀》卷一下。
〔註13〕《法華玄義》卷一上。
〔註14〕「今佛所見為實相正體也。」——見《法華玄義》卷一上。
〔註15〕同上。
〔註16〕《法華文句》卷三下。
〔註17〕同上。

向度：一是物質（有形）化，二是精神（無形）化。佛的有形化是指廟宇化、寶塔化、石刻雕塑化、經卷化，以及化身於歷代高僧等。佛的無形化是指以言語形式所表現的真如、法界、如來藏、心性等，這些語詞與佛的效力相等同。《起信論》的「心真如門」概是最早將佛心性化的例證。「但是它（釋氏）都不管天地四方，只是理會一個心。」〔註18〕智顗也是唯「心」的。他說：

> 三界無別法只是一心作。心如工畫師造種種色。心構六道。……《華嚴》云：心佛及眾生是三無差別。當知己心具一切佛法矣。〔註19〕
>
> 十二因緣即是佛性。〔註20〕華嚴云：十二因緣在一念心中。〔註21〕
>
> 一念心即如來藏理。如故即空，藏故即假，理故即中。〔註22〕
>
> 一心即三，是真實相體也。〔註23〕

智顗的心能造一切法，一念心即三諦圓融。因而，須觀心。《法華玄義》卷八上：

> 心是法本者。釋論云：一切世間中，無不從心造。……心是理本者。若無心，理與誰含？……若不觀心，心闇不明。

如何觀？

> 觀心者，一心三觀。」（《法華文句》卷一下〔註24〕）
>
> 觀心者，正觀中道，不緣二邊。（《法華文句》卷二上〔註25〕）
>
> 觀心者，觀空不住空，觀假不住假，入中不住中。（《法華文句》卷二下〔註26〕）

觀心，即一心三觀，不執二邊。何謂一心三觀？

> 若一法一切法，即是因緣所生法，是為假名假觀也；若一切法即一法，我說即是空，空觀也；若非一非一切者，即是中道觀。一空一切空，無假中而不空，總空觀也；一假一切假，無空中而不假，總

〔註18〕朱熹：《朱子語類》8冊，第3013頁。

〔註19〕《摩訶止觀》卷一下。

〔註20〕《摩訶止觀》卷三下。

〔註21〕《摩訶止觀》卷九下

〔註22〕《摩訶止觀》卷一下。

〔註23〕《法華玄義》卷八上

〔註24〕朱封鰲：《妙法蓮華經文句校釋》，第72頁。

〔註25〕朱封鰲：《妙法蓮華經文句校釋》，第108頁

〔註26〕朱封鰲：《妙法蓮華經文句校釋》，第131頁。

　　　　假觀也：一中一切中，無空假而不中，總中觀也。即中論所說不可

　　　　思議一心三觀。（《摩訶止觀》卷五上）

一心三觀，即觀三諦圓融。

　　此「心」實即是佛的代稱。但「心不孤生，必託緣起」〔註27〕。心本身

亦是依緣而起。「三界無別法唯是一心作。今求心不可得，即一切空。觀心無

心、觀空無空，即無所得空。」〔註28〕求心亦終不可得，一切復歸於空。

3. 佛性如來藏

　　可以說，如來藏在中國是婦孺皆知的佛號。它其實也就是釋迦牟尼佛的

另一無形化身在影響、化導著眾生。

　　《大方等如來藏經》云：

　　　　一切眾生雖在諸趣煩惱身中，有如來藏常無染污。

又云：

　　　　一切眾生有如來藏。

《大方等如來藏經》偈頌云：

　　　　譬如貧人家，內有珍寶藏；主既不知見，寶又不能言；

　　　　窮年抱愚冥，無有示語者；有寶而不知，故常致貧苦。

如來藏體性清淨，雖「爲諸煩惱之所覆蔽」，但「此不淨中有眞金寶」，「眞金

寶者如來藏是」〔註29〕。

　　《大般涅槃經》卷七云：

　　　　我今普示一切眾生所有佛性，爲諸煩惱之所覆蔽，如彼貧人，有眞

　　　　金藏不能得見。如來今日普示眾生諸覺寶藏，所謂佛性。〔註30〕

　　《大般涅槃經》卷二十八云：

　　　　一切眾生悉有佛性，實不虛妄。〔註31〕

　　《大般涅槃經》卷十六云：

　　　　唯有如來、法、僧、佛性，不在二空，何以故？如是四法，常樂我

　　　　淨。是故四法不名爲空。〔註32〕

〔註27〕《摩訶止觀》卷一下。

〔註28〕《摩訶止觀》卷五下。

〔註29〕引語俱出自《大方等如來藏經》。

〔註30〕《大般涅槃經》，宗教文化出版社2006年版，第135頁。

〔註31〕《大般涅槃經》，第530頁。

〔註32〕《大般涅槃經》，第307頁。

> 一切眾生有如來藏，有佛性。如來藏即佛性，佛性即常樂我淨，為
> 實有。

《起信論》云：

> 依如來藏故有生滅心。

此意味著依止「如來藏自性清淨心」，眾生才有生滅之染心。眾生本來是覺悟的，但煩惱所覆，不識自家寶藏，沉湎於生死輪迴的苦海中而不覺，即所謂的「依本覺故而有不覺」。亦即如來藏心受到無明的薰習，就能生起萬法；如來藏心薰習無明，則是萬法還滅、返本還源的覺悟過程〔註33〕。

如來藏諸經典不提「一切法悉有佛性」。由此可見，如來藏、佛性是針對眾有情而言的。如來藏體性常樂我淨，此亦即《起信論》中的「本覺」。

智顗的佛性主要是三因佛性。其在《金光明經玄義》中云：

> 云何三佛性？佛名為覺，性名不改，不改即是非常非無常，如土內
> 金藏，天魔外道不能壞，名正因佛性；了因佛性者，覺智非常非無
> 常，智與理相應，如人善知金藏，此智不可破壞，名了因佛性；緣
> 因佛性者，一切非常非無常，功德善根資助覺智，開發正性，如耘
> 除草穢，掘出金藏，名緣因佛性。

正因佛性是眾生能夠成佛的內在根據，此與如來藏諸經典中的佛性意思相同。了因佛性即我們所運用的般若智慧，緣因佛性即我們平時所做的一切事情〔註34〕。三因佛性相輔相成，缺一不可。智顗在早期撰述的《次第禪門》裏引用《涅槃經》說，佛性有五種名，「亦名首楞嚴，亦名般若，亦名中道，亦名金剛三昧大涅槃，亦名禪波羅蜜」〔註35〕。重要的則是三因佛性。

三因佛性是智顗的創造。宋代遵式就此評論說：「天台所談佛性，與諸家不同。諸家多說一理真如名為佛性，天台圓談十界，生佛互融，若實若權，同居一念。一念無念，即了因佛性；具一切法，即緣因佛性；非空非有，即正因佛性。是即一念生法，即空假中，……圓妙深絕，不可思議。」〔註36〕「一理真如」，即淨性；「生佛互融」，即染淨合。智顗的佛性是空假中三諦圓融，而非僅以清淨心（淨性）為佛性。

〔註33〕牟宗三：《佛性與般若》，第463頁。
〔註34〕李四龍：《天台智者研究》，北京大學出版社2003年版，第157頁。
〔註35〕《摩訶止觀》卷九下。
〔註36〕遵式：《天竺別傳》卷下，《續藏經》第二編第一輯第六套第二冊，第147A頁。

　　三因佛性是以更加思辨的形式，說明了「一切眾生悉有佛性」，一切眾生悉皆如來藏。智顗的如來藏說亦有其特點。他說：

> 如來藏即實相（《法華玄義》卷五下）；一切眾生皆有實相，本自有之，乃是如來藏之相貌也。（《法華文句》卷三下〔註37〕）

> 不離眾生界即如來藏。（《法華玄義》卷十上）

一切眾生本有如來藏。但智顗的如來藏更多的卻就無情而言的。如：

> 一佛乘即具三法，亦名第一義諦，亦名第一義空，亦名如來藏。（《法華玄義》卷五下）

如來藏是法華一乘。又如：

> 佛性即中道。因緣生法，一色一香無不中道。（《法華玄義》卷六下）

佛性是一色一香，是中道。再如：

> 一念心起即空即假即中者，若根若塵，並是法界，並畢竟空，並如來藏。（《摩訶止觀》卷一下）

如來藏是即空即假即中的圓融三諦。

> 「但空之理，不含萬德，非如來藏。」（《法華文句》卷六下〔註38〕）

「含萬德」，當然是無情、有情一起說的。

4. 實　相

　　相傳，智顗在天台山華頂峰降魔悟道時，有位神僧在定境中傳授「一實諦法」。智顗後來講「圓教但明一實諦」〔註39〕，借用了這個詞。《法華玄義》卷八下：

> 大經云：一實諦者，則無有二。無有二故，名一實諦。又一實諦，名無虛偽。又一實諦，無有顛倒。又一實諦，非魔所說。又一實諦，名常樂我淨。常樂我淨，無空假中之異。異則為二，二故非一實諦。

> 一實諦即空即假即中。

「一實諦」，實即指智顗的「實相」。智顗的圓融三諦，也可以其「實相」說來加以概括。

　　何謂實相？《法華經・方便品》卷一：「佛所成就第一希有難解之法，唯佛與佛乃能究盡諸法實相。所謂諸法：如是相、如是性、如是體、如是力、

〔註37〕朱封鼇：《妙法蓮華經文句校釋》，第279頁。
〔註38〕朱封鼇：《妙法蓮華經文句校釋》，第509頁。
〔註39〕《摩訶止觀》卷三下。

如是作、如是因、如是緣、如是果、如是報、如是本末究竟等。」是說，任一法即具該十如是相。「十」其實是個虛數，其表達的乃是無量數的意思。「實相」亦即智顗的宇宙本體論。智顗據此作了自己的理論發揮。《法華玄義》卷八上：

> 即中即假即空，不一不異，無三無一。二乘但一即，別教但二即，圓具三即。三即眞實相也。釋論云：何等是實相？謂菩薩入於一相，知無量相；知無量相，又入一相。二乘但入一相，不能知無量相。別教雖入一相，又入無量相，不能更入一相。利根菩薩即空故入一相，即假故知無量相，即中故更入一相。如此菩薩深求智度大海，一心即三，是眞實相體也。

利根菩薩（法華圓教）一心能觀空假中，是名「眞實相體」。實相一體有多名：

> 實相之體，只是一法，佛說種種名。亦名妙有、眞善妙色、實際、畢竟空、如如、涅槃、虛空佛性、如來藏、中實理心、非有非無中道、第一義諦、微妙寂滅等無量異名。（《法華玄義》卷八下）

種種異名，只是爲了從不同方面來說明實相而已。實相是一相、無相的：

> 云何一切法一相？所謂觀一切法無相。……觀一切法一相，一相無相。如是無量一切法悉皆一相，一相無相。（《法華玄義》卷三下）

> 實相之相無相不相，不相無相名爲實相。（《法華玄義》卷八下）

無相亦即中道：

> 無相，指中道爲實相也。（《法華文句》卷二下）[註40]

實相亦是眞空：

> 法華云：一切種相體性，皆是一種相體性。何謂一種？即佛種相體性也。……方等云：大空小空皆歸一空，一空即法性實相，諸佛實法。」（《摩訶止觀》卷七上）

實相以體起用，故有一切法：

> 體即實相，無有分別；用即立一切法，差降不同。（《法華文句》卷三下）[註41]

須注意的是，智顗三諦圓融破斥的乃對空無、假有、中道的分別執持，其主旨則是一念中即有三諦觀。如《摩訶止觀》卷六下：「（三諦）若論道理只在

[註40] 朱封鼇：《妙法蓮華經文句校釋》，第 160 頁。

[註41] 朱封鼇：《妙法蓮華經文句校釋》，第 246 頁。

一心。即空即假即中，如一剎那而有三相。三相不同，生住滅異。一心三觀亦如是：生喻假有，滅喻空無，住喻非空非有。」執持三諦中的任一端，乃非佛法。「無明有二：一迷理，二迷事」（《摩訶止觀》卷六下）。著事是無明，著理亦是無明。無所著、無所得才是眞佛，「佛法身者即是空也」（《摩訶止觀》卷六上）。「良以一心能即空假中者，一切山河石壁眾魔群道皆如虛空，一心三觀遊之無礙，終不去下陵高避山從谷，觸處諸塞皆通無礙。」（《摩訶止觀》卷七上）此乃圓融三諦的眞諦。

二、圓融之「理」與「圓融三諦」

圓融三諦實際上就是中道法，是不離有無的中道法；圓融之「理」也是中道法，是理必起事，事必有理的中道法；中道即「理」，所以圓融之「理」即圓融三諦。究起緣由，兩者都是源自於佛陀的緣起大法，兩者又分別是緣起大法的不同體現。圓融三諦是中道即假即空，圓融之「理」是理即事；圓融三諦是空假中圓融無礙，圓融之「理」是理事圓融無礙；圓融三諦乃「一色一香無非中道」〔註42〕、「一色一香無非佛法」〔註43〕、乃至「一色一切色、一識一切識、一眾生一切眾生」〔註44〕，圓融之「理」乃一即一切、一切即一。

因而，圓融之「理」與圓融三諦有很深的淵源。

但在「權實」這一論題上，兩者分歧嚴重。智顗主要以四悉檀爲其開權顯實的方便。但法藏出手就直指法體，不贊成「權」方便。他說：

> 定權實者，謂塵事是權，空寂是實。然實非實，以理不礙事故；權亦非權，以事體即空故。若作權解實解，此非善解；若知權實俱不可得，寄言以明法體，是名善解也。（《華嚴經義海百門・決擇成就門第十》）

法藏認爲，「若作權解實解，此非善解」。而在其它很多的論題上，智顗、法藏的觀點相同。如：

1. 唯心論

《華嚴經・夜摩天宮菩薩說偈品》：「心如工畫師，畫種種五陰；一切世界中，無法而不造。如心佛亦爾，如佛眾生然；心佛及眾生，是三無差別。諸佛悉了知，一切從心轉。」〔註45〕《華嚴經・十地品・第六現前地》：「三界虛妄，

〔註42〕《法華玄義》卷一下。
〔註43〕《法華文句》卷八上。
〔註44〕《摩訶止觀》卷十下
〔註45〕六十《華嚴經・夜摩天宮菩薩說偈品》卷十，《大藏經》9 冊，第 465 下頁。

但是心作。」〔註46〕《十地經論》：「三界虛妄，但是一心作。」〔註47〕《起信論》：「三界虛僞，唯心所作。」〔註48〕《華嚴經》的「心」本不預設任何立場。此正如呂澂所指出的那樣，《華嚴·十地品》第六地說到觀察緣起有「三界唯心」一句話，後世瑜伽一系的論著也時常用它作論據，好像唯心思想本來就發生於《華嚴經》似的。不過依照世親《十地經論》的解釋，經文用意在對治凡愚不明白向何處去求解脫，所以特別指出解脫的關鍵就在「心」。當然不能據此曲解《華嚴》思想爲唯心一類的〔註49〕。但中國化的佛教於此則發生了根本性的逆轉。天台、華嚴教義尤重此心，而且還將其推向了形上學的高度。

智顗在他的著作中，常把華嚴唯心偈引述爲「心如工畫師，造種種五陰，一切世間中，莫不從心造」。這個偈表達了心能緣起萬法的功能，宇宙萬物皆是從眾生心裏顯現出來的。又如：「釋論云：三界無別法，唯是一心作。心能地獄，心能天堂，心能凡夫，心能賢聖。」（《法華玄義》卷一上）「唯信此心但是法性。」（《摩訶止觀》卷五上）很顯然，智顗的心已是佛的異名。

法藏的心，同樣也是佛的代稱。如《妄盡還源觀》：「經云：森羅及萬象，一法之所印。言一法者，所謂一心也。是心則攝一切世間、出世間法。」心攝一切世間、出世間法。《華嚴經旨歸·釋經意第八》：「一切法皆唯心現，無別自體。」一切法乃以心爲體。《華嚴經義海百門·緣生會寂門第一》：「塵是心緣，心爲塵因；因緣和合，幻相方生。」因主緣從，幻相乃依「心」而生。《探玄記》卷四：「一切世間法唯是自心變異所作，心爲其本。」〔註50〕心爲一切法之大本。

總之，智顗和法藏視「心」爲佛。

2. 如來藏實我

佛教小乘主人無我，大乘主人無我、法無我。如此則因果報應無有承受者。中國佛教則一反印度佛教我、法二空觀，幾乎普遍地認同了以如來藏（佛性、心識）爲因果報應的實體。《摩訶止觀》卷六上：「我者即如來藏，如來藏者即是佛性。」《成唯識論》卷三：「若無此心誰變身器？復依何法恒立有

〔註46〕六十《華嚴經·十地品·第六現前地》卷二十六，浙江省佛教協會 2002 年版，第 380 頁。
〔註47〕《十地經論》卷八，《大藏經》26 冊，第 170 下頁。
〔註48〕《大乘起信論校釋》，第 55 頁。
〔註49〕呂澂：《中國佛學源流略講》，第 366 頁。
〔註50〕《大藏經》35 冊，第 180 中頁。

情？」〔註51〕隨著佛教在中國的進一步發展，如來藏不但成了因果報應的主體，而且還上昇到了宇宙論、本體論的高度，成了佛教的名副其實的形而上學範疇。這一點，中國佛教各宗各派，幾乎形成了共識。

智顗的如來藏通有情、無情。

法藏的如來藏亦通有情、無情。如「界是如來藏」（《探玄記》卷三〔註52〕），「界」通有情、無情，「界」即無界。「如來藏舉體隨緣成辦諸事，而其自性本不生滅，即此理事混融無礙。」（《探玄記》卷十三〔註53〕）如來藏能成諸事，理事因如來藏而「混融無礙」。

3. 一多相即

《華嚴經・菩薩十住品》：「知一即是多，多即是一。」〔註54〕一多相即，是天台與華嚴的宗旨。

智顗《法華文句》卷八上：「法華論法，一切差別融通歸一法。」〔註55〕《法華文句》卷八下：「觀一切法，皆無所有，猶如虛空，無有堅固，不生不出，不動不退，常住一相。」〔註56〕一切即一。《摩訶止觀》卷八上：「具十界百法不相妨礙。雖多不有，雖一不無。多不積，一不散。多不異，一不同。多即一，一即多。」一多相即。

法藏《華嚴經義海百門・種智普耀門第三》：「一多無礙，主伴相攝。一即一切，一切即一。」《華嚴五教章》卷四：「一即多，多即一。……一即一切，一切即一。」一多相即；一即一切。

4. 理事圓融

法藏的學說是以理事圓融（事事無礙）爲最終的歸宿。

智顗的三諦圓融可以歸結爲理事圓融，即空、假二諦是事，中道諦是理。如「二空理即是中道。」〔註57〕中道即是我、法二空之理。究竟何謂理、事？「一切法無住者，理也；一切法者，事也。」（《法華文句》卷三下〔註58〕）「佛

〔註51〕韓廷傑：《成唯識論校釋》，第 219 頁。
〔註52〕《大藏經》35 冊，第 157 上頁。
〔註53〕《大藏經》35 冊，第 347 上頁。
〔註54〕六十《華嚴經・菩薩十住品》卷八，浙江省佛教協會 2002 年版，第 125 頁。
〔註55〕朱封鼇：《妙法蓮華經文句校釋》，第 689 頁。
〔註56〕朱封鼇：《妙法蓮華經文句校釋》，第 750 頁。
〔註57〕《法華文句》卷八下，朱封鼇：《妙法蓮華經文句校釋》，第 756 頁。
〔註58〕朱封鼇：《妙法蓮華經文句校釋》，第 245 頁。

悉成就第一希有，至諸法實相即是理；所謂諸法如是相者，即是事。」（《法華文句》卷三下〔註59〕）事是萬法，理是萬法之實相。理、事關係究為如何？「即色是空，事中有理」（《法華文句》卷一下〔註60〕）；「觸事即理」（《法華文句》卷十下〔註61〕）；「事理二圓」（《《摩訶止觀》卷七下》）；「事理圓融」（《法華文句》卷八上〔註62〕）；「事理欲融，涉事不妨理，在理不隔事」（《法華玄義》卷五上）。理事圓融無礙。

若智顗學說的核心是一心三觀之中道，那麼法藏的學說核心則是法界。「即法界無法界，法界不知法界；若性相不存，則為理法界。不礙事相宛然，是事法界。合理事無礙，二而無二，無二即二，是為法界。」（《華嚴經義海百門・緣生會寂門第一》）邏輯上可將理法界、事法界強分為二，實際上法界是「二而無二，無二即二」，即理事無礙圓融。

因此可以說，法藏的理事圓融，即是智顗的三諦圓融。

5. 一切不可得

《般若經》說：「我不可得，……佛不可得。」〔註63〕因為一切法無自體，無自體乃空，故一切法亦空。這是佛法的根本。智顗、法藏亦不例外。

智顗說：「空破諸法。諸法是所破，空是能破。無復諸法，唯有空在。此空亦空。」（《法華文句》卷九上〔註64〕）一切皆空。「心本無名，亦無無名；心名不生亦復不滅。心即實相。」（《《法華玄義》卷一上）「實相為佛。」（《法華文句卷八上〔註65〕》）此「心」實即佛。但「求心不可得，求三千法亦不可得。」（《摩訶止觀》卷五上）求心、求佛，一切都空。

法藏亦說：「佛雖現我，然我求佛不得，以我即真而無我故。」（《探玄記》卷二〔註66〕）無我是真我、是佛，真我、佛即是空。「世間與涅槃二俱不可得。」（《探玄記》卷三〔註67〕）佛有有為世間、無為世間，亦有有為涅槃、無為涅槃；有為世間是凡位，無為涅槃是佛果；無為世間、有為涅槃是變異報。其

〔註59〕朱封鰲：《妙法蓮華經文句校釋》，第248頁。
〔註60〕朱封鰲：《妙法蓮華經文句校釋》，第64頁。
〔註61〕朱封鰲：《妙法蓮華經文句校釋》，第945頁。
〔註62〕朱封鰲：《妙法蓮華經文句校釋》，第680頁。
〔註63〕《摩訶般若波羅蜜經》卷三，《大藏經》8冊，第238頁。
〔註64〕朱封鰲：《妙法蓮華經文句校釋》，第759頁。
〔註65〕朱封鰲：《妙法蓮華經文句校釋》，第689頁。
〔註66〕《大藏經》35冊，第140上頁。
〔註67〕《大藏經》35冊，第160上頁。

實都是空。

6. 性具善惡

何謂性？三論吉藏指出：「經中有明佛性、法性、眞如、實際等，並是佛性之異名。佛性有種種名，於一佛性亦名法性、涅槃，亦名般若、一乘，亦名首楞嚴三昧、師子吼三昧，故名『大聖隨緣善巧』，於諸經中說名不同。」〔註68〕「性」即指佛性。而佛性有兩種含義：一「佛性是佛之體性」〔註69〕——即根本依，屬於淨法；二「佛者覺義，……性者，種子因本義」〔註70〕——即成佛的可能性，屬於染淨合。佛性的「佛之體性」（淨法）是不可言說的，所以一般的佛性義均指「成佛的可能性」（染淨合）。性具善惡之「性」即指成佛的可能性而言。

性具善惡，智顗與法藏觀點一致。

智顗《觀音玄義》卷上：「性之善惡，但是善惡之法門。性不可改，歷三代無誰能毀，復不可斷壞。」〔註71〕善惡之法，乃出於性，而性永無變異。「闡提不斷性德之善，遇緣善發。佛亦不斷性惡，機緣所激，慈力所薰，入阿鼻同一切惡事化眾生。」〔註72〕闡提有善性，佛亦有惡性。所以，「貪欲即是道，……貪欲即菩提」（《摩訶止觀》卷二下》）；「障即法身，貪恚癡即般若」（《法華文句》卷一下〔註73〕）。

法藏《華嚴發菩提心章》文末：「第十圓融具德門。……然此具德門中，一法法爾，性具善惡。……於一微塵中，現有三惡道天、人、阿修羅，各各受業報。如斯並是實事，非變化作；是法性實德，法爾如此也。」法藏認爲，性具善惡是眞理。故《華嚴經明法品內立三寶章・玄義章》卷下：「若人欲成佛，勿壞於貪欲。諸法即貪欲，知是即成佛。此經意：以『貪欲』即無性，故不可壞；『諸法即貪欲者』，即貪欲之無性，理也。若不爾者，豈貪是一切法體耶？」貪欲因無性、不可壞，乃理（性）也。

在此應區別的是：法藏的「性起」與「性具善惡」不矛盾。法藏解釋《起信論》的一心二門，說：「自性清淨心，不染而染，難可了知；染而不染，亦難

〔註68〕吉藏：《大乘玄論》卷三，《大藏經》45 冊，第 41 下頁。
〔註69〕隋・慧遠：《大乘義章》卷一，《大藏經》44 冊，第 827 頁。
〔註70〕隋・慧遠：《大乘義章》卷一，《大藏經》44 冊，第 472 頁。
〔註71〕《大藏經》34 冊，第 882 下頁。
〔註72〕同上。
〔註73〕朱封鰲：《妙法蓮華經文句校釋》，第 59 頁。

可了知。解云：不染而染，明性淨隨染舉體成俗，即生滅門也；染而不染，即染常淨本來眞諦，即眞如門也。」（《探玄記》卷十三〔註74〕）「染而不染」相當於「性起」的「起即不起」（智儼《華嚴孔目章・性起品明性起章》卷四）。實際上，法藏的「性起」依《起信論》的眞如門（淨法）而立，「法界緣起（如來藏緣起）」依《起信論》的生滅門（染淨合）而立。亦即「性起」是眞如的出纏，「法界緣起（如來藏緣起）」是眞如的在纏。世間的善惡法是依「法界緣起（如來藏緣起）」的，也就是說「法界緣起（如來藏緣起）」是世間善惡法的直接依；「性起」是「法界緣起（如來藏緣起）」的直接依，是世間善惡法的根本依，而不是直接依。「性起」之「起」無實義，只起著詞素湊足音節的作用。

天台與華嚴的關係由此可管窺一斑。華嚴對天台有繼承融合的成分，這一點是毋庸置疑的。而因其判教、修行法等與本題無關，故不贅述。通過天台與華嚴義理的比較，一個不經意的發現將會讓人永遠難以釋懷，即：近世中國社會的福兮禍兮全繫於一本書——《大乘起信論》。

第二節　圓融之「理」與華嚴宗之發展

澄觀、宗密是華嚴宗的傳承人。宋志磐《佛祖統記》分列澄觀、宗密爲華嚴宗的四祖及五祖。法藏的圓融之「理」至此二人，方爲大成其說。如果說澄觀主要側重的是圓融之「理」的理論建樹（「照著講」——「《清涼大疏》皆本於《探玄記》也」〔註75〕），那麼宗密注重的則是圓融之「理」的現實踐履（「接著講」——大力提倡禪教融合乃至三教融合）。

一、圓融之「理」與四祖澄觀

圓融之「理」對澄觀的影響，主要體現於：

（一）三聖圓融

澄觀在《三聖圓融觀門》中，明確了「三聖者，本師毗盧遮那如來，普賢、文殊二大菩薩是也。」三聖各何有所表？三聖之間關係如何？爲此，澄觀解答云：「一相對明表，二相融顯圓」——三聖既相對立，又相圓融。

三聖如何對立？普賢、文殊二大菩薩是因，毗盧遮那如來是果。

普賢、文殊亦各有所表，計有三對圓融。（1）能信所信相對：普賢表所

〔註74〕《大藏經》35 冊，第 347 中頁。
〔註75〕《楊仁山居士文集》，第 289 頁。

信之法界，即在纏如來藏；一切眾生皆如來藏，即普賢遍在一切眾生身中。文殊表能信之心，一切諸佛之所以發心弘願，是因爲皆有文殊能信之心而已。所以，經說文殊菩薩出生一切菩薩。文殊在先，普賢等諸菩薩在後；能信、所信其實無異。（2）解行相對：普賢表所起萬行，文殊表能起之解。「聞菩薩行，入解脫門」。解行相即。（3）理智相對：普賢表所證法界，即出纏如來藏，「普賢身相如虛空」，「虛空」乃是無處不在的如來藏眞空之理；文殊表能證大智。「理開體用，智分權實；以文殊二智（權、實），證普賢體用。」 理、智不二。「普賢理寂以爲心體，文殊智照爲大用。」體用亦圓融一如。

三聖如何相融？普賢、文殊二聖法門各自圓融。文殊因信成解而圓融——如有解無信，則增長邪見；有信無解，徒增無明；信解一如，初發心時，便成正覺。普賢則因行契理而圓融——理若無行，理終不顯；依體起行，行必稱體；由行證理，理無行外之理；由理顯行，行無理外之行。「不信自心有如來藏，非菩薩」。因此之故，普賢、文殊二聖法門相攝相融。「二聖法門既相融者，則普賢因滿，離相絕言，沒因果海，是名毗盧遮那。」二聖法門因滿即顯果海——毗盧遮那佛。毗盧遮那如來本就以一心通體用、遍因果。「心佛眾生無差別，若於心能了，則念念因圓，念念果滿」。

三聖固然圓融，但眾生如何「常見三聖及十方諸菩薩」，澄觀給出的答案是：「自心念念常有佛成正覺」，則讓人無所適從。「華嚴宗所設的種種觀門，理論面多於實踐面。」〔註76〕

三聖圓融，即因果交徹，理事無礙。

（二）理事十門與四法界

1. 理事　《華嚴經》創立的宗旨是解決眾生如何成佛的問題。「心佛及眾生，是三無差別」〔註77〕。《華嚴經》肯定一切眾生悉能成佛——「一即是多，多即是一」〔註78〕：一是佛，多是眾生。華嚴宗諸大德依此一、多原理，自創了「一即一切，一切即一」的理論。從哲理的角度來看，一是理，一切是事。可以說華嚴宗數代人殫精竭慮爲之奮鬥的，就是要解決理事關係問題。智儼的「十會」（十對）、法藏的十玄門，無不是對理事關係的闡述。澄觀敏銳地覺察到：「然上十對，皆悉無礙，今且約事理以顯無礙。」（《華嚴

〔註76〕聖嚴法師：《華嚴心詮》，第27頁。
〔註77〕六十《華嚴經·夜摩天宮菩薩說偈品》卷十一。
〔註78〕六十《華嚴經·十住品》卷八。

經疏》卷二〔註79〕）又「統唯一眞無礙法界，語其法性，不出事理。」（《華嚴經疏》卷五十四〔註80〕）事理關係，乃是全部華嚴精神的集中體現。依《華嚴法界觀門》，理事關係有十門。澄觀的闡釋分別是（以《華嚴經疏》卷二爲例〔註81〕）：

一、「理遍於事門，謂無分限之理，全遍分限事中，故一一纖塵理皆圓足。」《法界玄鏡》謂「眞理不可分」。

二、「事遍於理門，謂有分之事，全同無分之理，故一小塵即遍法界。」《法界玄鏡》謂「若不遍同，事有別體」。

三、「依理成事門，謂事無別體，要因理成，如攬水成波故。」《法界玄鏡》謂「眞如隨緣」。

四、「事能顯理門，謂由事攬理成，事虛而理實，依他無性即是圓成，如波相虛令水現。」《法界玄鏡》謂「法從緣則無性，況從無性理而成於事；事必無性故，從緣無性即是圓成」。

五、「以理奪事門，謂事既全理，則事盡無遺，如水奪波，波相全盡。」《法界玄鏡》謂「眞外無事故，則奪事也，如攬水爲波」。

六、「事能隱理門，謂眞理隨緣而成事法，遂令事顯理不現也，如水成波，動顯靜隱。法身流轉五道，名曰眾生。」《法界玄鏡》謂「以全理成事，事有形相，理無形相，事覆理故」。

七、「眞理即事門，謂凡是眞理，必非事外，以是法無我理。空即色故，理即是事，方爲眞理。」《法界玄鏡》謂「事隱於理而理不亡，理奪於事而事猶存」。

八、「事法即理門，謂緣集必無自性，舉體即眞。」《法界玄鏡》謂「《中論》曰：若法從緣生，是則無自性，若無自性者，云何有是法？無自性者，是眞理也。故事即理。……理即事故雖空不斷，事即理故雖有不常」。

九、「眞理非事門，即妄之眞異於妄故，如濕非動。」《法界玄鏡》謂「此門則隨緣，非有之法身，恒不異事而顯現；後門則寂滅，非無之眾生，恒不異眞而而成立。謂於此門理望於事」。望，不即不離。

十、「事法非理門，即眞之妄異於眞故，如動非濕。」《法界玄鏡》謂「此

〔註79〕《大藏經》35 冊，第 514 上頁。
〔註80〕《大藏經》35 冊，第 908 上頁。
〔註81〕《大藏經》35 冊，第 514 上頁～515 上頁。

第十門，事望於理。」

　　理事十門，任一門「理事」都自在無礙。因爲理無不遍於事，事無不含有理；離事之理爲斷滅空，離理之事爲外道自性有。理事「同一緣起。約理望事，則有成、有壞、有即、有離；事望於理，有隱有顯，有一有異。逆順自在，無障無礙。」（《法界玄鏡》）

　　毫無疑問，澄觀的事理關係十門，是對法藏圓融之「理」（事）的進一步發揮。

　　2. 四法界《華嚴法界玄鏡》是澄觀對《華嚴法界觀門》的注解。《華嚴法界觀門》原文在法藏《華嚴發菩提心章》中。但《華嚴法界玄鏡》開篇云：「觀曰：修大方廣佛華嚴法界觀門，略有三重。終南山釋法順，俗姓杜氏。」自此以後，即認該文是法順所作。《華嚴法界玄鏡》是澄觀晚年的成熟作品，很能代表他的華嚴學思想，尤其是其四法界說。四法界觀念，在法藏著作中雖早就出現過，但從未正式表述過。四法界的系統表述則是在《華嚴法界玄鏡》中：

> 言法界者，一經之玄宗。總以緣起法界不思議爲宗故。然法界之相
> 要唯有三。然總具四種：一事法界，二理法界，三理事無礙法界，
> 四事事無礙法界。

「法界之相要唯有三」，乃：眞空觀第一，理事無礙觀第二，周遍含容觀第三。澄觀釋「眞空」爲理法界，「周遍含容」爲事事無礙法界。澄觀認爲，法界三相與四法界意趣相同，所以沒有對四法界作進一步的闡發。但有的學者〔註82〕強求古人爲何不解釋四法界，如眞的那樣，豈不是床上叠床，屋上架屋？

　　順便一提的是：法界三相中，只有一理法界（「眞空觀」），二理事無礙法界，三事事無礙法界（「周遍含容觀」），爲何（《華嚴法界觀門》）沒有事法界（「色相觀」）？對此一問題，澄觀的回答是：

> 其事法界歷別難陳，一一事相，皆可成觀，故略不明。（《法界玄鏡》）

事物的差別相是無限的，要一件事一件事的考察是無窮盡的，所以觀想不能從事法界開始。

　　對此，宗密的回答則爲：

> 事不獨立故。法界宗中無孤單法故。若獨觀之，即事情計之境，非
> 觀智之境故。若分析義門，即有其四；今以對能觀之智，故唯三重。

〔註82〕魏道儒：《中國華嚴宗通史》，第 197 頁。

（《注華嚴法界觀門》）

宗密是說，事無自體，不能獨立存在。如果單獨觀事法界，那是眾生之事，並不是佛智所觀之境。從義理分析來說，法界應該有四重。但以般若之智，只有三重法界爲之所觀。

《華嚴法界觀門》，無怪乎華嚴大德數輩均引以爲重，它其實就是一份實實在在的華嚴學綱領性文件。整個華嚴學的精髓，也就是這法界三相或四法界，或總名爲圓融之「理」。

（三）觀心論

澄觀繼承法藏的「十重唯識」說或「十重一心」說，提出了：（一）二乘人的一心，（二）阿賴耶識的一心，（三）如來藏清淨的一心。澄觀的華嚴學在某種程度上又可名之爲華嚴心學。但種種心說不出法界（緣起）一味：「佛以一音演說法，眾生各各隨所解」（《華嚴經疏》卷一〔註83〕）；「佛觀法界皆一味已」（《大方等大集經》卷三）。「一音」「一味」，即眞法界也。「佛則稱眞法界」（《華嚴經疏》卷七〔註84〕），眞「法界即是一心」（《華嚴經疏》卷三〔註85〕）。一心能造萬法。如《華嚴經疏》卷二十一〔註86〕：

> 如世五蘊從心而造，諸佛五蘊亦然。如佛五蘊，餘一切眾生亦然，皆從心造。然心是總相。悟之名佛，成淨緣起；迷作眾生，成染緣起。緣起雖有染淨，心體不殊。

澄觀的這一心造說，實來源於《起信論》的一心開二門。「一心者，即如來藏心。含於二義：一約體絕諸相，即眞如門；二隨緣起滅，即生滅門。」（《演義鈔》卷二〔註87〕）《起信論》的一心，是萬法之所依；是體，萬法是一心所顯現之用。澄觀的一心不出於此。

澄觀的這一心造萬法，亦是法藏的如來藏緣起說的複製。

此外，就《華嚴經疏序》中的「窮理盡性」，《演義鈔》卷一有一則說明：

> 理謂理趣，道理廣也。性爲法性，心性深也。若窮其理趣，則儘其體性。今此經中，意趣體性皆窮究也。此借《周易·說卦》之言，彼云：窮理盡性，以至於命。

〔註83〕《大藏經》35 冊，第 508 中頁。
〔註84〕《大藏經》35 冊，第 551 下頁。
〔註85〕《大藏經》35 冊，第 521 下頁。
〔註86〕《大藏經》35 冊，第 658 下頁。
〔註87〕《大藏經》36 冊，第 94 下頁。

「窮理盡性」：窮理，是要窮盡《華嚴經》中的義理；盡性，是要盡心之體性。澄觀認爲，「知一切法即心自性。」（《華嚴經疏》卷三〔註88〕）也就是說心外無法，心外無理。

所以，《華嚴經疏》卷六〔註89〕云：「觀心者，心境無礙稱爲解脫。」澄觀的觀心論：從佛教的觀點看，即是成佛；從哲理的角度看，即理事圓融、事事無礙。

二、圓融之「理」與五祖宗密

宗密主要是「接著講」法藏的圓融之「理」，其特徵是以圓融之精神貫徹於現實之禪教融合、三教融合。宗密在理論方面的貢獻，主要體現於圓覺心、一眞法界及四法界說。

（一）圓覺心──以《圓覺經略疏》爲例

《圓覺經》是佛爲文殊、普賢等十二位菩薩宣說如來圓覺的妙理和觀行的方法，且「具有法性、法相、破相三宗經論，南北頓漸兩宗禪門」等法。佛教認爲，世間一切法無不可以統攝在聖凡、迷悟、因果等一對對範疇上。惟《圓覺經》以單法爲名，這個單法便是「心」。宗密的《圓覺經略疏》因而即以「心」爲一切有爲、無爲法的本源。此「心」亦被稱爲「大圓滿覺」、「本覺」、「一眞法界」、「眞如」、「如來藏自性清淨心」等。

《圓覺經略疏》開篇曰，有十種原因故說此經：「一顯示因行有本故，二泯絕果相成圓故，三抉擇悟理應修故，四窮理甚深疑念故，五除斷輪迴根本故，六搜索菩提隱障故，七少文能攝多門故，八一法巧被三根故，九令修稱性深禪故，十勸事離相明師故。」簡言之，十種原因，乃一究佛理，二要修證「大圓滿覺」。

其一，佛理爲何？就賢首大師的五教法（一小乘教、二大乘始教、三終教、四一乘頓教、五圓教），宗密簡別說：「二始教者，以《深密》第二第三時教同許定性無性俱不成佛故，此既未盡大乘法理。三終教者，定性二乘無性闡提，悉當成佛，方盡大乘至極之說。四頓教者，但一念不生即名爲佛，不依地位漸次。五圓教者，明一位即一切位，一切位即一位，即華嚴經也，性海圓融緣起無礙。」〔註90〕「五教法」的前四教均有缺陷，只有華嚴圓教：

〔註88〕《大藏經》35 冊，第 519 中頁。
〔註89〕《大藏經》35 冊，第 542 上頁。
〔註90〕《圓覺經略疏》卷一。後引文未注明出處的，均爲《圓覺經略疏》文。

「於一念中，皆悉普照一切法界」〔註91〕，方爲圓教。《圓覺經略疏》所究的佛理，乃一念心。

一念心亦名本覺。宗密在題解中曰：「一切眾生皆有本覺，雖流浪六道受種種身，而此覺性不曾失滅。」又說：「迷眞起妄妄見眾生，妄體元空，全是本覺。」聖凡皆不離一心本覺。

一心本覺又是諸意識之法性體。宗密認爲，六塵影是所緣，妄識是能緣，六塵無實體猶如影像，從識所變，舉體即空。六塵是境，識體是心；心對根臣有緣慮相，慮相如影舉體全無。心本清淨，由不覺故，名賴耶識，故有眾生生死迷妄。而一切分別即分別自心，心不見心，無相可得；我、我所亦然。所以眾生依心、意、意識轉：心即梨耶識自體，意即五意；以梨耶二義（覺、不覺）中有不覺故，不覺而起，能見、能現、能取，則境界起；意識者，即此相續識，凡夫依之取、著、轉，深計我、我所；或種種妄執隨事攀緣，分別六塵，亦名意識，或謂分離識。一切皆以阿賴耶識爲依止，爲不覺；覺，則心本清淨。

因心有覺、不覺，故心有眞有妄：眞謂不變隨緣，妄謂體空成事；眞中不變、妄中體空，即眞如自性也；眞中隨緣、妄中成事，生滅差別也。眞心不變而隨緣，隨緣成事，則有差別。此乃圓覺心不守自性故。

圓覺心固出於《起信論》的本覺，實亦即是法藏的法界（一心）、如來藏。圓覺心不守自性，必得緣起。此與法藏的法界緣起、如來藏緣起亦無異。其實，如來藏與法界也是宗密的理論重心所繫。就如來藏與法界的區別，宗密指出：一者在有情數中名如來藏，在非情數中名法界性；二者謂法界則情器交徹心境不分，如來藏則但語諸佛眾生清淨本源心體。或法界：在眾生數中名爲佛性，在非眾生數中名爲法性。

其二，如何修證「大圓滿覺」？宗密曰：「佛法大海，信爲能入、智爲能度。」信，乃基於圓覺心；度，乃以「智」去無明、貪愛也。

就《圓覺經・彌勒菩薩章》「一者理障，礙正知見；二者事障，續諸生死。」理障，所知障；正知見，即八正道中的「正見」；事障，即煩惱障。宗密釋曰：「根本無明也。不達法界性相，是礙正知見義故。是心從本以來自清淨，以不達一法界故，心不相應，忽然念起，名爲無明。」無明是起二障的根本。

〔註91〕《大方廣佛華嚴經》卷第三，盧舍那佛品第二之二，（東晉）佛馱跋陀羅譯，大正藏第9卷。

又就該章「一切眾生，從無始際，由有種種恩愛貪欲，故有輪迴。」宗密釋曰：「能貪之愛是輪迴之本。首楞云，流愛爲種，納想爲胎，交媾發生吸引同業，以是因緣，故有生死；又涅槃云，因愛生憂因愛生怖，若離貪愛，何憂何怖？又佛名經云，有愛則生，愛盡則滅，故知生死貪愛爲本。」貪愛爲生死之本。

如何去除無明、貪愛？宗密解曰：「悟無明滅則行滅，行滅則識滅，乃至老死滅也。一切法之淨穢實本一心，心穢則穢，心淨則淨。而眾生圓明性體之一心與佛不殊，但以妄情，凡聖似隔。今身心相盡、妄念不生，圓覺妙心凡聖交徹。」生、佛不二，迷、悟實繫於一心。「心通法遍，心本是佛，由念起而漂沉，岸實不移，因舟行而鶩驟。」（《經序》）心動而非岸移，舟依人（心）而行。心起萬行，萬行歸於一圓覺心。

此圓覺心，即爲「智」，亦名一眞法界。

（二）一眞法界──以《華嚴行願品疏鈔》爲例

《唯識論》卷九：「勝義勝義，謂一眞法界。」〔註92〕一眞法界即圓成實性。《華嚴大疏》曰：「往復無際，動靜一言，含眾妙而有餘，超言思而迴出者，其唯法界歟！」對此文的闡釋，《華嚴大疏鈔》卷一：「以一眞法界，爲玄妙體。言事事物物，一微一塵盡足爲一眞法界也。其體絕待故曰『一』，眞實故曰『眞』，融攝一切萬法故曰『法界』。」一眞法界，乃佛教眞如本體、一心法界的另一名稱。

宗密在《華嚴行願品疏鈔》卷一中，依一眞法界而分：性起、緣起二門。

1. 性起：指的是由一眞法界而起萬用。性體起用即爲迷悟、染淨、情非情等一切法。一眞法界的性體，湛然靈明，但不守自性，起即萬法顯現。世間、出世間一切法均以該性體爲依持，性體之外更別無一法。所以諸佛與眾生無二，淨土和染土並融。性起故，法法平等互具，一纖塵即包涵大千世界、十方國土。有情、無情，相即相入，圓融無礙，重重無盡。

2. 緣起：有染緣起、淨緣起之分。染緣起有無始根本、輾轉枝末兩種：無始根本指獨頭無明（迷眞、執妄），輾轉枝末指陷溺於惑業與苦中。淨緣起有頓悟、漸修二門：頓悟是圓機聽聞圓教，了知一切眾生皆悉如來藏，煩惱生死即是菩提涅槃；漸修是已經頓悟，只爲斷盡多劫顛倒妄執的習氣而修行。

〔註92〕《唯識論》依遍計所執性立相無性，依依他起性立生無性，依圓成實性立勝義無性。圓成實性遠離我、法二執而成爲佛教的最高眞理，亦稱一眞法界。

淨緣起是對治染緣起的。

性起、緣起皆依一眞法界而起。《勝鬘經》云，依如來藏故有生死，依如來藏故有眞如。澄觀《法界玄鏡》云：「依如來藏得有諸法。」宗密則依一眞法界而有諸法。

一眞法界，不守自性，即法界緣起。

（三）四法界——以《注華嚴法界觀門》為例

四法界說始於澄觀，但宗密「本一心而貫萬法」的理路，實際上是將四法界體用化了。其在釋「法界」一詞時，說：「清涼《新經疏》云：統唯一眞法界。謂總該萬有，即是一心。然心融萬有，便成四種法界。」一心，即如來藏自性清淨心，是萬物得以存在的根據、本原，是體；四法界，是一心之體所顯現的相、用。而體即用，用即體，體用不二。

四法界的內容是：

「一事法界，界是分義，一一差別，有分齊故。」事法界即現象界，其特點是一一事物各具形相，互有區別。但事法界絕非獨立王國。《圓覺經略疏》在解釋如來藏時，說有三義：「一隱覆義，謂覆藏如來故云藏也；二含攝義，謂如來法身含攝身相國土、神通大用、無量功德故，又含攝一切眾生，皆在如來藏內；三出生義，謂此法身既含眾德，了達證入即能出生故。」由此可知，事法界實是在纏的如來藏。

「二理法界，界是性義，無盡事法，同一性故。」理法界是性體、本體。宗密在解釋「眞空觀」時，說：「理法界也，原其實體，但是本心。今以簡非虛妄念慮，故云眞；簡非形礙色相，故云空。」理法界，絕無對待，是眞空，是出纏的如來藏。

「三理事無礙法界，具性分義，性分無礙。」理遍於事，事中含理，所以無礙。宗密在釋「理事無礙觀」時，說：「觀事當俗，觀理當眞，今觀無礙，成中道第一義觀。」眞、俗雙離，方爲中道第一義觀。

「四事事無礙法界，一切分齊事法，一一如性融通，重重無盡。」宗密在釋「事如理融」時，說：「一一事皆如理，故融通也。」如一事一事地看，就彼此互礙；如就理上看，一切事法均相融無礙。

可以說，宗密的圓覺心、一眞法界、四法界說等，均是法藏圓融之「理」範式（paradigm）的擴展和充實。

第六章　圓融之「理」對程、朱理學的影響

　　程、朱以自家體貼出的天理爲核心，建構起了中國學術史上龐大的理論思想體系 —— 理學（道學）。在思維資料和思維結構方式上，宋明理學是以儒家的道德倫理思想爲核心，佛學的思辨結構作骨架，並吸收了老莊「道生萬物」的宇宙觀，建立起來的一種哲學體系〔註1〕。某種程度上，程、朱的天理即是法藏圓融之「理」的翻版。

第一節　圓融之「理」與二程的天理

　　二程的學說是天理。程顥說：「吾學雖有所受，天理二字，卻是自家體貼出來。」〔註2〕二程的天理，實將儒學推向了一個超經驗世界之外的、追問世界第一推動因的更高階段。「宋儒乃把理字做個大布袋，精粗鉅細，無不納入其中。」〔註3〕二程的天理究爲何？

一、天理性質

1. 天理與易道

　　「生生之謂易，是天之所以爲道也，天只是以生爲道。」〔註4〕天道，乃生生不息，其名亦爲易。天道自然、無爲：「言天之自然者，謂之天道」〔註5〕；

〔註1〕　賈順先：《宋明理學新探》，四川人民出版社 1987 年版，第 2、3 頁。
〔註2〕　《二程集》，第 424 頁。
〔註3〕　轉引自方東樹《漢學商兌》卷上。
〔註4〕　《二程集》，卷二上，第 29 頁。
〔註5〕　同上，卷十一，第 125 頁。

「天理生生，相續不息，無爲故也。」〔註6〕天理又是客觀、永恒的：「理則天下只是一個理，故推至四海而準，須是質諸天地，考諸三王不易之理」〔註7〕；「天理云者，這一個道理，更有甚窮已？不爲堯存，不爲桀亡，人得之者，故大行不加，窮居不損。」〔註8〕天理遍於普天下，時代有交替，但天理無增減。

2. 天理與太虛之氣

張載以天爲太虛，「由太虛，有天之名。」（《正蒙·太和》）二程以爲張載「太虛即氣」，有以把形而下的氣與形而上的太虛相混淆之嫌。「若如或者以清虛一大爲天道，則乃以器言，而非道也。」〔註9〕道、氣，二程是嚴格區分的：「凡有氣，莫非天。」〔註10〕氣從天來；「天者，理也。」〔註11〕天應專指理言。「氣是形而下者，道是形而上者。」〔註12〕由張載的天爲太虛說和二程的天爲理說，最終導致了朱熹的天兼理氣說：「性與氣皆出於天，性只是理，氣則已屬於形象。」〔註13〕二程的理是形而上之道，氣是形而下之器，兩者是截然不同的。

3. 天理與心、性

二程有主心、性、理爲一說——「心是理，理是心」〔註14〕；「只心便是天，盡之便知性，知性便知天」〔註15〕。有主心、理相通說——「心所感通者，只是理也」〔註16〕；「聖人視億兆之心猶一心者，通於理而已」〔註17〕。只不過程頤爲免混淆「聖人本天，釋氏本心」〔註18〕，區別出了「自理言之謂之天，自稟受言之謂之性，自存諸人言之謂之心。」〔註19〕理專指天道而言，個體所稟受到的天道叫性，天道之存放處謂之心。「心即性也。在天爲命，

〔註 6〕 同上，《天地篇》，第 1228 頁。
〔註 7〕 同上，卷二上，第 38 頁。
〔註 8〕 同上，卷二上，第 31 頁。
〔註 9〕 同上，卷十一，第 118 頁。
〔註 10〕 同上，卷六，第 83 頁。
〔註 11〕 同上，卷十一，第 132 頁。
〔註 12〕 同上，卷十五，第 162 頁。
〔註 13〕 《朱子語類》，卷五十九，第 1387 頁。
〔註 14〕 《二程集·遺書》卷十三，第 139 頁。
〔註 15〕 同上，卷二上，第 15 頁。
〔註 16〕 同上，卷二下，第 56 頁。
〔註 17〕 同上，《同人卦》，第 764 頁。
〔註 18〕 同上，《遺書》二十一下，第 274 頁。
〔註 19〕 同上，《遺書》二十二上，第 296 頁。

在人爲性，論其所主爲心，其實只是一個道」〔註20〕。心、性、命、道，實爲一個東西。但二程「心即性也」，與「釋氏本心」說始終是有一定界限的：前者是實有，後者則空。

值得一提的是，陽明的心學實出於二程的理學。「《傳習錄》曰『心即理也』與『心即道也』，如出一口。陽明先生因後人求理於事物，故屢屢提掇此義，不知者遂駭爲特創耳。」〔註21〕傅斯年持論亦與此相同：「有《孟子》，而後有《樂記》《中庸》之內本論，有《樂記》《中庸》之內本論，而後有李翱、有陸王、有二程，雖或青出於藍，冰寒於水，其爲一線之發展則無疑也。」〔註22〕

4. 天理與人倫

「人倫者，天理也。」〔註23〕理即禮也。「父子君臣，天下之定理，無所逃於天地之間」〔註24〕。二程將人倫規範提升到了天理高度，此一規範籠罩著整個宇宙：「凡眼前無非是物，物物皆有理，如火之所以熱，水之所以寒。至於君臣父子間，皆是理。」〔註25〕此一論題亦爲朱熹所大力推崇，「窮理，如性中有個仁義禮智，其發則爲惻隱、羞惡、辭遜、是非。只是這四者，任是世間萬事萬物，皆不出此四者之內。」〔註26〕儒家以道體代替上帝〔註27〕，此或可謂道德秩序就是宇宙秩序。

5. 天理與人欲

「人心私欲，故危殆；道心天理，故精微。滅私欲則天理明矣。」〔註28〕這就是有歷史影響的存天理、滅人欲思想的來源。二程的天理人欲始終不能兩立，而一切又以服從道德秩序爲最高價值標準。而朱子卻調和曰：「雖是人欲，人欲中自有天理。」〔註29〕何謂天理、人欲？朱子曰：「飲食者，天理也；要求美味，人欲也。」〔註30〕二程的天理是與人欲相對立的，朱子的天理乃

〔註20〕同上，《遺書》十八，第204頁。
〔註21〕黃宗羲：《宋元學案‧伊川學案》，中華書局1986年版，第616頁。
〔註22〕傅斯年：《性命古訓辯證》，第170頁。
〔註23〕《二程集‧外書》卷七，第394頁。
〔註24〕同上，《遺書》卷五，第77頁。
〔註25〕同上，《遺書》卷十九，第247頁。
〔註26〕《朱子語類》，卷九，第155頁。
〔註27〕牟宗三：《中國哲學十九講》，第419頁。
〔註28〕《二程集‧遺書》卷二十四，第312頁。
〔註29〕《朱子語類》，卷九，第224頁。
〔註30〕《朱子語類》，卷九，第224頁。

是無過無不及之中庸也。

　　二程的天理，無生無息，是形而上之道。「釋氏無實」〔註31〕，天理則是實有。「仁，理也」〔註32〕；「仁者，以天地萬物爲一體」（《識仁篇》）天理與天地萬物無二。「這個義理，仁者又看做仁了也，知者又看做知了也，百姓日用而不知。」〔註33〕天理即在日用中。因而，「莫之爲而爲，莫之致而致，便是天理。」（《遺書》卷十八〔註34〕）二程的天理其實是無所不包、又無所不是。「墨子未嘗以義字連貫天人，程朱則以理字連貫天人物。故程朱之言『理』，性與天道皆在其中。……既連貫天人於一義之中矣，則道德之本基當立於是。」〔註35〕天理當然包括儒家之大本——仁義禮智信。

　　天理是儒家的宇宙本體論。

二、圓融之「理」與天理淵源

　　二程的天理主要有以下四個方面的來源：

1. 儒　家

　　二程曾感歎：周公沒，聖人之道不行；孟軻死，聖人之學不傳。道不行，百世無善治；學不傳，千載無眞儒。〔註36〕二程因此要復興儒道。五常倫理是儒道的實質，「倫，理也」〔註37〕；「人倫者，天理也」〔註38〕。朱子又常以仁義禮智四者來代替全部人倫，如「理則爲仁義禮智」〔註39〕；「此四者，人人有之，同得於天者，不待問別人假借。」〔註40〕儒家的人倫是二程天理的主要內容。

2. 道　家

　　《老子》說：「天下萬物生於有，有生於無。」（四十章）又說：「道生一，一生二，二生三，三生萬物。」（四十二章）《莊子・大宗師》：「夫道有情有信，無爲無形，可傳而不可受，可得而不可見。自本自根。未有天地，自古以固存。

〔註31〕《二程集・遺書》卷十三，第 138 頁。
〔註32〕《二程集・外書》卷六，第 391 頁。
〔註33〕《二程集・遺書》卷二上，第 42 頁。
〔註34〕《二程集・遺書》卷十八，第 215 頁。
〔註35〕傅斯年：《性命古訓辯證》，第 178 頁。
〔註36〕《二程集・明道先生墓表》，第 640 頁。
〔註37〕《二程集・遺書》卷十八，第 182 頁。
〔註38〕《二程集・外書》卷七，第 394 頁。
〔註39〕《朱子語類》，卷一，第 3 頁。
〔註40〕《朱子語類》，卷十五，第 285 頁。

神鬼神帝，生天生地。」老莊之道屬於宇宙本體論範疇。二程吸取道家思想，將其改造爲天理，如「蓋上下、本末、內外，都是一理也，方是道。」〔註41〕「上天之載，無聲無臭，其體則謂之易，其理則謂之道。」〔註42〕道即天理。

二程又說：「天地萬物之理，無獨必有對，自然而然，非有安排也。」〔註43〕「天地之間皆有對，有陰則有陽，有善則有惡。」〔註44〕道家的道德、有無、動靜、陰陽、生死、長短、高下、本末等對待關係亦是二程天理「無獨必有對」思想的另一來源。

3.《周易》

周敦頤是二程的老師，他把道家的思想與《易》太極、陰陽、五行、剛柔等範疇結合起來，構造了一幅宇宙生成圖式。該圖式包括周在其《太極圖說》，以及《遺書》《通書》《文集》等著作中提出的太極、理氣、有無、性命、和心物諸名詞概念，都爲二程所重視並被吸納、消化到其學說中。二程的天理，甚至整個宋明理學的生機，又無不與這些名詞概念關聯著。此外，「物極則反，事極則變。困既極矣，理當變矣。」〔註45〕物極必反亦是天理的重要理論之一。「極」乃源於《易》之太極。《易・繫辭上》曰：「易有太極，是生兩儀，兩儀生四象，四象生八卦。」太極是二程宇宙本體論天理思想的直接來源，「太極者道也，兩儀者陰陽也。」〔註46〕

道家和《周易》，皆是二程天理的宇宙本體論思想的重要來源，兩者的主要區別是：老莊道的宇宙本體論具有自然性，如荀子評論莊子說：「蔽於天而不知人」（《解蔽》）。《周易》道的宇宙本體論，則人文氣息濃厚些，如《繫辭》「一陰一陽之謂道，繼之者善也，成之者性也。……易之爲書也，廣大悉備。有天道焉，有人道焉，有地道焉。」人繼善、成性，三材之道，人居中爲大。《說卦》「昔者，聖人之作《易》也，將以順性命之理。」《易》始終所關注的都人的性命之理。

4. 華嚴圓融之「理」

天理的思維方式，受佛學的影響很明顯，如「周茂叔謂一部《法華經》

〔註41〕《二程集・遺書》卷一，第 3 頁。
〔註42〕《二程集・遺書》卷一，第 4 頁。
〔註43〕《二程集・遺書》卷十一，第 121 頁。
〔註44〕《二程集・遺書》卷十五，第 161 頁。
〔註45〕《二程集・困卦》，第 945 頁。
〔註46〕《二程集・易序》，第 690 頁。

只消一個《艮》卦可了」〔註47〕。比較而言，天理與華嚴的關係更密切些。具體表現：

（1）二程

看一部《華嚴經》，不如看一《艮》卦〔註48〕。

（2）《華嚴經義海百門‧緣生會寂門第一》

鑒動靜者，謂塵隨風飄搖，是動寂然不起是靜。今靜時由動不減，即全以動成靜也；今動時由靜不減，即全以靜成動也。由全體相成，是故動時正靜，靜時正動，亦如風本不動能動諸物。

二程則：「靜中有動，動中有靜，故曰動靜一源。」〔註49〕《艮》卦：「動靜相因，動則有靜，靜則有動。」〔註50〕「靜中便有動，動中便有靜。」〔註51〕

（3）《妄盡還源觀‧依體起二用》

妄盡心澄，萬象齊現；猶如大海因風起浪，若風止息，海水澄清無象不現。

二程則：「沖漠無朕，而萬象森然，未應不爲先，已應不爲後。」〔註52〕

（4）《華嚴五教章》卷一

舒則該於九世，卷在則在於一時。此卷即舒，舒又即卷。何以故？同一緣起故。

二程則：「《中庸》之言，放之則彌六合，卷之則退藏於密。」〔註53〕

（5）《探玄記》卷二

微妙難解非下位能測故，名密教〔註54〕；

《探玄記》卷十七：

正以內行難測遂令發言巧密〔註55〕。

「令發言巧密」，使「密」巧妙地用言語表達。

二程則：「聖人以此洗心退藏於密。」〔註56〕「安有識得《易》後，不知

〔註47〕《二程集‧外書》卷十，第408頁。
〔註48〕《二程集‧遺書》卷六，第81頁。
〔註49〕《二程集‧粹言》卷一，第1182頁。
〔註50〕《二程集‧周易程氏傳》卷四，第967頁。
〔註51〕《二程集‧遺書》卷七，第98頁。
〔註52〕《二程集‧粹言》卷二，第1253頁。
〔註53〕《二程集‧遺書》卷十一，第130頁。
〔註54〕《大藏經》35冊，第134上頁。
〔註55〕《大藏經》35冊，第427上頁。

退藏於密？」〔註57〕「『退藏於密』，密是用之源，聖人之妙處。」〔註58〕「退藏於密者，用之源也。」〔註59〕

（6）《華嚴五教章》卷四

（自性清淨心）猶如明鏡現於染淨，雖現染淨而恒不失鏡之明淨。只由不失鏡明淨故，方能現染淨之相。以現染淨知鏡明淨，以鏡明淨知現染淨。……雖現淨法不增鏡明，雖現染法不污鏡淨。

二程則：「如明鑑在此，萬物畢照，是鑑之常，難爲使之不照。」〔註60〕「只是心靜，靜而後能照。」〔註61〕「譬如懸鏡於此，有物必照，非鏡往照物，亦非物來入鏡也。大抵人心虛明，善則必先知之，不善必先知之。」〔註62〕

（7）《探玄記》卷一

體用雙融義。……一以體無不用故舉體全用，即唯有相入無相即義；二以用無不體故，即唯有相即無相入也；三歸體之用不礙用，全用之體不失體，是即無礙雙存，亦入亦即自在俱現；四全用之體體泯，全體之用用亡，非即非入圓融一味〔註63〕。

程頤在其《易傳序》中曰：「體用一源，顯微無間。」體、微，天理也；用、顯，萬事萬物也。宗密在《注華嚴法界觀門》中，解釋「大方廣」時，曾說：「大者，體也，諸佛眾生之心體；方廣，即體之相、用。」宗密的「體」指的是一心，二程的「體」則是天理。二程的此一論題，實是華嚴宗理事圓融無礙關係的注腳。華嚴宗之理是性體，一切事法是其相、用；體因用顯，用因體存；兩者不一不二。二程以此推而廣之，云：「天地之用，即我之用也；萬物之體，即我之體也。」〔註64〕天地萬物乃一體圓融。

（8）《華嚴經旨歸・說佛經第三》

理事混融無障無礙，是佛境界。

程顥語錄：「仁者，以天地萬物爲一體，莫非己也。認得爲己，何所不

〔註56〕《二程集・遺書》卷十一，第134頁。
〔註57〕《二程集・遺書》卷十五，第143頁。
〔註58〕《二程集・遺書》卷十五，第157頁。
〔註59〕《二程集・粹言》卷二，第1261頁。
〔註60〕《二程集・遺書》卷十五，第169頁。
〔註61〕《二程集・遺書》卷十八，第194頁。
〔註62〕《二程集・遺書》卷十八，第229頁。
〔註63〕《大藏經》35冊，第124下頁。
〔註64〕《二程集・粹言・論學篇》，第1184頁。

至？若不有諸己，自不與己相干。如手足不仁，氣已不貫，皆不屬己。」〔註65〕己與萬物爲一體，顯然是聖賢境界。

（9）《探玄記》卷十三

一即一切〔註66〕。

二程則：「天下之理一也，途雖殊而其歸則同，雖慮百而其致則一。雖物有萬殊，事有萬變，統之以一，則無能違也。」〔註67〕「天下之志萬殊，理則一也。」〔註68〕「散之在理則有萬殊，統之在道則無二致。」〔註69〕「一物之理即萬物之理。」〔註70〕「《中庸》始言一理，中散爲萬事，末復合爲一理。」〔註71〕

二程最終認可「佛氏善侈大其說也。今一言以蔽之，萬物一理耳。」〔註72〕「天下只有一個理。」〔註73〕但「其說始以世界爲幻化，而謂有天宮，後亦以天爲幻化，卒歸之無。佛有髮，而僧復毀形；佛有妻子捨之，而僧絕其類。若使人盡爲此，則老者何養？幼者何長？以至剪帛爲裓，夜食欲省，舉事皆反常，不近人情。」〔註74〕佛說雖有理但無情、不切實際。

從上述幾點的比較可以看出，兩者有多處用詞相同、含義亦相同（恕不一一列舉）。總之，二程的天理受法藏圓融之「理」影響是確定無疑的。「問：某嘗讀《華嚴經》，第一真空絕相觀，第二事理無礙觀，第三事事無礙觀，譬如鏡燈之類，包含萬象，無有窮盡。此理如何？曰：只爲釋氏要周遮，一言以蔽之，不過曰萬里歸於一理也。」〔註75〕「萬里歸於一理」，即華嚴的「一切即一」。

綜上所述，可見二程的天理與道家、《易》以及華嚴圓融之「理」有著很深的淵源。只不過，二程的天理，於道家、《周易》所汲取的是其樸素的、直

〔註65〕《二程集・遺書》卷二上，第15頁。
〔註66〕《大藏經》35冊，第347中頁。
〔註67〕《二程集・周易程氏傳》卷三，第858頁。
〔註68〕同上，《同人卦》，第764頁。
〔註69〕同上，《易序》，第690頁。
〔註70〕《二程集・遺書》卷二上，第13頁。
〔註71〕《二程集・遺書》卷十四，第140頁。
〔註72〕《二程集・粹言》卷一，第1180頁。
〔註73〕《二程集・遺書》卷十四，第196頁。
〔註74〕《二程集・遺書》卷十，第408頁。
〔註75〕《二程集・遺書》卷十八，第195頁。

觀的宇宙本體論思想；於佛家，則是其豐富的、思辨的宇宙本體論思想。

第二節　圓融之「理」與朱子的理氣觀、人性論

朱子的天理學說可體現於兩個方面：一是理氣觀，二是人性論。華嚴五祖宗密主張：「心是法源，何法不備？」（《禪源諸詮集都序》）心是萬法的本原。「宗密的哪些思想啟發、影響了宋明理學呢？主要是他的『本覺真心』說。可以說宋明理學的兩個主要理論——理氣論和人性論——都可以從這裏找到源頭。」〔註76〕「心」、「本覺真心」，即圓融之「理」。理氣論和人性論，某些源頭還是在圓融之「理」上。

一、理氣觀

1. 理與氣

理、氣是朱子哲學的重要範疇。「天地之間，有理有氣。理也者，形而上之道也，生物之本也。氣也者，形而下之氣也，生物之具也。是以人物之生，必稟此理然後有性，必稟此氣然後有形。」（《文集》卷五十八〔註77〕）理氣有別，理為形而上，氣為形而下。「氣則能凝結、造作，理卻無情意，無計度，無造作。只此氣凝聚處，理便在其中。……若理，則只是淨潔空闊的世界，無形迹，他卻不會造作。但有此氣，則理便在其中。」（《語類》卷一〇三〔註78〕）有氣即有理。「是知人物在天地之間，其生生不窮者，固理也；其聚而生、散而死者，則氣也。有是理，則有是氣。氣聚於此，則其理亦命於此。」（《晦翁學案》上〔註79〕）

關於理氣關係，《語類》記載還有：

> 未有天地之先，畢竟是先有此理。（卷一）

> 未有天地之先，畢竟也只是理。有此理便有此天地。若無此理，便亦無天地，無人無物，都無該載了。有理便有氣，流行發育萬物。（卷一）

> 問：先有理，抑先有氣？曰：理未嘗離乎氣。然理，形而上者；氣，形而下者。自形而上下言，豈無先後？（卷一）

〔註76〕石峻：《石峻文存》，北京 華夏出版社 2006 年，第 144 頁。
〔註77〕《朱子文集》的簡稱，後文均以此稱之。
〔註78〕（宋）黎靖德《朱子語類》的簡稱，中華書局 1986 年版，後文均以此稱之。
〔註79〕黃宗羲：《宋元學案》貳，第 1533 頁。

有是理，便有是氣。但理是本，而且從理上説氣。（卷一）

有理而後有氣，雖是一時都有，畢竟以理爲主。（卷一）

或問必有是理，然後有是氣，如何？曰：此本無先後之可言。然必欲推其所從來，則須説先有是理。（卷一）

未有這事，先有這理。如未有君臣，已先有君臣之理。未有父子，已先有父子之理。不成元無此理，直待有君臣父子，卻旋時道理入在裏面。（卷九十五）

理未曾離乎氣。（卷一）

天下未有無理之氣，亦未有無氣之理。氣之成形，理亦賦焉。（卷一）
理氣似乎又不分主次。究其實，理爲主、氣爲從，或曰理先氣後。

2. 太極與陰陽

朱子所謂太極，是天地萬物的最高標準。他說：

事事物物皆有個極，是道理極至。蔣元進曰：如君之仁，臣之敬，便是極。先生曰：此是一事一物之極。總天地萬物之理，便是太極。（《語類》卷九十四）

一事一物有其極，天地萬物的總理，名太極。又云：

太極自在陰陽之中，非能離陰陽也。然至論太極自是太極，陰陽自是陰陽。（《語類》卷五）

太極不是陰陽，但又不離陰陽。「太極，形而上之道也；陰陽，形而下之器也。是以自其著者而觀之，則動靜不同時，陰陽不同位，而太極無不在焉。自其微者而觀之，則沖穆無朕，而動靜陰陽之理，已悉具於其中矣。」（《太極圖說》注，《濂溪集》卷一）自其著者而觀之，即在具體事物中觀之；自其微者而觀之，即就太極之本體觀之。太極無形象，而其中萬理畢具，即所謂「沖穆無朕，而動靜陰陽之理，已悉具於其中矣」。

太極生生不息：

太極如一木生上，分爲枝幹，又分而生花生葉，生生不窮，到得成果子，裏面又有生生無窮之理生將出去，又是無限個太極，更無停息。（《語類》卷七五）

太極，即形而上之天理。「無極而太極，只是說無形而有理」（《語類》卷

九十四）。「陰陽即氣也。」〔註80〕太極與陰陽即理與氣。

3. 理一分殊

　　理一分殊是程頤在回答楊時關於《西銘》的疑問時提出來的。楊時懷疑《西銘》的提法有混同於墨家兼愛論的弊病，對此程頤回答說：「《西銘》明理一分殊，墨氏則二本而無分。分殊之弊，私勝而失仁；無分之罪，兼愛而無義。」朱子則作了進一步的分疏，他說：

> 天地之間，理一而已。然乾道成男，坤道成女，二氣交感，化生萬物，則其大小之分，親疏之等，至於十百千萬而不能齊也。……蓋以乾爲父，以坤爲母，有生之類，無物不然，所謂理一也。而人物之生，血脈之屬，各親其親，各子其子，則其分亦安得而不殊哉！
>
> （《朱熹西銘論》〔註81〕）

萬物同生於乾天、坤地之交感，是理一；但物有「十百千萬」不同，此爲自然之道。於人道，則無一有生之類不爲乾父、坤母交感所生，亦是理一；但「各親其親，各子其子」，則爲分殊。其實，「理只是一個理，道理則同，其分不同，君臣有君臣之義，父子有父子之理。」（《語類》卷六）天道、人道同是一個理。此爲所謂的理一分殊。又如：

> 合萬物而言之，爲一太極而一也。自其本而之末，則一理之實，萬物分之以爲體，故萬物之中各有一太極。（《通書解》〔註82〕）
>
> 蓋合而言之，萬物統體一太極也；分而言之，一物各具一太極也。（《太極圖說解》〔註83〕）

理一分殊，不同的場合雖有著不同的表現，但意義不變。

　　朱子的理與氣、太極與陰陽及理一分殊，形式不同，但精神一致，即表達的是，一理之實與萬物之殊的相互依存關係。因其路徑太接近釋氏，所以朱子辯解說：

> 釋氏說空，不是便不是。但空裏面須有道理始得。若只說道我見個空，而不知有個實的道理，卻做甚用得。譬如一淵清水，清泠徹底，看來一如無水相似，他便道此淵只是空底。不曾將手去探是冷是溫，

〔註80〕《朱子語類》7冊，第2508頁。
〔註81〕《張載集》，中華書局2006年版，第410頁。
〔註82〕《周敦頤集》，第31頁。
〔註83〕同上，第4頁。

不知道有水在裏面，釋氏之見正如此。

二、人性論

理一分殊爲天道與人道。所謂天道，朱子在《答張欽夫書》中說：「蓋天地之間，品物萬形，各有所事。天確然於上，地隤然於下，一無所爲，只以生物爲事。故《易》曰：天地之大德曰生，而程子亦曰：天只是以生爲道。」（《文集》卷二十四）天道乃是生生無窮者。「道無形，行之則見於事矣。」〔註84〕見之於人事者名人道。人道實就人之性而言。

1. 性即理

什麼是人之性？「問：靈處是心抑是性？曰：靈處只是心，不是性。性只是理。」（《語類》卷五）性是理。「性是太極渾然之體，本不可以名字言，但其中含具萬理，而綱領之大者有四，故命之曰：仁義禮智。」（《晦翁學案》上〔註85〕）性中有仁義禮智之理。「宇宙之間，一理而已。天得之而爲天，地得之而爲地，而凡生於天地之間者，又各得之以爲性。其張之爲三綱，其紀之爲五常。」（《文集》卷七十，《讀大紀》）性爲三綱五常，此爲天理見於人事。「性只是理」（《文集》五十五《答潘謙之》）。三綱五常是人性，亦是天理。

2. 性有天命之性與氣質之性之分

程明道論性曾說：「人生而靜以上不容說。才說性時，便已不是性也，凡人說性，只是繼之者善也。孟子言人性善是也。」有人「問『人生而靜以上』一段。曰：程先生說性，有本然之性，有氣質之性。人具此形體，便是氣質之性。」（《語類》九十五）所謂本然之性、氣質之性，《語類》進一步加以解釋說：

> 人生而靜以上，即是人物未生時。人物未生時，只可謂之理，說性未得，此所謂在天曰命也。才說性時便已不是性者，言才謂之性，便是人生以後，此理已墮在形氣之中，不全是性之本體矣。故曰：便已不是性也。此所謂在人曰性也。大抵人有此形氣，則是此理始具於形氣之中而謂之性。才是說性，便已涉乎有生而兼乎氣質，不得爲性之本體也，然性之本體亦未嘗離。〔註86〕

〔註84〕《朱子語類》卷五，第99頁。
〔註85〕黃宗羲：《宋元學案》貳，第1528頁。
〔註86〕《朱子語類》卷九十五，第2430頁。

人物未生時，只有這理，不可名性，「在天曰命」就指這個意思。說「性」時便已不是「本然之性」了。「性」則是人生以後，理墮在形氣之中；有氣就有理，此「理」即所謂性。該「性」不是本然之性，即所謂的「不是性也」；而是氣質之性。氣質之性與本然之性「亦未嘗離」。所以一說到性，便是兼氣質而言。

本然之性，或「在天曰命」，或曰天地之性，是孟子的「繼之者善」也。它是純乎天理，仁義禮智信俱全。之前儒者的性之三品即指氣質之性而言，「論天地之性，則是專指理言，論氣質之性則以理與氣雜而言之。」（《文集》卷五十六）

天命之性與氣質之性，又可謂道心與人心、天理與人欲

3. 天理與人欲

二程把道心等同於天理，人心等同於人欲，說：「人心私欲，故危殆；道心天理，故精微。滅私欲，則天理明矣。」（《遺書》二十四）二程天理、人欲相對立。朱子繼承了這一思想，認為：「人之一心，天理存，則人欲亡；人欲勝，則天理滅。」（《語類》卷十三）但正當的生活，「如饑飽寒暖之類，皆生於吾身血氣形體，而他人無與焉，所謂私也，亦未便是不好。」（《文集》五十七，《答陳安卿》二）天理、人欲絕非截然對立。「有個天理，便有個人欲。蓋緣這個天理有個安頓處，才安頓得不好處，便有人欲出來。天理、人欲，分數有多少。天理本多，人欲也便是天理裏面做出來。」（《晦翁學案》上〔註87〕）「分數」多了，才是人欲，合理的是天理。人欲不離天理。天理即是當然之理。

4. 所當然之理與所以然之理

天下事物無一不具所以然之理與所當然之理。所以然之理是性（自然欲望），所當然之理曰道（理想境界）。朱子在《中庸·或問》中曰：「蓋所謂道者，當然之理而言。」《論語·里仁·集注》：「道者，日用事物當然之則。」當然之理不離「日用事物」。人循其性之所發，就能合乎道。「性是個渾淪的物，道是個性中分派條理。循性之所有，就自然而然合乎道。」（《語類》卷六十二）就是這個意思。

「當然之理，無有不善者。」（《語類》卷四）當然之理是人之善性。過

〔註87〕黃宗羲：《宋元學案》貳，第1533頁。

猶不及，不屬於當然之理。「天下萬物，當然之則便是理，所以然底便是原頭處。」(《朱熹年譜》〔註88〕) 理，天理；原頭處，即萬物之自然狀態。天地萬物，無過與不及便是當然之理，亦即天理，天理又寓於萬物之中。

朱子的人性即天理，其內容即三綱五常。三綱五常是人的天命之性、所當然之理。而人還有氣質之性、私欲等，這是人性的所以然之理（自然欲望），也是天理；不過，相較人性當然之理而言，其或過之、或不及之。

三、圓融之「理」與朱子的理氣、人性說

1. 圓融之「理」與朱子的理氣

法藏圓融之「理事」即朱子的「理氣」。朱子稱本體為理。古來儒道二家，如《易》與《老》《莊》都稱本體為道。朱子所謂理的名稱，根源出諸伊川，而伊川也許出於佛教「理事無礙」之說。在他，「理」乃是宇宙萬物的基本，宇宙間一切事物莫不依據這個「理」產生出來〔註89〕。朱子理的名稱「出諸伊川」，意義則來自法藏的圓融之「理」。如：

（1）《語類・釋氏》卷一百二六：

　　釋氏於天理大本處見得些分數。〔註90〕

朱子肯定佛理是部分天理。

（2）《語類・程子門人》卷一百一：

　　或云：只是「一切唯心造」。曰：然。〔註91〕

（3）《妄盡還源・攝用歸體入五止門》：

　　事徹於理，理徹於事，互存互奪。

《語類・張子之書一》卷九八：「譬如陰陽，陰中有陽，陽中有陰。」〔註92〕

（4）《華嚴經義海百門・差別顯現門第六》：

　　主伴者：謂塵是法界，體無分齊，普遍一切，是為主也；即彼一切
　　各各別故是伴也。然伴不異主，必全主而成伴；主不異伴，亦全伴
　　而成主。主之於伴，互相資相攝。若相攝彼此互無，不可別說一切；

〔註88〕見《朱熹年譜》，中華書局1998年版，第472頁。
〔註89〕范壽康：《朱子及其哲學》，中華書局1983年版，第238頁。
〔註90〕《朱子語類》8冊，第3013頁。
〔註91〕《朱子語類》7冊，第2565頁。
〔註92〕《朱子語類》7冊，第2511頁。

若相資則彼此互有，不可同說一切。皆由即主即伴，是故亦同亦異。

《語類‧理氣上》卷一：「問：有是理而後有是氣。未有人時，此理何在？曰：也只在這裏。如一海水，或取得一杓，或取得一擔，都是這海水。但是他爲主，我爲客；他較長久，我得之不久耳」〔註93〕

（5）《華嚴經義海百門‧決擇成就門第十》：

如空中鳥飛之時迹，不可求依止迹處也。然空中之迹，雖無體相可得，然迹非無。

《語類‧程子門人》卷一百一：「問：（《崇正辨》）此書只論其迹？曰：論其迹也好。伊川曰：不若只於迹上斷，畢竟其迹是從那裏出來。」〔註94〕

（6）華嚴的中心：

一即一切，一切即一。

《語類‧性理一》卷四：「以其理而言之，則萬物一原，固無人物貴賤之殊。」〔註95〕《語類‧性理三》卷六：「自一理散爲萬事，則燦然有條而不可亂。」〔註96〕《語類‧張子之書一》卷九八：「所以言分殊，而見理一底自在那裏；言理一，而分殊底亦在，不相夾雜。」〔註97〕《語類‧陸氏》卷一百二四：「只是萬理一貫，無內外本末，隱顯精粗，皆一以貫之。」〔註98〕

（7）戴震：

宋儒出入於老釋，故雜乎老釋之言以爲言。〔註99〕

2. 圓融之「理」與朱子的人性

由「一即一切」，可得出圓融之「理」即佛性；由「理一分殊」，可得出天理即人性。佛性、人性其實是一個東西，從佛家的角度來說是佛性，從儒家的角度來說是人性，本沒有區別。佛家肯定「一切眾生悉有佛性」，儒家亦說「人皆可以爲堯舜」。華嚴以爲「佛性義者略有十種，謂：體性、因性、果性、業性、相應性、行性、時差別性、遍處性、不變性、無差別性」（智儼《華嚴五十要問答》）。佛性十義實分兩種，即成佛的根據（果位佛）與成佛的可

〔註93〕《朱子語類》1冊，第2～3頁。
〔註94〕《朱子語類》7冊，第2559頁。
〔註95〕《朱子語類》1冊，第59頁。
〔註96〕《朱子語類》1冊，第109頁。
〔註97〕《朱子語類》7冊，第2521頁。
〔註98〕《朱子語類》8冊，第2976頁。
〔註99〕《孟子字義疏證》，中華書局1982年版，第9頁。

能性（因位眾有情）；一切眾生皆具有這兩種佛性。朱子人性亦分為二，即天命之性與氣質之性（成聖的根據與成聖的可能性），人人具有天命之性與氣質之性。圓融之「理」與朱子的人性會有如此的巧合？其中的原因很複雜，但有一點可以肯定，朱子有因襲的迹象。如：

（1）法藏《華嚴發菩提心章》文末：

> 第十圓融具德門。……然此具德門中，一法法爾，性具善惡。

《語類·程子之書三》卷九七：「問：莫非天也，是兼統善惡而言否？曰：然。正所謂『善固性也，然惡亦不可不謂之性』，二者皆出於天也。」〔註100〕「天下善惡皆是天理。」〔註101〕法藏「性具善惡」；朱子「善惡皆是天理」。

（2）《探玄記》卷十六：

> 染淨等法雖同依真，但違順異故。染屬無明，淨歸性起。〔註102〕

染是違，淨是順。

《語類·程子之書三》卷九七：「善惡皆是理，但善是那順的，惡是反轉來底。」〔註103〕

（3）《探玄記》卷四：

> 如來藏自性清淨，為無明所染有其染心。〔註104〕

《語類·持守》卷十二：「人心本明，只被物事在上蓋蔽了，不曾得露頭面，故燭理難。」〔註105〕「人性本明，如寶珠沉溷水中，明不可見；去了溷水，則寶珠依舊自明。」〔註106〕

（4）《探玄記》卷十八：

> 貪欲即是道。〔註107〕

《語類·力行》卷十三：「人欲中自有天理。」〔註108〕

佛性、人性，在形式上已很難作出區分。但「儒家從不離開人來說話，其立腳點是人的立腳點，說來說去總還歸結到人身上，不在其外。佛家反之，

〔註100〕《朱子語類》7冊，第2517頁。
〔註101〕《朱子語類》7冊，第2487頁。
〔註102〕《大藏經》35冊，第405下頁。
〔註103〕《朱子語類》7冊，第2488頁。
〔註104〕《大藏經》35冊，第178上頁。
〔註105〕《朱子語類》1冊，第205頁。
〔註106〕《朱子語類》1冊，第207頁。
〔註107〕《大藏經》35冊，第463中頁。
〔註108〕《朱子語類》1冊，第224頁。

他站在遠高於人的立場，總是超開人來說話，更不復歸結到人身上──歸結到成佛。前者屬世間法，後者則出世間法，其不同彰彰也。」〔註109〕朱子也因此在佛性、人性間劃分出了明確的界限。他說：

> 吾儒心雖虛而理則實，若釋氏則一向歸空寂去了。（《語類》〔註110〕）

> 天下只有這道理，終是去不得。如佛老雖是滅人倫，然自是逃不得。

> 如無父子，卻拜其師，以其弟子爲子，長而爲師兄，少而爲師弟。

> 但只是個假的，聖賢便是存得個眞的。（《語類》〔註111〕）

佛性是眞空，人性爲實有。天下卻只有一理。《語類》曰：「一理之實，萬物分之以爲體，故萬物各有一太極。如此，則太極有分裂乎？曰：本只是一太極，而萬物各有稟受，又自各全具一太極爾。如月在天，只一而已，及散在江湖，則隨處而見，不可謂月已分也。」〔註112〕本只有一理之實。「一理之實」墮在形氣中乃爲人性，即所謂「月印萬川」。月印萬川，其實是圓融之「理」的理事無礙關係的形象表述。朱子對此也毫不諱言：「釋氏云，一月普現一切水，一切水月一月攝，這是那釋氏也窺見得這些道理。」（《朱文公文集》卷十八）

因而，有學者總結理學與佛學的關係時說：「虛靈不昧，出《大智度渡論》；不可限量，出《華嚴經》；物我之理，固有之性，心之體用，吾心正而天地之心正，活活潑潑地皆出佛書。」〔註113〕朱子理一分殊的宇宙觀實出自法藏的「一即一切」（法界緣起）。

〔註109〕梁漱溟：《梁漱溟論儒佛道》，廣西師範大學出版社2004年版，第72頁。
〔註110〕《朱子語類》8冊，第3015頁。
〔註111〕《朱子語類》8冊，第3014頁。
〔註112〕《朱子語類》6冊，第2409頁。
〔註113〕陸雲錦：《芝園雜記・朱子注・書有原本》，見貴順先《宋明理學新探》，第11頁。

第七章　法藏的歷史地位

時間如果回流到一千多年前的法藏身邊，我們將見到的是一個苦行僧人，一個嚴謹的師父。他是一位名副其實的高僧，一尊活佛，苦難民眾的拯救者。他更是一位智者，人間的導師，一個爲數不多的大學問家。法藏將在中國思想史上閃耀著永遠的光輝。或許，高山爲之仰止，景行爲之行止。

第一節　圓融的判教

判教，通常指判別或判定佛所說各類經典的意義和地位。佛家認爲，釋迦一生所說經教甚多，但因時間、地點、對象諸因緣有別，所以教說的形式、內容等方面就有差異。因此，有必要將全部佛典、教義作出個系統整理、判釋。通過教判，證明佛的全部言說，不僅沒有矛盾，而且還相互補充。〔註1〕判教的說法從南北朝時就有了。經隋唐到唐初，前後百餘年間，著名的判教不下二十家。〔註2〕

法藏判教的內容主要有兩點：一力圖將當時各種新興起的宗派，包括天台宗、唯識宗在內的判教說融爲一體，建立起自己的判教說；二在判教中，確定《華嚴經》在整個佛教經典中的權威地位。法藏判教的主要理論是五教十宗。五教是：小乘教、始教、終教、頓教、圓教。十宗是：一我法俱有宗、二法有我無宗、三法無去來宗、四現通假實宗、五俗妄真實宗、六諸法但名宗、七一切皆空宗、八真德不空宗、九相想俱絕宗、十圓明具得宗。《探玄記》

〔註1〕潘桂明：《智顗評傳》，第362頁。
〔註2〕呂澂：《中國佛學源流略講》，第358頁。

卷一講，「就法分教」爲五，「以理開宗」爲十。法，佛的言說；理，義理。十宗其實是對五教的展開。

就五教說，呂澂的評論是：法藏的五教說受制於智儼，而且所用的方法和所持的態度，也是很有問題的。第一，他對於從前的各種異說採取調和的態度，沒有給予徹底地批判；第二，法藏過分受到了天台判教的影響，無法擺脫它；第三，五教說裏也含有義理本身的種種矛盾，法藏並沒有用更好的方法去克服它，只是含混地予以統一了事。〔註3〕呂澂的這一意見，也就是十宗的恰當評語。

另外，法藏判《華嚴經》的理事圓融說爲別教一乘，《法華經》的會三歸一說爲同教一乘；別教一乘高於同教一乘。《華嚴經》是佛說的究竟終極之理，是本教；其他經典都是應不同根機者所說的方便教法，是由本教流出的枝末之教，因此稱爲末教。

法藏的判教，亦只不過是其「理」事圓融理論的應用而已。

第二節　卓越的宗教哲學家

如果以「爲天地立心，爲生民立命，爲往聖繼絕學，爲萬世開太平」來稱譽法藏，恐怕一點不爲過。法藏的學說名之曰宗教，實際上是講生命的義理。馮友蘭說，以中國所謂義理之學爲主體，「若指而謂爲哲學」，則無不可。〔註4〕「佛學之華嚴宗一派，基於『大方廣佛華嚴經』，既爲宗教又爲哲學」。〔註5〕法藏的學說是地地道道的哲學，是繼傳統之聖學，開萬民之智慧的大學問。其圓融之「理」，實是一個以生命爲中心的本體論，把一切集中在生命上；其方法，是機體主義方法。〔註6〕長期以來，受西方傳統學術的影響，哲學與理性相等同。這是以偏概全，扭曲了哲學的精神。

自古希臘柏拉圖創立以探求善的理念學說體系以來，理性觀念深入到了西方的哲學、政治、藝術等各個方面。這一傳統，在哲學上，歷經亞里士多德的第一原因、黑格爾的絕對精神，一直延續到尼采的權力意志，其在西方及整個世界範圍內都產生了巨大的影響，以致人們一談到哲學就意味著必然

〔註3〕同上，第359～160頁。
〔註4〕馮友蘭：《中國哲學史》上，第6～7頁。
〔註5〕蔣國保：《方東美思想研究》，第343頁。
〔註6〕蔣國保：《方東美思想研究》，第294、296頁。

是以理性爲主題的。而現代西方反理性主義的集大成者海德格爾則尖銳地指出，理性是思想的最頑固的敵人。〔註 7〕理性使人「無家可歸」，因爲存在者與其眞實的存在分離了。「人始終只是觀察和處理存在者。」〔註 8〕理性主義所追問的第一原因原來只是存在者，「存在之眞理始終未被思及」〔註 9〕。海德格爾「存在之眞理」實指人自身。因爲只有人，才有「我之自覺。我已自覺之後，我之世界即中分爲二：我與非我。我及非我既分，於是主觀、客觀之間，乃有不可逾之鴻溝。……在中國人的思想中，迄未顯著的有我之自覺，故亦未顯著的將我與非我分開。」〔註 10〕理性主義最明顯的特點是主、客二分。海德格爾立足於人的生存，基於「存在與人的共屬一體關係」〔註 11〕，即主客不分的存在主義，與傳統形而上學作了區分。

　　法藏是一個善於將東方智慧展現於世人的傑出思想家。他也是以人之生存作爲第一要務。如「以人知有法，以法知有人；離人何有法，離法何有人。」（法藏《華嚴經義海白門》）法藏對人的重視與海德格爾是異曲同工。在眞理問題上，法藏對形而上之「理」的追問，是言語道斷，心行處滅。能夠言語道說的，是「理」之相、用，而非「理」之本體。這與海德格爾的存在不是「是什麼」，而是「如何是」，不是相同嗎？「任何東方文明都沒有造成存在者同存在相脫離的情況」〔註 12〕，法藏無主客二分，這豈不是海德格爾哲學的歸宿嗎？法藏哲學的眞理性由此可管見一斑。

　　牟宗三指出，哲學不只有普遍性，它也有特殊性。中國代表一個文化系統，西方代表一個文化系統，印度也代表一個文化系統。每個文化系統的開端都是通過一個通孔，因此它的表現就有所限制，從這一點我們可以說有特殊性。但是，雖然它的表現是有限的，然而當它一旦從通孔裏邊呈現出一個觀念、成一個概念，這個觀念、概念就有相當的眞實性，它就是眞理，就具有普遍性。而眞理分兩類：一種叫外延的眞理，另一種叫內容的眞理。外延的眞理大體指科學的眞理，如自然科學的眞理或是數學的眞理。凡是不繫屬於主體，即脫離我們主觀的態度（subjective attitude）而可以客觀地肯斷

〔註 7〕〔美〕威廉・巴雷特：《非理性的人》，第 203 頁。

〔註 8〕海德格爾：《關於人道主義的書信》——《路標》，第 400 頁。

〔註 9〕同上，第 399 頁。

〔註 10〕馮友蘭：《中國哲學史》，第 8 頁。

〔註 11〕海德格爾：《面向思的事情》，第 51 頁。

〔註 12〕同上，第 227 頁。

（objectively asserted）的那一種真理，通通都是外延真理。內容真理，照羅素的說法，乃繫屬於主體、繫屬於主觀態度。李白、杜甫的詩歌，《紅樓夢》的故事，是文學，它裏面有真實性，它反映的是人生悲歡離合的真實性。我們的人生是整個的，你為什麼特別突出那一面，只承認科學知識的真實性而抹煞了這一面的真實性呢？〔註13〕

毫無疑問，理性主義、存在主義、法藏的圓融之「理」都具有哲學的特殊性，但理性哲學反映的是外延真理，而法藏的圓融之「理」反映的則是內容真理。「東方哲學就主流而言，可以說是機體主義哲學，它的基本精神，是一種廣大和諧之精神。」〔註14〕法藏哲學充滿著「廣大和諧的精神」，它是典型的東方機體主義哲學——「一則一切，無所障礙」（《華嚴經旨歸·釋經意第八》）。

法藏的圓融之「理」是東方哲學的一座豐碑，其影響還遍及新羅和日本，「傳播到東亞各地的華嚴思想，在新羅朝鮮被當成國家統一的意識形態」〔註15〕

第三節　同情的理解

朱子檢討佛教說：「然以釋氏所見較之吾儒，彼不可謂無所見。但卻只是從外面見得個影子，不曾見得里許真實道理。所以見處則盡高明脫灑，而用處七顛八倒，無有是處。儒者則要得見此心此理元不相離，雖毫釐絲忽間不容略有差舛。才是用處有差，便是見得不實。非如釋氏見處行處打成兩截。」（《文集》五十九，《答陳衛道》一）「釋氏惟務上達而無下學。」（《文集》四十三，《答李伯諫》一）

綜合朱子的意見，於法藏哲學的認識有以下幾個方面值得探討：

1. 兩重世界

法藏將整個世界分為世、出世兩個部分，亦即佛世界和眾生世界，二世界一統於真法界。理想化地說，真法界「提供了一種避免和消除二元對立觀念的哲學原則」。〔註16〕法藏用真法界取代眾生世界，似乎顯得過於簡單化。

〔註13〕牟宗三：《中國哲學十九講》，第2、23頁。
〔註14〕蔣國保：《方東美思想研究》，第207頁。
〔註15〕楊曾文、鎌田茂雄編：《中日佛教學術會議論文集》，中國社會科學出版社1997年版，第181～182頁。
〔註16〕蔣國保：《方東美思想研究》，第345頁。

埃及的金字塔、中國的長城，歷經幾千年依然存在著；法藏如果不是個眞實的個體，怎麼會有《探玄記》留名青史？眾生世界眞實的存在，只用「相融相即」，然後「廢己歸他（理）」一言了之，很難有說服力。何況佛世界是個境界世界，空無所有。而由「有」入「無」，不是能用說教就解決了的。人要有如此高的境界，只有兩種可能：一是極度貧窮，二是極度的富裕。窮極了會生死兩忘；衣食無憂的生活也就沒有了責任、義務等觀念，最終會退化到低等動物類去。這兩種情況「成佛」前景明顯。而有責任心、努力求生活的人卻只有個「有」，即他們心中有家庭、妻子、兒女，不但有小家，還有大家。他們男耕女作，交通貨物，打拼著生活。我們的祖輩們心中始終不離這個「有」。「有」，佛教叫無明或染污。佛教就是要祛除這個「有」以入空。現實生活中，空滅不了「有」，佛也拯救不了眾生。這個世界對佛來說是虛妄的，對眾生來說永遠是眞實的。

2. 相對主義

法藏的方法是種相對主義。世間的是非、善惡等，一律採取折中的態度。佛教提倡中道法：「我當非有非無，……便不憎、不憂、不勞、不怖。」（《中阿含經・162 經》卷 42）「如來離於二邊，處中說法。」（《雜阿含經・961 經》卷 34）「若有此則有彼，若無此則無彼；若生此則生彼，若滅此則滅彼。」（《中阿含經・86 經》卷 21）有無、彼此，均無各自的獨立性，故不著二邊。這些方法無不被法藏發揮至極端，以致心中只有一個虛幻的如來藏、眞如門，世間現存的一切無不是山中音響，空中鳥迹。

3. 時　間

法藏是個忠實的唯心論者。他以一心吞滅萬法，進而褪去了時間存在的客觀性。如「一切世間法唯是自心變異所作，心爲其本。」（《探玄記》卷四〔註17〕）一切世間法均是自心所作。十世也在於一念，「謂過去過去世、過去現在世、過去未來世，如過去世有此三世，現在、未來當知亦爾，總此九世攝爲一念。總別合舉名爲十世。」（法藏《華嚴經旨歸》）概念性一世，加上九世，乃爲十世。直至「生滅交涉，前後同時，不相障礙，流住不斷。……生滅俱是夢，妄計妄中看有前後，理實照時皆無前後。」（《探玄記》卷四〔註18〕）時間的生滅沒有相對的靜止性、順序性。一切只不過是一場夢幻而已。

〔註17〕《大藏經》35 冊，第 180 中頁。
〔註18〕《大藏經》35 冊，第 178 中下頁。

法藏時間的客觀性蕩然無存。

4. 生　死

生死確是哲學中不可迴避的論題。中國哲學尤其不例外，中國哲學幾以研究人生占它的全部〔註19〕。但它把以後方要走的路提前走了，成為了人類文化的早熟〔註20〕。

按照梁漱溟先生的見解，人生應有「三路向」：

（1）本來的路向。就是奮力取得所要求的東西，設法滿足他的要求；換一句話說就是奮鬥的態度。

（2）遇到問題不去要求解決，改造局面，就在這種境地上求我自己的滿足。

（3）遇到問題他就想根本取消這種問題或要求。

所有人類的生活大約不出這三個路徑樣法：（1）向前面要求；（2）對於自己的意思變換、調和、持中；（3）轉身向後去要求。〔註21〕

「三路向」分別代表著西方、中國和印度的三種文化。即「西文化是以意欲向前要求為根本精神的」，其特徵是「征服自然之異採」「科學方法的異採」「德謨克拉西的異採」；「中國文化是以意欲自為調和、持中為其根本精神的」；「印度文化是以意欲反身向後為其根本精神的」〔註22〕，印度文化即指佛教。簡言之，西方文化重視的是「人欲」勝「天理」；中國文化重視的是「天理」勝「人欲」；佛教則重視的是人欲、天理「二空」——「夢想他世神的生活」〔註23〕。

梁先生人生的「三路向」，應該是人類社會按階梯發展的三個步驟，不得越位。法藏恰恰把現實人生境遇當作「二空」，追求一種死後方能得到的圓融之「理」。此正如朱子所指出的：「聖人不說死。已死了，更說甚事？聖人只說既生之後，未死之前，須是與他精細理會道理教是。……人，生物也，佛不言生而言死。」〔註24〕法藏把三步走的路，一步走完了。

此是眾生見，彼是佛見。本不該妄加臆測，但某畢竟是養家糊口的愚癡之輩。

〔註19〕梁漱溟：《東西文化及其哲學》，商務印書館2005年版，第200頁。
〔註20〕梁漱溟：《東西文化及其哲學》，第202頁。
〔註21〕梁漱溟：《東西文化及其哲學》，第61頁。
〔註22〕梁漱溟：《東西文化及其哲學》，第62～63頁。
〔註23〕梁漱溟：《東西文化及其哲學》，第68頁。
〔註24〕朱熹：《朱子語類》8冊，第3024～25頁。

附錄一　淺析法藏圓融之理與智顗的圓融三諦

壹、圓融之理

晉譯六十卷《華嚴經》是華嚴宗得以創立的直接思想來源。尤其是華嚴宗的宗旨——「一即一切，一切即一」，即源於《華嚴經》的「一即是多，多即是一」（《菩薩十住品》）。華嚴宗的這一宗旨，澄觀在《華嚴法界玄鏡》中則展開爲「四法界」。「四法界」中，「理法界」尤爲根本，「以事無體故，事隨理而圓融」（《華嚴經義海百門·鎔融任運門第四》）。此「理」亦意味著「一一色相皆遍法界，互融無礙」（《大乘起信論義記》卷下本），因此又可稱之爲圓融之理。法藏的學說重心就是這圓融之理。而所謂「理」，即與佛教觀念眞如、佛性、如來藏、一眞法界、本覺諸類名詞相等同。此「理」亦即是華嚴宗的本體論、宇宙論。

貳、圓融三諦

天台宗大成於智顗。其一生講述甚豐，如《法華玄義》、《法華文句》、《摩訶止觀》，世稱三大部；《觀音玄義》、《觀音文句》、《觀經義疏》、《金光明經玄義》、《金光明經文句》，世稱五下部；以及《維摩經疏》等約三十餘部。該系列著述貫穿的一個根本思想即是「圓融三諦」，「圓融三諦，妙法也」（《法華玄義》卷一上）。所謂三諦，乃俗諦、眞諦、中道第一義諦，智顗對此解釋

說：「若法性無明合，有一切法陰界入〔註1〕等，即是俗諦；一切界入是一法界，即是真諦；非一非一切，即是中道第一義諦」（《摩訶止觀》卷五上）。因「無明」而有「陰界入」等一切法，是俗諦假有；真諦只有「一法界」之空（無「一切界」之假有）；中道第一義諦則是非有非無。實際上，空假中「三諦圓融，一三，三一」（《法華玄義》卷二下）。何以如此？「因緣所生法，即空即假即中。因緣所生法，即空者，此非斷無也；即假者，不二也；即中者，不異也」（《法華玄義》卷二下）。一切法為因緣所生，故一切法即空即假即中。「即空即假即中者，雖三而一，雖一而三，不相妨礙」（《摩訶止觀》卷一下）。此乃智者大師的本懷所繫。

智者大師的圓融三諦，具體體現為觀心、如來藏，以及實相說。

1. 觀 心

印度佛教釋迦牟尼佛有諸多具體的分身，如《華嚴經》中的盧舍那佛、《法華經》中的多寶佛等。此外，釋迦牟尼佛還有諸多具體的化身，如普賢、文殊、彌勒、觀世音菩薩等，他們猶如孔子的七十二賢弟子，銜著使命來到人間化導。而中國化的釋迦牟尼佛卻不然，其有普泛化傾向，這種傾向有兩個向度：一是物質（有形）化，二是精神（無形）化。佛的有形化是指廟宇化、寶塔化、石刻雕塑化、經卷化，以及化身於歷代高僧等。佛的無形化是指以言語形式所表現的真如、法界、如來藏、心性等，這些語詞與佛的效力相等同。《起信論》的「心真如門」概是最早將佛心性化的例證。「但是它（釋氏）都不管天地四方，只是理會一個心。」〔註2〕

智顗是唯「心」的。他說：「三界無別法只是一心作。心如工畫師造種種色。心構六道。……《華嚴》云：心佛及眾生是三無差別。當知己心具一切佛法矣」（《摩訶止觀》卷一下）。又「十二因緣即是佛性」（《摩訶止觀》卷三下）。華嚴亦云：「十二因緣在一念心中」（《摩訶止觀》卷九下）。「一念心即如來藏理。如故即空，藏故即假，理故即中」（《摩訶止觀》卷一下）。故「一心即三，是真實相體也」（《法華玄義》卷八上）。

智顗的心能造一切法，一念心即三諦圓融。因而，須觀心。《法華玄義》卷八上：「心是法本者。釋論云：一切世間中，無不從心造。……心是理本者。

〔註1〕即「五陰十二入十八界」；又「十法界通稱陰入界」——見《摩訶止觀》卷五上。

〔註2〕朱熹：《朱子語類》8冊，第3013頁。

若無心，理與誰合？……若不觀心，心闇不明。」

如何觀？「觀心者，一心三觀」（《法華文句》卷一下）；「觀心者，正觀中道，不緣二邊」（《法華文句》卷二上）；「觀心者，觀空不住空，觀假不住假，入中不住中」（《法華文句》卷二下）。觀心，即一心三觀，不執二邊。何謂一心三觀？

「若一法一切法，即是因緣所生法，是爲假名假觀也；若一切法即一法，我說即是空，空觀也；若非一非一切者，即是中道觀。一空一切空，無假中而不空，總空觀也；一假一切假，無空中而不假，總假觀也；一中一切中，無空假而不中，總中觀也。即中論所說不可思議一心三觀。」（《摩訶止觀》卷五上）

一心三觀，即觀三諦圓融。

此「心」實即是佛的代稱。但「心不孤生，必託緣起」（《摩訶止觀》卷一下）。心本身亦是依緣而起。「三界無別法唯是一心作。今求心不可得，即一切空。觀心無心、觀空無空，即無所得空」（《摩訶止觀》卷五下）。求心亦終不可得，一切復歸於空。

2. 佛性如來藏

可以說，如來藏在中國是婦孺皆知的佛號。它其實也就是釋迦牟尼佛的另一無形化身在影響、化導著眾生。

《大方等如來藏經》云：「一切眾生雖在諸趣煩惱身中，有如來藏常無染污」；「一切眾生有如來藏。」又《大方等如來藏經》偈頌云：「譬如貧人家，內有珍寶藏；主既不知見，寶又不能言；窮年抱愚冥，無有示語者；有寶而不知，故常致貧苦。」如來藏體性清淨，雖「爲諸煩惱之所覆蔽」，但「此不淨中有眞金寶」，「眞金寶者如來藏是」〔註3〕。

《大般涅槃經》卷七云：「我今普示一切眾生所有佛性，爲諸煩惱之所覆蔽，如彼貧人，有眞金藏不能得見。如來今日普示眾生諸覺寶藏，所謂佛性。」《大般涅槃經》卷二十八云：「一切眾生悉有佛性，實不虛妄。」又《大般涅槃經》卷十六云：「唯有如來、法、僧、佛性，不在二空，何以故？如是四法，常樂我淨。是故四法不名爲空。」

一切眾生有如來藏，有佛性。如來藏即佛性，佛性即常樂我淨，爲實有。

《起信論》云：「依如來藏故有生滅心。」此意味著依止「如來藏自性清

_____

〔註 3〕引語俱出自《大方等如來藏經》。

淨心」，眾生才有生滅之染心。眾生本來是覺悟的，但煩惱所覆，不識自家寶藏，沉淪於生死輪迴的苦海中而不覺，即所謂的「依本覺故而有不覺」。亦即如來藏心受到無明的薰習，就能生起萬法；如來藏心薰習無明，則是萬法還滅、返本還源的覺悟過程〔註4〕。

如來藏諸經典不提「一切法悉有佛性」。由此可見，如來藏、佛性是針對眾有情而言的。如來藏體性常樂我淨，此亦即《起信論》中的「本覺」。

智顗的佛性主要是三因佛性。其在《金光明經玄義》中云：「云何三佛性？佛名爲覺，性名不改，不改即是非常非無常，如土內金藏，天魔外道不能壞，名正因佛性；了因佛性者，覺智非常非無常，智與理相應，如人善知金藏，此智不可破壞，名了因佛性；緣因佛性者，一切非常非無常，功德善根資助覺智，開發正性，如耘除草穢，掘出金藏，名緣因佛性。」

正因佛性是眾生能夠成佛的內在根據，此與如來藏諸經典中的佛性意思相同。了因佛性即我們所運用的般若智慧，緣因佛性即我們平時所做的一切事情〔註5〕。三因佛性相輔相成，缺一不可。智顗在早期撰述的《次第禪門》裏引用《涅槃經》說，佛性有五種名，「亦名首楞嚴，亦名般若，亦名中道，亦名金剛三昧大涅槃，亦名禪波羅蜜」（《摩訶止觀》卷九下）。重要的則是三因佛性。

三因佛性是智顗的創造。宋代遵式就此評論說：「天台所談佛性，與諸家不同。諸家多說一理眞如名爲佛性，天台圓談十界，生佛互融，若實若權，同居一念。一念無念，即了因佛性；具一切法，即緣因佛性；非空非有，即正因佛性。是即一念生法，即空假中，……圓妙深絕，不可思議」〔註6〕。「一理眞如」，即淨性；「生佛互融」，即染淨合。智顗的佛性是空假中三諦圓融，而非僅以清淨心（淨性）爲佛性。

三因佛性是以更加思辨的形式，說明了「一切眾生悉有佛性」，一切眾生悉皆如來藏。

智顗的如來藏說有其特點。他說：「如來藏即實相」（《法華玄義》卷五下）；「一切眾生皆有實相，本自有之，乃是如來藏之相貌也」（《法華文句》卷三下）；「不離眾生界即如來藏」（《法華玄義》卷十上）。

〔註4〕牟宗三：《佛性與般若》，長春：吉林出版集團有限責任公司2010年版，第463頁。
〔註5〕李四龍：《天台智者研究》，北京大學出版社2003年版，第157頁。
〔註6〕遵式：《天竺別傳》卷下，《續藏經》第二編第一輯第六套第二冊，第147A頁。

一切眾生本有如來藏。但智顗的如來藏更多的卻就無情而言的。如：「一佛乘即具三法，亦名第一義諦，亦名第一義空，亦名如來藏。」（《法華玄義》卷五下）如來藏是法華一乘。又如：「佛性即中道。因緣生法，一色一香無不中道。」（《法華玄義》卷六下）佛性是一色一香，是中道。再如：「一念心起即空即假即中者，若根若塵，並是法界，並畢竟空，並如來藏。」（《摩訶止觀》卷一下）如來藏是即空即假即中的圓融三諦。

「但空之理，不含萬德，非如來藏。」（《法華文句》卷六下）「含萬德」，當然是無情、有情一起說的。

3. 實　相

相傳，智顗在天台山華頂峰降魔悟道時，有位神僧在定境中傳授「一實諦法」。智顗後來講「圓教但明一實諦」（《摩訶止觀》卷三下），借用了這個詞。《法華玄義》卷八下：「大經云：一實諦者，則無有二。無有二故，名一實諦。又一實諦，名無虛偽。又一實諦，無有顛倒。又一實諦，非魔所說。又一實諦，名常樂我淨。常樂我淨，無空假中之異。異則為二，二故非一實諦。一實諦即空即假即中」。

「一實諦」，實即指智顗的「實相」。智顗的圓融三諦，也可以其「實相」說來加以概括。

何謂實相？《法華經·方便品》卷一：「佛所成就第一希有難解之法，唯佛與佛乃能究盡諸法實相。所謂諸法：如是相、如是性、如是體、如是力、如是作、如是因、如是緣、如是果、如是報、如是本末究竟等。」是說，任一法即具該十如是相。「十」其實是個虛數，其表達的乃是無量數的意思。「實相」亦即智顗的宇宙本體論。智顗據此作了自己的理論發揮。《法華玄義》卷八上：「即中即假即空，不一不異，無三無一。二乘但一即，別教但二即，圓具三即。三即真實相也。釋論云：何等是實相？謂菩薩入於一相，知無量相；知無量相，又入一相。二乘但入一相，不能知無量相。別教雖入一相，又入無量相，不能更入一相。利根菩薩即空故入一相，即假故知無量相，即中故更入一相。如此菩薩深求智度大海，一心即三，是真實相體也。」

利根菩薩（法華圓教）一心能觀空假中，是名「真實相體」。

實相一體有多名：「實相之體，只是一法，佛說種種名。亦名妙有、真善妙色、實際、畢竟空、如如、涅槃、虛空佛性、如來藏、中實理心、非有非無中道、第一義諦、微妙寂滅等無量異名」（《法華玄義》卷八下）。

種種異名，只是爲了從不同方面來說明實相而已。實相是一相、無相的：「云何一切法一相？所謂觀一切法無相。……觀一切法一相，一相無相。如是無量一切法悉皆一相，一相無相。」（《法華玄義》卷三下）又「實相之相無相不相，不相無相名爲實相」（《法華玄義》卷八下）。

無相亦即中道：「無相，指中道爲實相也」（《法華文句》卷二下）。

實相亦是眞空：「法華云：一切種相體性，皆是一種相體性。何謂一種？即佛種相體性也。……方等云：大空小空皆歸一空，一空即法性實相，諸佛實法」（《摩訶止觀》卷七上）。

實相以體起用，故有一切法：「體即實相，無有分別；用即立一切法，差降不同」（《法華文句》卷三下）。

須注意的是，智顗三諦圓融破斥的乃對空無、假有、中道的分別執持，其主旨則是一念中即有三諦觀。如《摩訶止觀》卷六下：「（三諦）若論道理只在一心。即空即假即中，如一刹那而有三相。三相不同，生住滅異。一心三觀亦如是：生喻假有，滅喻空無，住喻非空非有。」執持三諦中的任一端，乃非佛法。「無明有二：一迷理，二迷事」（《摩訶止觀》卷六下）。著事是無明，著理亦是無明。無所著、無所得才是眞佛，「佛法身者即是空也」（《摩訶止觀》卷六上）。「良以一心能即空假中者，一切山河石壁眾魔群道皆如虛空，一心三觀遊之無礙，終不去下陵高避山從谷，觸處諸塞皆通無礙」（《摩訶止觀》卷七上）。此乃圓融三諦的眞諦。

三、圓融之理與圓融三諦

圓融三諦實際上就是中道法，是不著空假又不離空假的中道法；圓融之理也是中道法，是不著理事又即理即事的中道法。所以圓融之理即圓融三諦。究起緣由，兩者都是源自於佛陀的緣起大法，兩者又分別是緣起大法的不同體現。圓融三諦是即空即假即中，圓融之理是即理即事；圓融三諦是空假中圓融無礙，圓融之理是理事圓融無礙；圓融三諦乃「一色一香無非中道」（《法華玄義》卷一下）、「一色一香無非佛法」（《法華文句》卷八上）、乃至「一色一切色、一識一切識、一眾生一切眾生」（《摩訶止觀》卷十下），圓融之「理」乃一即一切、一切即一。

因而，圓融之理與圓融三諦有很深的淵源。

但在「權實」這一論題上，兩者分歧嚴重。智顗主要以四悉檀爲其開權

顯實的方便。但法藏出手就直指法體，不贊成「權」方便。他說：「定權實者，謂塵事是權，空寂是實。然實非實，以理不礙事故；權亦非權，以事體即空故。若作權解實解，此非善解；若知權實俱不可得，寄言以明法體，是名善解也」（《華嚴經義海百門·決擇成就門第十》）。

法藏認為，「若作權解實解，此非善解」。而在其它很多的論題上，智顗、法藏的觀點相同。如：

1. 唯心論

《華嚴經·夜摩天宮菩薩說偈品》：「心如工畫師，畫種種五陰；一切世界中，無法而不造。如心佛亦爾，如佛眾生然；心佛及眾生，是三無差別。諸佛悉了知，一切從心轉。」《華嚴經·十地品·第六現前地》：「三界虛妄，但是心作」。《十地經論》：「三界虛妄，但是一心作。」《起信論》：「三界虛偽，唯心所作」。《華嚴經》的「心」本不預設任何立場。此正如呂澂所指出的那樣，《華嚴·十地品》第六地說到觀察緣起有「三界唯心」一句話，後世瑜伽一系的論著也時常用它作論據，好像唯心思想本來就發生於《華嚴經》似的。不過依照世親《十地經論》的解釋，經文用意在對治凡愚不明白向何處去求解脫，所以特別指出解脫的關鍵就在「心」。當然不能據此曲解《華嚴》思想為唯心一類的〔註7〕。但中國化的佛教於此則發生了根本性的逆轉。天台、華嚴教義尤重此心，而且還將其推向了形上學的高度。

智顗在他的著作中，常把華嚴唯心偈引述為「心如工畫師，造種種五陰，一切世間中，莫不從心造」。這個偈表達了心能緣起萬法的功能，宇宙萬物皆是從眾生心裏顯現出來的。又如：「釋論云：三界無別法，唯是一心作。心能地獄，心能天堂，心能凡夫，心能賢聖」（《法華玄義》卷一上）。「唯信此心但是法性」（《摩訶止觀》卷五上）。很顯然，智顗的心已是佛的異名。

法藏的心，同樣也是佛的代稱。如《妄盡還源觀》：「經云：森羅及萬象，一法之所印。言一法者，所謂一心也。是心則攝一切世間、出世間法」。心攝一切世間、出世間法。《華嚴經旨歸·釋經意第八》：「一切法皆唯心現，無別自體」。一切法乃以心為體。《華嚴經義海百門·緣生會寂門第一》：「塵是心緣，心為塵因；因緣和合，幻相方生」。因主緣從，幻相乃依「心」而生。《探玄記》卷四：「一切世間法唯是自心變異所作，心為其本」。心為一切法之大本。

〔註7〕呂澂：《中國佛學源流略講》，中華書局 2002 年版，第 366 頁。

總之，智顗和法藏視「心」爲佛。

2. 如來藏實我

佛教小乘主人無我，大乘主人無我、法無我。如此則因果報應無有承受者。中國佛教則一反印度佛教我、法二空觀，幾乎普遍地認同了以如來藏（佛性、心識）爲因果報應的實體。《摩訶止觀》卷六上：「我者即如來藏，如來藏者即是佛性」。《成唯識論》卷三：「若無此心誰變身器？復依何法恒立有情？」隨著佛教在中國的進一步發展，如來藏不但成了因果報應的主體，而且還上昇到了宇宙論、本體論的高度，成了佛教的名副其實的形而上學範疇。這一點，中國佛教各宗各派，幾乎形成了共識。

智顗的如來藏通有情、無情。

法藏的如來藏亦通有情、無情。如「界是如來藏」（《探玄記》卷三），「界」通有情、無情，「界」即無界。「如來藏舉體隨緣成辦諸事，而其自性本不生滅，即此理事混融無礙」（《探玄記》卷十三）。如來藏能成諸事，理事因如來藏而「混融無礙」。

3. 一多相即

《華嚴經・菩薩十住品》：「知一即是多，多即是一。」一多相即，是天台與華嚴的宗旨。

智顗《法華文句》卷八上：「法華論法，一切差別融通歸一法」。《法華文句》卷八下：「觀一切法，皆無所有，猶如虛空，無有堅固，不生不出，不動不退，常住一相」。一切即一。《摩訶止觀》卷八上：「具十界百法不相妨礙。雖多不有，雖一不無。多不積，一不散。多不異，一不同。多即一，一即多」。一多相即。

法藏《華嚴經義海百門・種智普耀門第三》：「一多無礙，主伴相攝。一即一切，一切即一」。《華嚴五教章》卷四：「一即多，多即一。……一即一切，一切即一」。一多相即；一即一切。

4. 理事圓融

法藏的學說是以理事圓融（事事無礙）爲最終的歸宿。

智顗的三諦圓融可以歸結爲理事圓融，即空、假二諦是事，中道諦是理。如「二空理即是中道」（《法華文句》卷八下）。中道即是我、法二空之理。究竟何謂理、事？「一切法無住者，理也；一切法者，事也」（《法華文句》卷三下）。「佛悉成就第一希有，至諸法實相即是理；所謂諸法如是相者，即是

事」(《法華文句》卷三下)。事是萬法，理是萬法之實相。理、事關係究爲如何？「即色是空，事中有理」(《法華文句》卷一下)；「觸事即理」(《法華文句》卷十下)；「事理二圓」(《《摩訶止觀》卷七下》)；「事理圓融」(《法華文句》卷八上)；「事理欲融，涉事不妨理，在理不隔事」(《法華玄義》卷五上)。理事圓融無礙。

　　若智顗學說的核心是一心三觀之中道，那麼法藏的學說核心則是法界。「即法界無法界，法界不知法界；若性相不存，則爲理法界。不礙事相宛然，是事法界。合理事無礙，二而無二，無二即二，是爲法界」(《華嚴經義海百門·緣生會寂門第一》)。邏輯上可將理法界、事法界強分爲二，實際上法界是「二而無二，無二即二」，即理事無礙圓融。

　　因此可以說，法藏的理事圓融，即是智顗的三諦圓融。

5. 一切不可得

　　《般若經》說：「我不可得，……佛不可得。」〔註8〕因爲一切法無自體，無自體乃空，故一切法亦空。這是佛法的根本。智顗、法藏亦不例外。

　　智顗說：「空破諸法。諸法是所破，空是能破。無復諸法，唯有空在。此空亦空」(《法華文句》卷九上)。一切皆空。「心本無名，亦無無名；心名不生亦復不滅。心即實相」((《法華玄義》卷一上)。「實相爲佛」(《法華文句卷八上》)。此「心」實即佛。但「求心不可得，求三千法亦不可得」(《摩訶止觀》卷五上)。求心、求佛，一切都空。

　　法藏亦說：「佛雖現我，然我求佛不得，以我即眞而無我故」(《探玄記》卷二)。無我是眞我、是佛，眞我、佛即是空。「世間與涅槃二俱不可得」(《探玄記》卷三)。佛有有爲世間、無爲世間，亦有有爲涅槃、無爲涅槃；有爲世間是凡位，無爲涅槃是佛果；無爲世間、有爲涅槃是變異報。其實都是空。

6. 性具善惡

　　何謂性？三論吉藏指出：「經中有明佛性、法性、眞如、實際等，並是佛性之異名。佛性有種種名，於一佛性亦名法性、涅槃，亦名般若、一乘，亦名首楞嚴三昧、師子吼三昧，故名『大聖隨緣善巧』，於諸經中說名不同」〔註9〕。「性」即指佛性。而佛性有兩種含義：一「佛性是佛之體性」〔註10〕

〔註8〕《摩訶般若波羅蜜經》卷三，《大藏經》8冊，第238頁。
〔註9〕吉藏：《大乘玄論》卷三，《大藏經》45冊，第41下頁。
〔註10〕隋·慧遠：《大乘義章》卷一，《大藏經》44冊，第827頁。

—— 即根本依，屬於淨法；二「佛者覺義，……性者，種子因本義」〔註11〕
—— 即成佛的可能性，屬於染淨合。佛性的「佛之體性」（淨法）是不可言
說的，所以一般的佛性義均指「成佛的可能性」（染淨合）。性具善惡之「性」
即指成佛的可能性而言。

性具善惡，智顗與法藏觀點一致。

智顗《觀音玄義》卷上：「性之善惡，但是善惡之法門。性不可改，歷三
代無誰能毀，復不可斷壞。」善惡之法，乃出於性，而性永無變異。「闡提不
斷性德之善，遇緣善發。佛亦不斷性惡，機緣所激，慈力所薰，入阿鼻同一
切惡事化眾生」〔註12〕。闡提有善性，佛亦有惡性。所以，「貪欲即是道，……
貪欲即菩提」（《摩訶止觀》卷二下》）；「障即法身，貪恚癡即般若」（《法華文
句》卷一下）。

法藏《華嚴發菩提心章》文末：「第十圓融具德門。……然此具德門中，
一法法爾，性具善惡。……於一微塵中，現有三惡道天、人、阿修羅，各各
受業報。如斯並是實事，非變化作；是法性實德，法爾如此也」。法藏認為，
性具善惡是真理。故《華嚴經明法品內立三寶章·玄義章》卷下：「若人欲成
佛，勿壞於貪欲。諸法即貪欲，知是即成佛。此經意：以『貪欲』即無性，
故不可壞；『諸法即貪欲者』，即貪欲之無性，理也。若不爾者，豈貪是一切
法體耶？」貪欲因無性、不可壞，乃理（性）也。

由此可見，「圓融三諦」與圓融之理從不同方面，反映了一個東西：「眾
生及器無非佛故」（《大乘起信論別記》）。這意味著佛對現實人生持肯定的態
度——「眾生即法身，法身即眾生」（《大乘起信論別記》）。但其更強調的是
眾生心中當下本自圓融，因為「理不礙事，純恒雜也；事恒全理，雜恒純也」
（《華嚴經義海百門·鎔融任運門第四》）。實際上，佛始終是以理想中的世界
來統馭和引導苦難中的眾生。

〔註11〕隋·慧遠：《大乘義章》卷一，《大藏經》44 冊，第 472 頁。
〔註12〕同上。

附錄二　華嚴宗非圓教？
——就牟宗三的判教說作一辨析

　　熊十力《十力語要初續》：「吾平生主張哲學須歸於證；求證必由修養，此東聖血脈也」。用牟宗三的話來表述熊氏的意思，即中國儒釋道三教走的都是「非分解地說」的路子。台宗如此，華嚴亦不例外。《莊子・齊物論》：「既使我與若辯矣，若勝我，我不若勝，若果是也？我果非也耶？我勝若，若不吾勝，我果是也？而果非也耶？……吾誰使正之？使同乎若者正之，既與若同矣，惡能正之？使異乎我與若者正之，既異乎我與若矣，惡能正之？使同乎我者正之，既同乎我與若矣，惡能正之？」就此而言，牟宗三說「圓教只有一而無二」（即天台宗），而判華嚴宗「實乃只是別教也」，實非諦當。

　　故本文擬就牟宗三的判教說及法藏與華嚴人的主要理論作一梳理。

壹、牟宗三的判教說

　　依牟宗三：中國佛弟子固亦有主觀之爭，然就佛所說而言，亦能取客觀的態度，將佛所說之各種法門以及其說法之各種方式，予以合理的安排，此之謂判教〔註1〕。牟氏的判教實是定天台為一尊。

1. 天台圓教

1.1. 天台圓教之總模式（《智的直覺與中國哲學》）〔註2〕

〔註 1〕牟宗三：《圓善論》，吉林出版集團有限責任公司 2010 年版，第 206 頁。
〔註 2〕牟宗三：《智的直覺與中國哲學》，中國社會科學出版社 2008 年版，第 279 頁。

1.1.1. 於一切染法不離不斷（行於非道通達佛道），於一切淨法不取不著：「是法住法位，世間相常住」。

1.1.2. 法性無住，無明無住，「從無住本立一切法」。

1.1.3. 性具三千，一念三千：法門不改，即空假中，虛係無礙的存有論。

1.1.4. 性德善，性德惡，法門不改，佛不斷九。

1.1.5. 性德三因佛性遍一切處：智如不二，色心不二，因果不二，乃至種種不二。

牟宗三主要觀點之一：「天台爲圓教：從無住本立一切法」（《智的直覺與中國哲學》）。「從無住本立一切法」源於《維摩詰經・觀眾生品》第七。鳩摩羅什就此釋曰：「法無自性，緣感而起。當其未起，莫知所寄。莫知所寄，故無所住。無所住故，則非有無。非有無而爲有無之本。『無住』則窮其根源更無所出，故曰『無本』。無本而爲物之本，故言立一切法也」（《維摩詰經集注》）。

1.2. 天台之所以爲圓教

1.2.1. 天台圓教不是從主觀的般若上說，而是從客觀的法上說；主觀的般若是個作用，所謂「運用之妙，存乎一心」，此般若智當然可以說圓通無礙，天台圓教並不就此處說圓。般若智只能算是圓教的「緯」，而天台圓教所以爲圓，是定在「經」與「綱」〔註 3〕上，也就是定在一切法的存在問題上（《中國哲學十九講》）〔註 4〕。

所謂「從客觀的法上說」，意味著「用非分別的方式把道理、意境呈現出來，即表示這些道理、意境，不是用概念或分析可以講的；用概念或分析講，只是一個線索，一個引路。照道理或意境本身如實地（as such）看，它就是一種呈現，一種展示（《中國哲學十九講》）〔註 5〕」。

1.2.2. 無論染淨迷悟，三千淨穢法門悉皆本有，此即所謂性具。……性具者，無論在迷在悟，此法性心皆具帶著三千法門不捨不離不脫不斷也。不過在迷時，念識作主，遂起染用，此即成生死世間；生悟時，智性作主，遂起淨用，此即成解脫世間，解脫亦不能離三千法而解脫，只是轉染爲淨而已（《智的直覺與中國哲學》）〔註 6〕。

〔註 3〕《法華玄義》卷十上「釋教相」中初出「大意」曰：「當知此經唯論如來設教大綱，不委微細綱目」。

〔註 4〕牟宗三：《中國哲學十九講》，上海古籍出版社 1998 年版，第 337～338 頁。

〔註 5〕牟宗三：《中國哲學十九講》，第 327 頁。

〔註 6〕牟宗三：《智的直覺與中國哲學》，第 268 頁。

性具，「亦稱體具、理具。意謂本覺之性悉具一切善惡諸法。就眾生與佛關係說，指一切眾生既本具佛性，又本具惡法」〔註7〕。用禪師的話講，即「青青翠竹盡是法身，鬱鬱黃花無非般若」。

2. 華嚴非圓教

2.1. 天台宗之性具是圓教，而華嚴宗之如來藏心統一切之統即不能算圓教（《心體與性體》上〔註8〕）。

案：華嚴非圓教，就在於「性起」。「就佛家內部說，天台家的性具不是真常心隨染淨緣起染淨法，因為那只是性起，而不是性具，是不具的性起，那是別教，而非圓教（《智的直覺與中國哲學》）〔註9〕」。

2.2. 依此真心系統，通過一頓教，而至華嚴毗盧遮那佛法身法界緣起之圓滿教，這還仍是別教一乘圓教，非真正了義之圓教。蓋「曲徑紆回，所因處拙」故也（《圓善論》）〔註10〕。

「所因處拙」者，謂以唯真心為準的，不能即染成淨，必「緣理斷九」而後成佛也。「曲徑紆回」者，以通過一超越的分解以立真心之隨緣不變統攝一切法，然後經歷劫修行捨染取淨也。譬如「恒沙佛法在法身上即是無量無漏功德。此無量無漏功德是由隨緣起現之一切法通過還滅後而轉成者。當初隨緣起現之一切法不得直名曰佛法。只當通過還滅後轉成功德時始得名曰佛法（《佛性與般若》）」〔註11〕

2.3. 「隨緣不變，不變隨緣」。真如心隨緣起現一切法，謂之「性起」，非「一念無明法性心」當下圓具一切法，故非「性具」。隨緣隨到處可有法起現，隨不到處則無法起現，是則於一切法之存在無圓足保證也（《圓善論》）〔註12〕。

華嚴「隨緣不變，不變隨緣」，有體用二分之疑。故不如台宗「不變即隨緣」高明。

2.4. 故真如（真常心）在迷，能生九界（六道眾生加聲聞緣覺菩薩為九

〔註7〕 賴永海：《中國佛教與哲學》，宗教文化出版社 2004 年版，第 257 頁。

〔註8〕 牟宗三：《心體與性體》上，上海古籍出版社 1999 年版，第 632 頁。

〔註9〕 牟宗三：《智的直覺與中國哲學》，第 269 頁。

〔註10〕 牟宗三：《圓善論》，第 210 頁。

〔註11〕 牟宗三：《佛性與般若》上，吉林出版集團有限責任公司 2010 年版，第 408 頁。

〔註12〕 牟宗三：《圓善論》，第 210 頁。

界），其生九界全無明功。故自行化他俱須斷九，始達佛界。眞如隨緣即眞常心之即於無明，此亦是眞常心之無住性（不守其自性清淨而陷溺即是無住，即是隨緣以俱赴）。雖無住而即於無明，然其本性本自清淨，此即其不變義。此即示眞心與無明究屬異體也，故有所覆與能覆。無明爲能覆，眞心爲所覆。故必須破無明，眞心始顯（《佛性與般若》）〔註13〕。

牟宗三釋曰：（九法界加佛界名十法界）前九法界皆不能脫離無明。成佛始脫盡。故九法界中的法猶是無明中的法也。故必超過而斷絕九界始能成佛界。此即天台宗所謂「緣理斷九」也。「緣理」者，緣空不空如來藏但中之理也。「斷九」者，以此但中之理不具九法界，故成佛亦須斷九界而始顯佛界也〔註14〕。

3. 牟宗三圓教之設準

3.1. 依天台，成立圓教所依據之基本原則及是由「即」字所示者。如說菩提，必須說「煩惱即菩提」，才是圓說。如說涅槃，必須說「生死即涅槃」，才是圓說。如依煩惱字之本義而分解地解說其是如何如何，進而復分解地說「斷煩惱證菩提」，或「迷即煩惱，悟即菩提」，或「本無煩惱，元是菩提」，這皆非圓說（《圓善論》）〔註15〕。

圓教之「即」字須斷「曲徑紆迴」的方式。照此，華嚴非圓教，乃「不即」也。因爲華嚴「『但理』爲九界所覆，亦爲九界之所依，故破處九界，始能顯出『但理〔註16〕』而成果佛。『背迷成悟，專緣理性，而破九界』，此即所謂『緣理斷九』也。別教之所以爲『緣理斷九』即在眞妄體別而依他。此依他是眞妄合，而不是『即』。故欲顯眞，必須破妄。此即所謂『即不即異，而分教殊』。『即』是圓教，『不即』是別教」〔註17〕。即不即之關鍵由於體同體異之別，而體同體異之別由於性具與性起有別。性具則體同而即。性起則體異而不即〔註18〕。

3.2. 龍樹菩薩所說之教，只限於三界以內，此即是指其所說之法的存在，

〔註13〕 牟宗三：《佛性與般若》上，第 396 頁。

〔註14〕 牟宗三：《佛性與般若》上，第 408 頁。

〔註15〕 牟宗三：《圓善論》，第 211 頁。

〔註16〕 「但只是理自己」——見《智的直覺與中國哲學》，第 199 頁。

〔註17〕 牟宗三：《智的直覺與中國哲學》，第 199 頁。

〔註18〕 牟宗三：《現象與物自身》，吉林出版集團有限責任公司 2010 年版，第 356 頁。

只限於第六識，至於第七識及第八識則未說明。由此即顯出其所說之法的限度，而此限度與小乘之限度相同，故稱其為通教，即通於小乘教之意。由通教進到第七、第八之阿賴耶識系統，法的存在進至三界外，雖然進至三界外，但卻只能詳細地說明生死流轉法，至於說明清淨法，則不夠圓滿；而且用的是心理分析的方式來說明，也就是走經驗分析的路子。凡是用分解的方式說，即非圓教〔註19〕。

圓教須摒棄「分解的方式說」，「要真正表示圓教，一定要用非分解的方式來說」〔註20〕。

3.3. 華嚴宗就佛法身法界說圓教，不開權，不發迹，說本無權可開，本無迹可發，這只顯一隔離佛之高，亦非圓說（《圓善論》）〔註21〕。

圓教須「開權顯實」。「蓋《華嚴》之妙與圓是有『隔權』之妙與圓，而《法華》之妙與圓則是無那『隔權』之妙與圓」〔註22〕。《法華經》講「開權顯實」，開是「開決」、「決了」義。權既然開決了，那麼當下即是實，所以說開權顯實。牟宗三因此說，開權顯實才是佛的本懷。「如此一來，不只小乘法需要開決，阿賴耶系統和如來藏系統，也都需要開決」〔註23〕。意即「成佛必即於九法界而成佛，不可離開任何一法而成佛」。

3.4. 但是佛教裡面所說的圓教，它所蘊含的無限是現實的無限，是從如來藏恒沙佛法佛性而來；它不是一種假定，也不是像羅素所說的邏輯意義的假定。如來藏恒沙佛法佛性的圓滿無盡、主件具足，是一種 ontological infinite，而且可以確實呈現。……我們不能只是肯定有佛，必須實際上真正可能有佛才行。而這個所以可能有佛的關鍵即在於肯定人有智的直覺（《中國哲學十九講》）〔註24〕。

牟宗三認為，華嚴宗「光是系統完整，並不表示就是圓教的意義」，而必須「肯定人有智的直覺」。

〔註19〕 牟宗三：《中國哲學十九講》，第339頁。
〔註20〕 分解即分別，非分解即非分別。依牟宗三：「凡是關於‘是什麼’（What……？）的問題，都是分別說，譬如什麼是仁義禮智信」（《中國哲學十九講》，第325頁。）；不是用概念或分析可以講的但能呈現出道理或意境的方式，即非分別說。
〔註21〕 牟宗三：《圓善論》，第211頁。
〔註22〕 牟宗三：《佛性與般若》上，第440頁。
〔註23〕 牟宗三：《中國哲學十九講》，第341頁。
〔註24〕 牟宗三：《中國哲學十九講》，第307頁。

貳、華嚴宗的理論

法藏是華嚴宗的實際創立者。他主要以晉譯六十《華嚴經》爲範本，以《起信論》義理爲支撐點，綜合唯識宗學說，發展出了一套系統完整的圓融無礙的「一乘緣起無盡陀羅尼法」。而法界緣起與性起則是法藏的特色理論。

1. 法界緣起

法界緣起觀念不是依循一般性的概念剖析路子走（即「非分別說」），而是通過對十玄門、六相、海印三昧等範疇群的解析（即「分別說」），最終達到對重重無礙的蓮花藏莊嚴世界海，或毗盧遮那佛法身、如來藏自性清淨心，或一眞法界的證會（即臺教所謂的「開權顯實」）。

1.1. 夫法界緣起爲礙容持，如帝網該羅，若天珠交涉，圓融自在，無盡難名（《華嚴經明法品內立三寶章》卷下）。

法藏釋「法界」：「一理，二事」（《探玄記》卷二〔註25〕）。「即法界無法界，法界不知法界，若性相不存，則爲理法界；不礙事相宛然，是事法界。二而無二，無二即二，是爲法界也」（《華嚴經義海百門·緣生會寂門第一》）。理法界體有相無而「理」遍徹於「事」；事法界體無相有而「事」顯眞「理」。如此理事圓融，「二而無二，無二即二」，無可名而強名之曰「法界」。

1.2. 此上十門等解釋，及上本文十義等，皆悉同時會融，成一法界緣起具德門。……此十門隨一門中即攝餘門無不皆盡，應以六相方便而會通之（《華嚴五教章》卷四）。

「十門」即十玄門；「十義」即「教義、理事、解行、因果、人法、分齊境位、師弟法智、主伴依正、隨其根欲示現、逆順體用自在」。而總別同異成壞六相則是大法界緣起之入端處，「一切諸法皆具此六相，緣起方成」（《華嚴經義海百門·差別顯現門第六》）。

1.3. 夫法界緣起，乃自在無窮。今以要門略攝爲二：一者明究竟果證義，即十佛自境界也；二者隨緣約因辨教義，即普賢境界也。初義者，圓融自在，一即一切，一切即一（《華嚴五教章》卷四）。

法界緣起有約果、約因二說：約果「即十佛自境界也」，即「不變」，即性起，即「一」；約因「即普賢境界也」，即「隨緣」，即緣起，即「一切」。

所謂普賢境界：「德周法界曰普，用順成善稱賢」（《探玄記》卷十六）；

〔註25〕《大藏經》35 冊，第 145 上頁。

境界者：依普賢行願之聖教，由教起解，由解生行，由勝解入加行，由加行得分證，由分證至滿證，達到究竟，復由究竟攝化世間，自他交互，因果該徹。「由普賢以法界為身，一切眾生皆是法界，即眾生受苦常是普賢」（《探玄記》卷七）。

法界緣起，一言以蔽之，一即一切，一切即一。「為法界自在，具足一切無盡法門；一即一切，一切即一等，即華嚴等經是也」（《華嚴五教章》卷一）。一是理，一切是事。「由即理之事故，全一即一切也；由即事之理故，全一切即一也」（《華嚴經明法品內立三寶章》卷下）。

2. 性　起

2.1. 性起者，明一乘法界緣起之際，本來究竟離於修造。何以故？以離相故，起在大解大行；離分別，菩提心中名為起也。由是緣起性故，說為起，起即不起，不起者是性起（智儼《華嚴孔目·性起品名性起章》）。

澄觀《華嚴經隨疏演義鈔》卷七九：「此性起自有二義：一從緣無性而為性起，二法性隨緣故名性起。……謂起有二：一染，二淨。淨謂如來大悲、菩提萬行等，染謂眾生惑業等。若以染奪淨，則屬眾生，故名緣起；今以淨奪染，屬諸佛，故名性起」。約「諸佛」之性起「果分不可說」，「因分可說」之「眾生惑業」則名緣起。「因果同體成一緣起。得此即得彼，由彼此相即故。若不得果者，因即不成因」（《五教章》卷四）。故性起即緣起。

2.2. 性起及緣起，此二言有何別耶？性起者即自是言，不從緣言；緣起者謂法從緣而起，無自性故。其性起者，即其法性，即無起以為性故，即其以不起為起。……言起者即其法離分別，菩提心中現前在故云為起，是即以不起為起。如其法本性故名起耳，非有起相之起（《華嚴經問答》下卷）。

據《法王經》：「一切眾生，一心佛性平等，等諸法故。只為真心不守自性，隨緣轉動，於轉動處，立其異名」。性起是真如之體，「性起雲眾生心中有微塵經卷，有菩提大樹，眾聖共證」（智儼《搜玄記》卷第三之下）〔註26〕。真如不守自性，「隨緣轉動」處則曰緣起。本是一體二名也。用王陽明的話來講，性起是「性」，緣起是「氣」，猶如「孟子性善，是從本原上說。然性善之端須在氣上始見得。……若見得自性明白時，氣即是性，性即是氣。原無性氣之可分也」〔註27〕。

〔註26〕《大藏經》35 冊，第 63 上頁。
〔註27〕《王陽明全集》上，上海古籍出版社 1992 年版，第 61 頁。

古賢曰：以有空義故，一切法得成；以有諸法故，則空義得顯。換言之：以有性起故，緣起法得成；以有緣起法故，則性起得顯。

三、牟宗三判教之簡別

牟宗三幾部重要著作裏，都涉及到判教問題。「所以我把這個問題提出來，讓大家注意思考，它的確是個哲學問題，而且是個高級的哲學問題」（《中國哲學十九講》）〔註28〕。因此之故，我們不妨綜合「思考」一番。

1.「緣理斷九」

1.1. 應知今家明「即」永異諸師。以非二物相合，及非背面翻轉，直須當體全是，方名爲「即」。何者？煩惱生死既是修惡，全體即是性惡法門，故不須斷除及翻轉也。諸家不明性惡，遂須翻惡爲善，斷惡證善。故極頓者，仍云「本無惡，原是善」。既不能全惡是惡，故皆「即」義不成。故第七記〔註29〕云：「忽都未聞性惡之名，安能信有性德之行」。……今既約「即」論斷，故無可滅；約「即」論悟，故無可翻。煩惱生死乃九界法。既十界互具方名圓，佛豈壞九轉九耶？如是方名達於非道，魔界即佛。故圓家斷、證、迷、悟，但約染淨論之，不約善惡淨穢說也。諸宗既不明性具十界，則無圓斷圓悟之義。故但得「即」名，而無「即「義也。此乃一家教觀大途（知禮《十不二門指要鈔》）〔註30〕。

牟宗三之所以推崇台宗爲圓教，就在此一「即」字。

華嚴宗之所以「不即」，是因爲「但理」與「九界」爲二體。然華嚴主「理性體融，在因爲因，在果爲果，其性平等」（智儼《華嚴孔目·融會三乘決顯明一乘之妙趣》），豈眞有因、果體分爲二乎？法藏曰：「即不即者：如塵相圓小分齊無體，唯法故說即也；不礙塵相宛然故說不即也。」（《華嚴經義海百門·體用開會門第九》）。「九界」雖無體，但「塵相宛然故說不即也」，法（「但理」）、塵體實唯一。

1.2. 既然即九法界而成佛，也就是即著地獄、餓鬼、畜生等而成佛，甚至即著一低頭、一舉手而成佛，在此種境界中，所有的法都是一體平鋪，而佛也就在此呈現（《中國哲學十九講》）〔註31〕。

〔註28〕牟宗三：《中國哲學十九講》，第 304 頁。
〔註29〕即荊溪：《法華文句記》卷第七下。
〔註30〕引牟宗三：《圓善論》，第 211 頁。
〔註31〕牟宗三：《中國哲學十九講》，第 343 頁。

《摩訶止觀》卷一：「生死即涅槃，一色一香，皆是中道」。法藏：「若人欲成佛，勿壞於貪欲。諸法即貪欲，知是即成佛」（《華嚴經明法品內立三寶章》卷下）。離貪欲即無佛。華嚴人認爲：「一切聖凡，本唯法界，無造作性，依眞而住；與一切諸佛眾生，同一心智，住性眞法界」（李通玄《新華嚴經論》卷十三）。聖凡同一眞性也。「得法界之妙用，用何有盡；從眞性中緣起，起無不妙。則理無不事，佛法即世法，豈可揀是除非耶？事無不理，世法即佛法，寧須斥俗崇眞耶？」（永明延壽《宗鏡錄》卷四三〔註32〕）佛法即世法，世法即佛法，華嚴人的法皆「一體平鋪」也。

2. 不變隨緣，隨緣不變

2.1. 隨緣者隨染淨緣起染淨法也。不變者，雖隨染淨而起染淨法，而其自身仍不失其清淨自性也。兩義合起來說，則有「隨緣不變，不變隨緣」之兩語。……嚴格言之，染淨法之起現，其直接生因只是執念，但執念亦憑依眞心而起，故云眞心隨緣也。實則眞心並不起。眞心只是執念起現之憑依因，而非其生因。因憑依眞心而起，遂間接地說眞心隨染淨緣起染淨法（《現象與物自身》）〔註33〕。

2.1. 眞常心之隨緣不變，不變隨緣，是就生滅門說的，是眞常心之現實面：「隨緣」義是其經驗的現實性（現實的染污性），「不變」義是其超越的理想性（超越的眞性）。……眞常心本身不直接起現故，又不即具一切法故（《佛性與般若》上〔註34〕）。

牟宗三判華嚴宗非圓教，緣由就在不變之「生因」與隨緣之「憑依因」是二體。其實不然，「不染而染者，明隨緣作諸法也；染而不染者，明隨緣時不失自性。由初義故俗諦得成，由後義故眞諦復立。如是眞俗但有二義無有二體」（《華嚴五教章》卷二）。不變（「不染」）、隨緣，只有眞俗之分，無有二體之別。

此外，2.1 將《起信論》一心之二門割裂。「《起信》眞如、生滅二門無礙，唯是一心者。……以眞如不變，不隨於心變萬境故，但是所迷耳；後還淨時，非是攝相即眞如故，但是所悟耳。今乃心境依持，即是眞妄，非有二體，故說一心」（澄觀《華嚴經隨疏演義鈔》卷四二）。眞如、生滅二門非二體故，

〔註32〕永明延壽：《宗鏡錄》，第 733 頁。
〔註33〕牟宗三：《現象與物自身》，第 350 頁。
〔註34〕牟宗三：《佛性與般若》上，第 399 頁。

乃一眞常心耳。「是以論之愈精而去之愈遠」（王陽明語）。

3.「性起」與「性具」

> 性具之性，亦不是「眞心即性」之性，即，不是靈知之心但中之理
> 之性，而乃是「無明即法性，法性即無明」之性，「一念無明法性心」
> 之性。此非「唯眞心」系統，而乃是唯「妄心」系統，唯「煩惱心、
> 刹那心」之系統（但卻不是阿賴耶系統）《佛性與般若》上）〔註35〕。

性具性起是牟宗三天台、華嚴圓教評判的標識性東西。法性即煩惱是屬於性具系統；而「法性外有煩惱，煩惱外有法性，法性與煩惱體別」則屬於性起系統。「然則法性與煩惱即不即關係甚大。而即不即之關鍵由於體同體異之別，而體同體異之別由於性具與性起有別。性具，則體同而即；性起，則體異而不即。即則爲圓教，不即則爲別教」〔註36〕（《現象與物自身》）。

華嚴乃（別教）一乘，「一乘緣起，緣聚不有，緣散未離」（智儼《華嚴孔目・融會三乘決顯明一乘之妙趣》）。此乃所謂性起。性起即（法界）緣起。離緣之性起是自性因作，離性之緣起是他性因作，自因、他因、自他共因作及無因作，皆爲戲論。故性起緣起，本來一體無二也。「在隨緣處」是緣起，亦是性起；「在法身處」是性起，亦是緣起。所謂「在隨緣處是緣起，在法身處是性起」（《現象與物自身》〔註37〕），實「於一眞內而妄立自他，向同體中而強分愛見」（永明延壽《宗鏡錄》卷八九）。緣起是（假）有，性起是（眞）無，「夫有無者，以惑情所執，有無皆失；理無惑計，有無皆眞。是知諸法，非實非虛，非空非有。若無於有，不成於無；若無於無，不成於有。有無交徹，萬化齊融」（澄觀《華嚴經隨疏演義鈔》卷七五）。緣起者，皆是眞性中緣起，豈屬有無（《宗鏡錄》卷三七）？一體故，緣起不離性起也。

餘　論

方東美有《華嚴宗哲學》，其重點即在闡述華嚴宗爲圓教。牟宗三則力主天台宗爲圓教。不管是何家的判教，其標準總得有個定數。即任何一家判教之圓融，必得包涵如下幾個要素：

〔註35〕　牟宗三：《佛性與般若》上，第447頁。
〔註36〕　牟宗三：《現象與物自身》，第356頁。
〔註37〕　牟宗三：《現象與物自身》，第359頁。

1. 開權顯實

1.1. 涅槃者，無對也（《中阿含經》卷五十八）。

1.2. 云何十修法？謂十正行：正見、正志、正語、正業、正命、正方便、正念、正定、正解脫、正智（《長阿含經》卷九）。

1.3. 一切法先有相，然後可知其實，若無相則不知（《大智度論》卷四）。

1.4. 諸法相待有，所以者何？若有空應當有實，若有實應當有空，空性尚無，何況有實（《大智度論》卷三一）。

如果說「西方哲學家從古代到現代，大體都是走分解的路子」，那麼佛教大、小乘無不如此。只不過西方的分解是以邏輯理性爲主要途徑，佛家的分解則是以形象化的比喻爲主要方法（唯識家則多借助於因明的分解）。此乃所謂「開權」。「非分解地說」，更是佛家所側重，如「是故癡相、智慧相無異，癡實相即是智慧，取著智慧即是癡」（《大智度論》卷八十），及「諸法實相者，不可以見聞念知能得」（《大智度論》卷十六）。然牟宗三認爲，「凡是分解說的都是權，而非分解說的才是實」〔註38〕。其實無論佛家的「分別說與非分別說」，都是「開權」。親證眞如之實、涅槃之眞、佛性之常、如來藏之淨，方是鵠的，即「顯實」。

2. 一多相即

2.1. 以一不自作一，以多作一；以多不自多，以一作多。是故唯一多一，自在無礙。或舉體全住，是唯一也；或舉體遍應，是多一也（《探玄記》卷一）。

2.2. 一全是多，方名爲一；又多全是一，方名爲多，多外無別一（《義海百門·鎔融任運門第四》）。

「多外無別一」，多之體是一，一之用是多也。

2.3. 一能持多：一有力，是故能攝多；多依一故，多無力，是故潛入一。……是故多即一：又一體能攝多，由多無性潛同一，故無不多之一，亦無不一之多；一無性爲多所成（《華嚴經明法品內立三寶章》卷下）。

「一能持多」，一即多也。

一是體，不生滅（寂滅）；多是用，生滅（隨緣）。「以用即體故，生滅即不生滅；以體即用故，不生滅即生滅。以生滅無性，用而不多；以寂滅隨緣，體而非一。非多非一，體用常冥；而一而多，體用恒現」（《宗鏡錄》卷五七）。

〔註38〕 牟宗三：《中國哲學十九講》，第 340 頁。

「用而不多」，體一；「體而非一」，雖（體）一但隨緣而現（用）多。「一多相即」，乃一即一切也。「若依圓教，即約性海圓明，法界緣起無礙自在；一即一切，一切即一」（《華嚴五教章》卷二）。

3. 體用不二

3.1. 謂了達塵無生無性一味是體，智照理時不礙事相宛然是用。事雖宛然，恒無所有，是故用即體也，如會百川以歸於海；理雖一味，恒自隨緣，是故體即用也，如舉大海以明百川。由理事互融故，體用自在。若相入，則用開差別；若相即，乃體恒一味。恒一恒二，是爲體用也（《義海百門・體用開闔門第九》）。

3.2. 謂依體起用名爲性起（《妄盡還源觀》）。

性起亦即體用。而「體即是理，事即是用」（《宗鏡錄》卷三八）。

據《宗鏡錄》卷三八：以體用二法，成其即入二義。一據體，有空不空，皆同體故，有相即義；二約用，則有有力無力，互相交徹，有力持無力故，有相入義。又以用收體，更無別體，故有相入；以體收用，更無別用，故唯相即。以體用無二，故常相即入。

就用而言，有「差別」、「無別體」，方可言「相入」；就體而言，「恒一味」、「無別用」，亦方可言「相即」。

4. 空不守自性

4.1. 謂塵體空無所有，相無不盡，唯一真性。以空不守自性，即全體而成諸法也。是故而有萬象繁興，萬象繁興而恒不失真體一味。起恒不起，不起恒起。良以不起即起，起乃顯於緣生；起即不起，不起乃彰於法界（《義海百門・差別顯現門第六》）。

4.2. 雖復隨緣成於染淨而恒不失自性清淨，祇由不失自性清淨故，能隨緣成染淨也。猶如明鏡現於染淨，雖現染淨而恒不失鏡之明淨（《華嚴五教章》卷四）。

所謂「空（真如）不守自性」，用熊十力的話來講，即「真如顯現爲一切法」。「是則曰真、曰如，言乎生之實也」。真如（本體）蘊含無限的一切可能世界的生機，「本體是萬理賅備之全體，亦即是具有無窮盡的可能的世界」（熊十力《新唯識論》）〔註39〕。所以本體必得生（呈現）萬物。又，空（真如）

〔註39〕熊十力：《新唯識論》，中華書局 1985 年版，第 380、536 頁。

不守自性，依《心體與性體》說：「此實體、性體，本是『即存有即活動』者，故能妙運萬物而起宇宙生化與道德創造之大用」〔註40〕。真如（心體、性體）「即存有即活動」，即生生不息，故能「妙運萬物」。

何以說真如「隨緣成於染淨而恒不失自性清淨」？「若說本體是不變易的，便已涵著變易了，若說本體是變易的，便已涵著不變易了，他是很難說的。本體是顯現為無量無邊的功用，即所謂一切行的，所以說是變易的，然而本體雖顯現為萬殊的功用或一切行，畢竟不曾改移他的自性。他的自性，恒是清淨的、剛健的、無滯礙的，所以說是不變易的」（《新唯識論》）〔註41〕。當然，熊十力的本體與佛學之真如是有原則區別的，但不妨互文思之。

5. 理事圓融

5.1. 圓融者，謂塵相既盡，惑識又亡。以事無體故，事隨理而圓融；體有事故，理隨事而通會。是則終日有而常空，空不絕有；終日空而常有，有不礙空。然不礙有之空，能融萬象；不絕空之有，能成一切。是故萬象宛然，彼此無礙也。（《華嚴經義海百門‧鎔融任運門第四》）

譬如「一一法、一一行、一一德、一一位，皆各總攝無盡無盡諸法門海者，良由無不該攝法界圓融故也。是謂華嚴無盡宗趣」（《探玄記》卷一）〔註42〕。「無盡無盡諸法門」即十玄門。十玄門是華嚴人所闡發的重心之所在，其主旨即事事無礙。「約事事無礙，十玄之相」（《華嚴經隨疏演義鈔》卷一）。故「華嚴無盡宗趣」即「萬象宛然，彼此無礙也」。

5.2. 謂如來藏舉體隨緣成辨諸事，而其自性本不生滅，即此理事混融無礙（《探玄記》卷十三）〔註43〕

理事圓融無礙是一切法（即「事事」）得以圓融之前提。《金師子章光顯鈔》云：「事事無礙者，即理事是無別體故也。理本遍諸事，無分齊故。觀一事無性時，圓盡法界真理。若一塵上理不遍諸事者，理性被分折，即同有為。無此過故，諸事法如理即遍也。」〔註44〕

依照黑格爾的辯證法，如果方東美的華嚴圓教說為正題，牟宗三的台宗圓教說則為反題，那麼上述圓教的諸要素則為合題（圓教合題的詳解可見於

〔註40〕牟宗三：《心體與性體》上，第 36 頁。

〔註41〕熊十力：《新唯識論》，中華書局 1985 年版，第 314 頁。

〔註42〕《大藏經‧探玄記》35 冊，第 120 下頁。

〔註43〕《大藏經‧探玄記》35 冊，第 347 上頁。

〔註44〕方立天：《華嚴金師子章校釋》，中華書局 2004 年版，第 127 頁。

永明延壽的《宗鏡錄》。雖然《宗鏡錄》的圓教觀在時間上先於方東美、牟宗三的判教說，但真理是超時空的，故不妨礙此三者之間的邏輯性連接）。華嚴宗的如來藏自性清淨心，其影響力已是不言而喻的，譬如就科學而言一切事物皆有核心，就宗教而言，凡人不即是聖人。而「無明即法性」的臺教，雖然能教人體悟到「滿街都是聖人」的真切願望，但理想畢竟不是現實，就此而言，臺教會減弱人們的社會磨練精進向上的工夫（現實層面），進一步會淡出人們的視野而失卻影響力（理論層面）。

附錄三 《華嚴經》義與李通玄的華嚴「理」佛觀

　　華嚴現存有三大聖經：東晉佛陀跋陀羅（369～429）所譯六十《華嚴經》、唐實叉難陀（652～710）翻譯的八十《華嚴經》，以及唐般若（734～？）譯的四十《華嚴經》（該文實際上是唐譯本第三十九「入法界品」的異譯，本文從略）。由《華嚴經》而發迹的中土大德有三人：法藏、澄觀和李通玄。他們把《華嚴經》由印度對佛之信仰，一轉爲中國人對心性的義理探求。此一統系，法順開其端，發展於智儼，法藏集大成，澄觀景上添花。李通玄之《華嚴經新論》則放出異樣光彩。

壹、六十《華嚴經》結構內容及理趣

　　晉譯六十《華嚴經》分三十四品，主角菩薩有普賢、文殊等，略疏如下：

1. 世間淨眼品（卷一、二）有普賢、普德智光等二十一位菩薩

　　本品講述了地、火、風、河、海等諸神，及諸龍神、諸天王、諸大梵等神力無量，「一切悉?，無所罣礙」〔註1〕。而此一切乃如來佛「種種現化施作佛事」也。

　　案：如來乃諸神之總統也。「如來出世甚難值，無量億劫時一遇」（卷一）。
　　　　「癡冥眾生盲無目，爲斯苦類開淨眼」（卷二）。「開淨眼」乃奏響了全經的主題曲。

〔註 1〕引文除非特別注明，一般出於該品中。此後各品皆如此。

2. 盧舍那佛品（卷二、四）有普賢、海慧等十菩薩

此品講述的是蓮華藏世界海之十種世界海莊嚴相，實即「五海十智」〔註2〕。「世界由智成，說海即是智」（《搜玄記》卷一下）。

案：該品的重點落在「盧舍那佛大智海」。

3. 如來名號品（卷四）有文殊、賢首等十位菩薩

此品講述的是十方世界所有四天下佛之名號各有一萬，其它世界佛之名號有百億萬。

案：此品意味著無處不有佛。

4. 四諦品（卷四、五）有文殊菩薩

講述的是四諦在娑婆世界、饒益世界、鮮少世界、知足世界等不同世界的不同名稱。

案：此品四諦雖無義釋，但實以不同名號代釋了。如苦諦，「或名恐怖或名福斷」；「苦集諦者，或名因緣」；苦滅諦者，「或名虛妄斷，或名最勝，或名常，或名住，或名無爲」；苦滅道諦，「或名出家，或名解脫」。

5. 如來光明覺品（卷五）有文殊、賢首等十位菩薩

講述的是「如來覺諸法，如幻如虛空，心淨無障礙」。

案：此品或曰如來所覺「法」乃中道——「離斷常二邊」。

6. 菩薩明難品（卷五）有文殊、賢首等十位菩薩

此品中文殊與賢首等九位菩薩之問答，著重解答的是佛法的一些基本問題，諸如「何等是佛境界？」「何等是佛境界因？」

案：該品對應《世間淨眼品》，強調「法眼清淨故，虛妄非虛妄，若實若不實，世間出世間，但有假言說」。

7. 淨行品（卷六）有智首、文殊菩薩

該品要求將自我奉戒與惠施他人的行願，貫徹到言、行、事、法中去。

案：本品在教內影響頗大。常有單行本流通。

8. 賢首菩薩品（卷六、七）有文殊、賢首菩薩

〔註2〕五海十智：諸世界海，眾生海，法界業海，欲樂諸根海，三世諸佛海；一切世界海成敗清淨智，一切眾生界起智，觀察法界智，一切如來自在智，清淨願轉法輪智，力無所畏不共法智，光明讚歎音聲智，三種教化眾生智，無量三昧法門不壞智，如來種種自在智。——見六十《華嚴經》卷三，或《華嚴經搜玄記》卷一下。

此品講述了從樹立信仰到修行達解脫的過程。突出「信」之重要，如「信為道元功德母」，「信是寶藏第一法」，以及六波羅密、諸天王神力。

　　案：該品神話味較濃，如「身上出水身下火，身上出火身下水」，「現作日月遊虛空，普照十方諸世界」（卷七）。

9. 佛升須彌頂品（卷七）有諸菩薩

該品講述的是十佛功德。

　　案：本品文字少，只有 600 字。

10. 菩薩雲集妙勝殿上說偈品（卷七、八）有法慧菩薩

該品羅列了十世界名、十佛號、十菩薩名，以及十菩薩所說大法。大法要點在「一切世界中，發心求佛者，先立清淨願，修習菩薩行」。

　　案：該品亦對應「世間淨眼品」，重視法眼，如「以諸妄想行，慧眼不清淨」，「欲知一切心，先當求法眼」。

11. 菩薩十住品（卷八）有法慧菩薩

此品講初發心，亦即三昧力法，具體化就是十住法。

　　案：該品有「所謂知一即是多，多即是一，隨味知義」句。

12. 梵行品（卷八）有法慧菩薩

此品著重明瞭「何等法是梵行」，即「觀察分別三世諸法平等猶如虛空，無有二相。如是觀者，智慧方便無所罣礙。於一切法而不取相，一切諸法無自性故；於一切佛及諸佛法，平等觀察，猶如虛空。是名菩薩摩訶薩方便修習清淨梵行」。

　　案：該品明「初發心時，便成正覺，知一切法真實之性，具足智慧身，不由他悟」。方法乃「一向專求無上菩提」。

13. 初發心菩薩功德品（卷九）有法慧菩薩

此品講人、佛功德的巨大差別。初發心菩薩「知一世界出生一切世界，知一切世界猶如虛空」。

　　案：「此初發心菩薩即是佛故」。而「欲得一切佛，明淨智慧燈，應建宏誓願，速發菩提心」。

14. 明法品（卷十）有精進慧菩薩、法慧菩薩

此品演說了十種又十種大法及六波羅蜜等法，「所有諸法皆由心造」。

　　案：該品以「淨眼境界無障礙」來對應「世間淨眼品」，實強調了「智慧

如大海」認識論之心。

15. 佛升夜摩天宮自在品（卷十）有諸菩薩

此品有 600 字。描述了佛來夜摩天寶莊嚴殿所顯現的勝景，以及未曾有法的勝相。

案：該品亦重佛之「淨眼」，如「慧眼如來世界燈，諸吉祥中最爲上」。

16. 夜摩天宮菩薩說偈品（卷十）有功德林等十菩薩

此品講十方菩薩於此世界夜摩天上雲集，十菩薩各自暢演大發。

案：該品有「心佛及眾生，是三無差別，諸佛悉了知，一切從心轉」。「心造諸如來」等句子，亦常爲人所引用。另如「法界眾生界空無差別」（卷十一）；「智慧無二無等等」（卷十二）；「法身充滿虛空法界，心與三世諸如來等」（卷十四）；「令一切眾生功德具足，與佛菩薩等無差別」（卷十七）；「令一切眾生人寶圍繞，從如來智境界出生」（卷十七）等——其差別即在於是否「如來智境界出生」也。

17. 功德華聚菩薩十行品（卷十一、十二）有功德林菩薩

此品演說了歡喜行、饒益行、無恚恨行、無盡行、離癡亂行、善現行、無著行、尊重行、善法行、真實行之大意。此十行重在強調「一切佛刹海，法海智慧海」，「佛法世間法等無差別，世間法入佛法，佛法入世間法」（卷十二）。

案：該品依然側重「彼智無與等，慧眼見一切」（卷十二）之法眼。

18. 菩薩十無盡藏品（卷十二）有功德林菩薩

此品宣說信藏、戒藏、慚藏、愧藏、聞藏、施藏、慧藏、正念藏、持藏、辯藏大意。此十無盡藏中，「信藏」爲首，信「則能護持一切佛法」。種種無盡藏，乃「令一切眾生究竟成就無上菩提」。

案：該品提出了「世間從何處來？去至何所？」以及「何等爲世間法？所謂色、受、想、行、識」。「何等爲出世間法？所謂戒身、定身、慧身、解脫身、解脫知見身」。等諸多問題。重在開啓眾生的菩提心。

19. 如來升兜率天宮一切寶殿品（卷十三）有諸菩薩

此品講不可數、不可說諸天、諸大菩薩悉從他方兜率天來，以不可思議諸供養具供養如來、讚歎如來不可思議自在神力。如來「欲令無量無邊不可思議諸佛世界一切眾生，未信者信，已信者增長善根，已增長者令其清淨，

已清淨者令其成熟，已成熟者令其解脫，得甚深法，具足無量智慧」（卷十四）。

案：該品亦開示眾生「一向專求無上菩提」（卷十四）。

20. 兜率天宮菩薩雲集讚佛品（卷十四）有金剛幢等十菩薩

此品描述了十世界、十佛、十菩薩，以及一一菩薩各將萬佛世界微塵數等菩薩眷屬來詣佛所，見不可思議佛。「佛身初無二，非一亦非二，亦復非無量，隨其所應化，示現無量身；佛身非過去，亦復非未來，一念現出生，成佛入涅槃」。此乃佛神力故也。

案：該品有「如來不出世，亦無有涅槃，以本大願力，顯現自在法，是法難思議，非心之境界，究竟彼暗智，乃見諸佛境」。此偈心、佛相異，與《夜摩天宮菩薩說偈品》心、佛無差別，成一對立。但依然側重「成就清淨慧眼，普觀法界法門」。

21. 金剛幢菩薩十迴向品（卷十四、二十二）有金剛幢菩薩

「迴向者何義？永度世間生死彼岸故說迴向」（卷二十）。十迴向的重點是——「具足善根迴向」（卷十五）——即「攝取一切眾生善根」、「成就諸佛無量善根」（卷十五）；「一一善根充滿法界，善根迴向救護眾生，令一切眾生悉皆成就清淨功德」（卷十六）；「令一切眾生於諸佛所種無盡善根，得佛無量功德智慧」（卷十七）；「猶如大海難可測量，具足善根不可窮盡，一切功德皆悉滿足」，「迴向一切眾生悉得法眼」，「於一念中悉能遍入十方世界一切佛剎」（卷二十一）；「於一佛剎一方一毛道中，成就無量無數不可思議清淨智慧」，「令一切眾生悉得平等無礙淨眼，究竟虛空法界等無礙智」（卷二十三）。

案：該品十迴向均重一「善根」，此「善根」乃菩提之心也。「善根」即法眼，即清淨智慧，即無礙智。

22. 十地品（卷二十三、二十七）有金剛藏、解脫月諸菩薩

此品中，菩薩於初地立十願，故「身口意業所作不空」（卷二十三）。「菩薩住離垢地，自然遠離一切殺生」（卷二十四）。「菩薩住明地，能觀一切有為法如實相。……是菩薩天眼清淨過天人眼，見諸眾生死此生彼，形色好惡，貧賤富貴趣善惡道，隨業受報，皆如實知」（卷二十五）。「菩薩住焰地，所有身見等著、我著、眾生著，人壽者、知者、見者著，五陰、十二入、十八界所起，屈伸、卷舒、出沒，皆悉斷滅」（卷二十五）。「菩薩住難勝地，善修菩提法故，深心清淨故，求轉勝道故，則能得佛」（卷二十五）。菩薩住現前地，

「無生法忍雖未現前，心已成就明利順忍，是菩薩觀一切法如是相，大悲爲首。世間所有受身生處，皆以貪著我故，若離著我，則無生處」（卷二十六）。「（菩薩）住遠行地，一切善根從方便智慧生，轉勝明淨，無能壞者」（卷二十六）。「（菩薩）入不動地，名爲深行菩薩，一切世間所不能測，離一切相，離一切想，一切貪著、一切聲聞辟支佛所不能壞，深大遠離而現在前」（卷二十七）。「（菩薩）住善慧地，善根明淨，照諸眾生煩惱難處」（卷二十七）。「菩薩住十地（法雲地）智慧善根，從初地乃至九地所不能及，菩薩住是地得大智照明，隨順一切智故，其餘智慧所不能壞」（卷二十八）。

案：該品是全經之綱目，亦是整個佛教之教義。「十地者，是一切佛法之根本」（卷二十三）。「十地」實成爲大乘菩薩願行皆滿，業已成佛的標誌——「一切菩薩智慧行處，悉得自在，諸佛如來智慧入處，悉皆得入，善能教化一切世間」；「一念知三世，而無有別異」（卷二十三）。該品第六地有「三界虛妄，但是心作，十二緣分是皆依心」句。其偈頌中：「知十二因緣，在於一心，如是則生死，但從心而起。」此「心」無後來哲學本體論意。「經文用意在對治凡愚不明白向何處去求解脫，所以特別指出解脫的關鍵所在，應當就『心』即人們意識的統一狀態所謂『阿賴耶』的部分去著眼，這並不是說由心顯現一切或隨心變現那樣的唯心，當然不能據此曲解華嚴思想爲唯心一類的」〔註3〕。

23. 十明品（卷二十八）有普賢菩薩

「十明」分別是：善知他心智明、無礙天眼智明、深入過去際劫無礙宿命智明、深入未來際劫無礙智明、無礙清淨天耳智明、安住無畏神力智明、分別一切言音智明、出生無量阿僧祇色身莊嚴智明、一切諸法眞實智明、一切諸法滅定智明。

案：安住此「十明」，即眞佛如來也，唯佛「乃能說演說此人功德，餘無能說」。「住此智明，悉得三世無礙智明」（卷二十九）。

24. 十忍品（卷二十八）有普賢菩薩

「十種忍」是：隨順音聲忍、順忍、無生法忍、如幻忍、如焰忍、如夢忍、如響忍、如電忍、如化忍、如虛空忍。如此，則深契「諸色從心造，示

〔註3〕 呂澂：《中國佛教源流略講》，中華書局，2002年版，第366頁。

現猶如幻，虛妄非眞實，一切有如幻，譬如工幻師」之境（卷三十）。

　　案：以此「十種忍」，「能持一切世間，以受持智慧如虛空故」（卷二十九）。

25. 心王菩薩問阿僧祇品（卷二十九）有心王菩薩

此品以「云何阿僧祇乃至不可說不可說耶？」曰：「於念念中遍遊行，諸佛刹海不可說」；「清淨所願不可說，具足菩提不可說」等等。演說了極大極大之數字概念。

　　案：該品乃描繪的是無盡蓮華藏世界海——「一佛刹有無量刹，一切佛
　　　　刹亦如是；一毛端處悉容受，如虛誇等無量刹」。

26. 壽命品（卷二十九）有心王菩薩

此品文字極少，不足 300 字。講「如此娑婆世界釋迦牟尼佛刹一劫，於安樂世界阿彌陀佛刹爲一日一夜；安樂世界一劫，於聖服幢世界金剛如來佛刹爲一日一夜；……如是次第乃至百萬阿僧祇世界；最後世界一劫，於勝蓮華世界賢首佛刹爲一日一夜；普賢菩薩等諸大菩薩充滿其中」。

　　案：該品明瞭其他世界之相對性、蓮華藏世界海之超時空性，實強調釋
　　　　迦牟尼佛之絕對性。

27. 菩薩住處品（卷二十九）有心王菩薩

此品亦只有 700 字。講八方、四大海等諸處均有菩薩常於中住。

　　案：該品明八方、四大海乃至無限世界不可稱之稱也。強調了蓮華藏世
　　　　界海無處不有佛，實指世界無量也。

28. 佛不思議品（卷三十、三十一）有諸菩薩、青蓮華菩薩

此品計有三十一類「十種佛法」。著重演說的是「諸佛種姓不可思議，諸佛出世不可思議，諸佛法身不可思議，諸佛音聲不可思議，諸佛智慧不可思議」等諸佛種種自在神力。

　　案：該品種種大法之根本可歸「於一念中悉分別知三世一切法界」（卷三
　　　　十一）；「一切諸佛知一切法皆從緣起悉無有餘，一切諸佛分別了知一
　　　　切世界悉無有餘，一切諸佛智慧分別一切法界，如因陀羅網悉無有餘」
　　　　（卷三十二）。即智慧分別，圓融無礙。

29. 如來相海品（卷三十二）有普賢菩薩

此品反覆宣說「如來頂上有大人相」、「如來有大人相」，「相」放光明，「皆悉遍照一切諸海出佛無量微妙音聲，充滿一切十方世界，普現一切佛智慧海

無量化身」（卷三十三）。

　　案：該品乃明「一切眾相悉為一相」之「一切即一」之理則。

30. 佛小相光明功德品（卷三十二）有寶手菩薩

　　此品宣講菩薩命終受生，隨所應化悉令彼見，舍離虛妄，滅除憍慢，而無所染著。

　　案：該品著重明瞭「彼一一微塵生果，悉與一切世界微塵數等」之一即
　　　　一切之義理。

　　此外，法藏為武后說金師子之喻即出於此：「諸天子，譬如明鏡錠光金玻璃鏡，與十世界等，於彼鏡中見無量剎，一切山川，一切眾生、地獄、餓鬼，若好、若醜形類、若千，悉於中現」。

31. 普賢菩薩行品（卷三十三）有普賢菩薩

　　此品以「菩薩起一瞋恚心者，一切惡中無過此惡」之遮詮法明普賢菩薩行；又以十種正法、十種清淨法、十種正智、十種巧順隨入、十種直心、十種巧方便之表詮法明瞭普賢菩薩行。

　　案：該品突出了一即一切，一切即一之哲理。如「一切眾生身悉入一身，
　　　　於一身出無量諸身」；「一切諸相如一相，一相入一切諸相」。

32. 寶王如來性起品（卷三十三、三十六）有如來性起妙德菩薩、普賢菩薩

　　此品因如來眉間白毫相中放大光明，而「必說如來性起正法」：（十種因緣）「一者發無量菩提心，不捨一切眾生；二者過去無數劫修諸善根，正直深心；三者無量慈悲救護眾生；四者行無量行，不退大願；五者積無量功德心無厭足；六者恭敬供養無量諸佛教化眾生；七者出生無量方便智慧；八者成就無量諸功德藏；九者具足無量莊嚴智慧；十者分別演說無量諸法實義」。——「如是等無量因緣，乃成三千大千世界。法如是故，無有作者，亦無成者」。「大慈為眾生歸依，大悲度脫眾生，大慈大悲饒益眾生，大慈大悲依方便智，大方便智依於如來，如來無所依」（卷三十四）。「水依風輪住，地依於水輪，眾寶樹依地，虛空無所依。智輪依如來，慈悲依智慧。功德依方便，法身無所依」（卷三十四）。「諸如來身非身故，隨所應化示現其身」（卷三十五）。「如來應供等正覺，其心平等，無有彼此，但以眾生根不同故，如來法雨現有差別」（卷三十五）。「一切聲聞緣覺菩薩，知有為法智慧，知無為法智慧，如是等一切智慧悉依如來智慧而起，悉依如來智慧而住」（卷三十六）。

案：該品開華嚴宗「性起」說之濫觴。此外，該品肯定了眾生不同，根機有別，「譬如日出，先照一切諸大山王，次照一切大山，次照金剛寶山，然後普照一切大地」（卷三十五）。

33. 離世間品（卷三十六、四十三）有普賢等十位菩薩

此品「普慧菩薩知諸菩薩大眾雲集，問普賢菩薩」200 個問題，普賢菩薩以「何等為十」之形式，於每個問題悉從十個方面來予以解答。其要點是：「於一眾生身，示現一切眾生等身」（卷三十九）。「菩薩摩訶薩知佛不可得，菩提不可得，菩薩不可得，一切法不可得」（卷四十）。「一切法即是一法，一法即是一切法，而不違眾生法相自在」（卷四十）。「於一毛孔皆悉容受一切大海」（卷四十）。「於涅槃界示現生死，相續不絕，而不著涅槃」（卷四十）。「一切眾生界悉入一眾生身，一眾生身悉入菩薩身，一切眾生界悉入如來性藏」（卷四十一）。

案：該品達極位，即成等正覺、得菩提心。故「能與一切菩薩無量智慧，住佛無二法，究竟到彼岸，具足如來不可沮壞智慧」（卷三十七）。「於無佛世界現身為佛，出興於世，令有染者悉得清淨，除滅一切菩薩業障，入無礙法界」（卷三十七）。

34. 入法界品（卷四十四、六十）有普賢、文殊等五百菩薩

此品篇幅約占全經三分之一。講的是十方世界諸菩薩俱「來向婆婆世界釋迦牟尼佛所」，皆悉顯現過去所行、所修諸波羅蜜。「此諸菩薩皆悉出生普賢之行，境界無礙充滿一切諸佛剎故，持無量身悉能往詣一切佛故，具足無礙淨眼」（卷四十五）。此品更彰顯了佛神力不可思議，故有善財童子尋訪五十二位善知識之一事。「此童子者已曾供養過去諸佛，深種善根，常樂清淨，近善知識，身口意淨，修菩薩道，求一切智，修諸佛法，心淨如空，具菩薩行」（卷四十六）。為何遠行參訪？善財童子所求諸善知識之問題，無非是「云何菩薩學菩薩行？修菩薩道？乃至云何具普賢行？」其「往詣文殊師利，問諸法門智慧境界、普賢所行」，「彌勒菩薩即以右手摩善財頂，讚言，善哉！善哉！佛子，汝亦不久當與我等」（卷五十九）。「何以故？菩提心者，則為一切諸佛種子，能生一切諸佛法故」（卷五十九）。「諸佛正法，菩提之心最為其首」（卷五十九）。「汝今入是明淨莊嚴藏大樓觀者，則能了知學菩薩行，修菩薩道，具足成就無上功德」（卷五十九）。善財童子則「以大菩薩威神力故，遠離虛妄，見三界法皆悉如夢，菩薩智慧無礙法門，入諸菩薩莊嚴法門。……

無來無去，無住無著，不生不滅」（卷六十）。善財童子最後往詣文殊師利，文殊師利「名稱普聞十方世界，常於一切諸佛眾中爲大法師」（卷六十）。其伸右手「摩善財頂而作是言，善哉！善哉！善男子，若離信根，憂悔心沒，功行不具」（卷六十）。「善財見普賢菩薩不可思議自在神力，即得十不可壞智慧法門」。——「於念念中能以一身遍一切刹，於念念中詣一切佛所，於念念中恭敬供養一切諸佛，於念念中一切佛所聞持正法，得一切佛法輪智波羅蜜門，得不思議自在智波羅蜜門，得般若波羅蜜觀諸法門，得一切法界海大方便波羅蜜門，得知一切眾生欲性智慧波羅蜜門，得普賢所得智慧波羅蜜門」——「爾時善財童子能自究竟普賢所行諸大願海，不久當與一切佛等」（卷六十）。

案：起信根，具普賢菩薩行，發菩提之心，得不可壞智慧法門，乃善財
　　童子參訪的究竟目的也。

智儼讀了六十《華嚴經》後，將經中「華藏世界海」盡以「十玄門」昭示，將凡聖之別判爲世間轉、法（智）轉——「眾生界、世界、空界及心緣界等四是世間轉，法界、涅槃界、佛智入界此三名法轉，佛出世界如來智界此二界爲智轉」〔註4〕。法藏讀了該經後，亦有所感，認爲經的「宗趣」：「一切世間法唯是自心變異所作，心爲其本」；「緣起法即是佛故，以因緣生即是不生故」；「菩薩是能化終是不能，眾生是所化終亦無化，以中邊相即能所圓融無礙」；「身無不容，內含一切，謂三世間等悉身內現，由此法界之身，豎含三位，橫該九世，是故未來諸佛亦於中現」〔註5〕。法藏由此經還發展出「一即一切，一切即一」等諸多哲理。隱能心索，深可力鈎——二位大德索隱鈎深，發微玄妙，甚爲諦當。

貳、善本八十《華嚴經》

「善」乃相對於「不完善」而言。晉譯六十《華嚴經》意旨弘遠，但文字有脫落處。唐譯八十《華嚴經》無一字可增減，就此而言，它是善本。概括八十《華嚴經》的特點：

其一，文本完整

〔註4〕智儼：《搜玄記》，《大藏經》35冊，第54中頁。
〔註5〕法藏：《探玄記》，《大藏經》35冊，第180中、194中、227上、230中頁。

據澄觀《大華嚴經略策》載：

> 大唐永隆元年，中天竺三藏地婆訶羅，此云日照。於西京太原寺，
> 即今長安崇福寺，譯出入法界品內兩處脫文。一從摩耶夫人後，至
> 彌勒菩薩前，中間天主光等十善知識；二從彌勒菩薩後，至三千大
> 千世界微塵數善知識前，中間文殊申手摩善財頂十五行經，即八十
> 卷經之初。……于闐三藏實又難陀，此云喜學，於東都佛授記寺，
> 即今敬愛寺，再譯梵文，兼補諸闕，計九千頌，通舊總有四萬五千
> 偈，合成唐本八十卷。……即於前第三本中，雖益數處，卻脫日照
> 所補文殊菩薩按善財頂十五行經。賢首法師以新舊兩經勘以梵本，
> 將日照補文安喜學脫處，遂得文續義連。今之所傳，即第四本。若
> 有八十卷初，無文殊按善財頂之經，即第三本也。

案：自晉義熙十四年（418）佛陀跋陀羅起，至唐賢首法師的校勘本，《華
　　嚴經》已譯出四個本子，「前後傳異，四本不同」。現八十卷《華嚴
　　經》流行本，即為賢首所潤色。

其二，文義精準

八十《華嚴經·十地品·初地》：

> 又發大願，願一切菩薩行，廣大無量不壞不雜，攝諸波羅蜜，淨法
> 諸地，總相、別相、同相、異相、成相、壞相，所有菩薩行，皆如
> 實說。

「六相」最初出在六十《華嚴經·十地品·初地》中。其曰：「又一切菩薩所
行，廣大無量，不可壞無分別，諸波羅蜜所攝，諸地所淨，生諸助道法，總
相、別相、有相、無相，有成有壞，一切菩薩所行諸地道及諸波羅蜜本行，
教化一切，令其受行」。但不完整。世親則「六相」完備：「經曰，又發大願，
所謂一切菩薩所行，廣大無量，不雜諸波羅蜜所攝，諸地所淨，生諸助道法，
總相、別相、同相、異相、成相、壞相。說一切菩薩所行如實地道」（《十地
經論》卷三）。

案：「六相」後來能夠成為佛家認識世界，觀察事物的不二法門，八十《華
　　嚴經》功不可沒。「六相」說始於智儼，成於法藏。智儼《華嚴五十
　　要問答》中：「其六義及前因果、理事相成，更以六法顯之。所謂總，
　　總成因果也；二別，義別成總故；三同，自同成總故；四異，諸義自
　　異顯同故；五成，因果理事成故；六壞，諸義各住自法，不移本性故」。

但智儼的「六相」理論還未成熟上昇至世界觀之高度，直至法藏晚年《華嚴金師子章》之面世，「六相」方成為華嚴宗人的重要學說之一。

其三，內容充實規範

相較於晉譯《華嚴經》七處八會三十四品，唐譯八十《華嚴經》則有七處九會三十九品。對比如下〔註6〕：

六十華嚴	八十華嚴	異　　譯
第一　寂滅道場會　四卷二品： 《世間淨眼品》 《盧舍那佛品》	第一會　菩提場中說　十一卷六品： 《世主妙嚴品》 《如來現相品》 《普賢三昧品》 《世界成就品》 《華藏世界品》 《毗盧遮那品》	
第二　普光法堂會　四卷六品： 《如來名號品》 《四聖諦品》 《如來光明覺品》 《菩薩明難品》 《淨行品》 《賢首菩薩品》	第二會　普光明殿說　四卷六品： 《如來名號品》 《四聖諦品》 《光明覺品》 《菩薩問明品》 《淨行品》 《賢首品》	《兜沙經》一卷 《菩薩本業經》一卷。 《諸菩薩求佛本業經》一卷。
第三　忉利天宮會　三卷六品： 《佛升須彌頂品》 《雲集妙勝殿上說偈品》 《十住品》 《梵行品》 《初發心菩薩功德品》 《明法品》	第三會　忉利天宮說　三卷六品： 《升須彌山頂品》 《須彌山頂上偈讚品》 《十住品》 《梵行品》 《初發心功德品》 《明法品》	《菩薩十住行道品經》一卷； 《菩薩十法住經》一卷； 《菩薩十住經》一卷。
第四　夜摩天宮會　三卷四品：	第四會　夜摩天宮說　三卷四品：	

〔註6〕可參考蔣維喬：《中國佛教史》，上海古籍出版社，2004年版，第27～30頁。

《佛升夜摩天宮自在品》 《夜摩天宮菩薩說偈品》 《十行品》 《菩薩十無盡藏品》	《升夜摩天宮品》 《夜摩宮中偈讚品》 《十行品》 《十無盡藏品》	
第五 兜率天宮會 十卷三品： 《升兜率天宮一切寶殿品》 《菩薩雲集讚佛品》 《金剛幢菩薩十迴向品》	第五會 兜率天宮說 十二卷三品： 《升兜率天宮品》 《兜率宮中偈讚品》 《十迴向品》	
第六 他化自在天宮會 十三卷十一品： 自《十地品》至《寶王如來性起品》，共十一品。	第六會 他化自在天宮說 六卷一品： 《十地品》	《漸備一切智德經》五卷； 《十住經》四卷； 《十住經》十二卷。
	第七會 普光明殿說 十三卷十一品： 《十定品》（晉譯無此品） 《十通品》 《十忍品》 《阿僧祇品》 《壽量品》 《諸菩薩住所品》 《佛不思議法品》 《如來十身相海品》 《如來隨好光明功德品》 《普行品》 《如來出現品》	《等目菩薩所問三昧經》二卷 《如來興顯經》四卷 《顯無邊佛上功德經》一卷； 《佛說較量一切佛剎功德經》一卷。 《如來秘密經》二卷
第七 普光法堂重會 七卷一品： 《離世間品》	第八會 普光明殿說 七卷一品： 《離世間品》	《度世品經》六卷
第八 給孤獨園會 十四卷一品： 《入法界品》	第九會 給孤獨園說 二十一卷一品： 《入法界品》	《佛說羅摩伽經》四卷

案：晉譯本以《十地品》（缺《十定品》）、《十明品》、《十忍品》、《心王菩薩問阿僧祇品》、《壽命品》、《菩薩住處品》、《佛不思議法品》、《如

來相海品》、《佛小相光明功德品》、《普賢菩薩行品》、《寶王如來性
起品》等十一品同爲第六會而少了「一會」，所以只有八會。唐譯八
十《華嚴經》中的《如來現相品》、《普賢三昧品》、《世界成就品》、
《華藏世界品》、《毗盧遮那品》等五品在晉譯本中合譯爲《盧舍那
佛品》一品。晉譯、唐譯本的七處場所皆相同。七處分別是「菩提
場」、「普光法堂」、「忉利天宮」、「夜摩天宮會」、「兜率天宮」、「他
化自在天宮」、「給孤獨園」（亦名「逝多園林」），其中「普光法堂」
集會三次。

其四，「眾經之王」

《華嚴經》素有「佛經之母」「眾經之王」之稱。

《大智度論》卷十一：

> 問曰：菩薩斷結清淨，復何以行般若波羅蜜？
>
> 答曰：雖斷結使，十地未滿，未莊嚴佛土，未教化眾生，是故行般
> 若波羅蜜。

「十地」說，乃《華嚴經》強調的修行不可或缺的階級，成佛與否要看十地。

案：羅什法師的《大智度論》，則遍引《華嚴經》及其逸出經（如《漸備
經》、《十地經》）中的術語，譬如「迴向」、「佛不可得」、「三界所有
皆心所作」等。因此，《華嚴經》的影響可管窺一斑。

永明延壽《宗鏡錄》：

> 爾時善財童子，恭敬右繞彌勒菩薩摩訶薩已，而白之言：「唯願大聖
> 開樓閣門，令我得入」。時彌勒菩薩前詣樓閣，彈指出聲，其門即開，
> 命善財入。善財心喜，入已還閉。……釋曰：彈指出聲，其門即開
> 者，創發明處，豁見性時，名之爲開；入已還閉者，所悟如本，非
> 從新得，故云還閉（卷三十八）。

> 善財首見文殊，已明根本智，入聖智流中；然後遍參道友，爲求差
> 別智道，習菩薩行門，愚無厭足國王如幻法門，見勝熱婆羅門無盡
> 輪解脫，尚乃迷宗失旨，對境茫然。故知，佛法玄微，非淺智所及
> （卷四十二）。

善財童子是個無知的小孩，是凡夫，但他又是佛子。他未登地〔註7〕之前是地

〔註 7〕非聲聞、緣覺、菩薩三乘共十地（乾慧地、性地、八忍地、見地、薄地、離

前菩薩，自參訪第一位善知識起，他就是登地菩薩，參畢五十三位善知識，行滿十地，即與佛無異。善財童子因此而成爲佛教信眾求法得道的典範。

　　案：善本八十《華嚴經》自刊出之時起，已是教內外大德、居士「聞所成慧、思所成慧、修所成慧」所由之的必修科目。

　　法藏的「六相」理論根本是源於八十《華嚴經》，澄觀的「四法界」說實是《華嚴經》（根據在八十《華嚴經》）義理的高度概括。方東美指出，「只有在佛學上面，所謂四十卷的華嚴經，就是八十卷的華嚴經最後的一大章『入法界品』，可以說是全世界上最好的哲學概論」〔註8〕 ── 可見八十《華嚴經》的王者風範。李長者的《新華嚴經論》亦即由此開出。

三、無所得之佛境

　　《新華嚴經論》義理豐贍，其根柢除深植於中土外，亦深植於八十《華嚴經》。

　　據六十《華嚴經》：

　　佛法及菩提，求悉不可得（卷十四）。

　　求佛不可得（卷三十九）。

　　知一切世間皆如變化（卷四十五）。

　　知一切佛及與我心，皆悉如夢。知一切佛悉如電光（卷四十七）。

　　一切諸法皆悉如夢（卷五十）。

　　又八十《華嚴經》：

　　一切諸法，虛妄不實。速起速滅，無有堅固，如夢如影（卷十九）。

　　佛法及菩提，二俱不可得。佛體不可得（卷二十三）。

　　求佛不可得，求菩薩不可得，求法不可得（卷五十五）。

　　知世悉如幻，一切佛如影，諸法皆如響（卷七十一）。

　　佛者，覺也。覺了人無我，覺了「我」爲五蘊和合而成，「以物待物，不以己待物，則無我也」（《二程集・遺書》卷十一）；覺了法無我，「知一切法，皆是自心而無所著」（八十《華嚴經》卷十八），「以其心普萬物而無心」（《二程集・答橫渠張子厚先生書》）。八十《華嚴經》卷三十七：三界所有，

　　欲地、已作地、辟支佛地、菩薩地、佛地──見《大智度論》卷五十）。

〔註 8〕方東美：《中國大乘佛學》，臺北：黎明文化事業公司，1984 年版，第 147 頁。

唯是一心。心者本心也，非習心也。本心曰天，習心曰人。「天常見人，人不見天」。天人無二。「仁者，渾然與物同體」（「仁」字吃緊）。以天地萬物為一體，莫非己也（《二程集‧遺書》卷二）。天人，本一原。故「知心空寂，則名相泯，而真體合。達無住本，則妄想亡而正智生。真本不可以功成，要亡功而本就」（《華嚴經疏鈔‧鈔》卷二）。惟「亡功」（無所得）而「本就」（成佛）也。本就之無所得即清淨法界。「清淨法界者，謂離一切煩惱所知客塵障垢，一切有為無為等法無倒實性，一切聖法生長依因，一切如來真實自體。無始時來自性清淨。具足種種過十方界極微塵數性相功德，無生無滅猶如虛空。遍一切法一切有情，平等共有，與一切法不一不異，非有非無。離一切相一切分別一切名言。皆不能得。唯是清淨聖智所證」（《佛地經論》卷三）。

華嚴經無所得之佛境，非凡人所有（但人人悉具），只為菩薩摩訶薩根本智所觀照。「智體無依，性無形質，神無不遍，自體真空，起如幻身」（《新華嚴經論》卷三十七）。智之真空不壞妙有之幻生。「無行無修，無求無得無證，以此求菩薩道，即不離菩提心，但求菩薩道，成菩提心」（《新華嚴經論》卷三十五）。菩提心即根本智。根本智亦曰聖智。「聖智無心，以萬物心為心，而物無違也」（《新華嚴經論》卷三十六）。聖智即萬物心（眾生心）也。「一切差別行差別智，從法身根本智生」（《新華嚴經論》卷四十）。萬象森然，乃從根本智起。「一切法皆是佛法」（八十《華嚴經》卷五十四），猶如「空中乾體，普含眾象皆現其中，不相礙也」（《新華嚴經論》卷三十九）。臻於斯境，乃「處真不證，在纏不污法門，遍周法界，誰是誰非，此非世情思度」（《新華嚴經論》卷三十七）。即真佛也。

肆、一真法界之藏體

於此蓮華藏，世界海之內，一一微塵中，見一切法界（六十《華嚴經》卷四）。

華藏世界海，法界等無邊，莊嚴極清淨，安住於虛空。……世界法如是，種種見不同，而實無有生，亦復無滅壞，一一心念中，出現無量剎（八十《華嚴經》卷十）。

如來法身藏，普入世間中，雖在於世間，於世無所著（八十《華嚴

經》卷四十九）。

何謂藏？澄觀：「一一體含無限法界，生無盡果，故名爲藏」（《華嚴七處九會頌釋章》）。李通玄：「藏者，含容義。含容法界一切法門因果法皆無盡故」（《新華嚴經論》卷八）。藏即體也。

　　《華嚴經》裏的華藏世界海、如來藏，即《新華嚴經論》中的一眞法界。《宗鏡錄》卷七十七：「老子云：無名天地之始，有名萬物母。若佛教意，則以如來藏性轉變爲識藏，從識藏變出根身器世間一切種子。推其化本，即以如來藏性爲物始也。無生無始，物之性也。生始不能動於性，即法性也」。「物之性」，即如來藏性，即法性，即一眞法界性。《宗鏡錄》卷八十五：「相隨眞起，即相而可辯眞原。覺因妄生，因妄而能知覺體。無妄則覺不自立，無眞則相無所依。眞妄相和，染淨成事。唯眞不立，無妄而對誰立眞。單妄不成，無眞而憑何說妄。眞妄各無自體，名相本同一原」。「一原」，乃一眞法界也。一眞法界，「此有二位：一在纏性淨法界爲所信境，二出纏最清淨法界爲所證境」（《華嚴經疏鈔·疏》卷六）。經曰：初發心時便成正覺。聖凡、出纏在纏、本覺始覺，唯依一眞法界爲判。「特有迷悟不同，遂有眾生與佛」。

　　若眞如是佛教大小乘的藏體（宇宙本體），一眞法界則是華嚴一乘的藏體。「以一眞法界爲玄妙體」（《華嚴經疏鈔·鈔》卷一）。何謂一眞法界？「唯一無分別法耳，無有際畔，不涉一多。以即邊而中，故無法可比。以即妄而眞，故無法可待。豈更佛法待於佛法？唯一絕待如來法界故。出法界外，無復有法。無所可待，亦無所絕。唯證相應，不在言說」（《宗鏡錄》卷三十一）。一眞法界非言語所表，乃須親證。澄觀：「本無內外，不屬一多。佛自證窮。知物等有，欲令物悟。義分心境：境爲所證，心爲能證。……心則諸佛證之以爲法身，境則諸佛證之以爲淨土」（《華嚴經疏鈔·疏》卷一）。「法身」「淨土」，皆一眞法界之異名。

　　《新華嚴經論》卷三十二：「身心境界，性自無依，名之爲法。一多通徹，眞假是非障亡，名之爲界。又純與智俱，非情識境，名之爲法界。又達無明識種，純爲智用，不屬迷收，是無依智之境界，名爲法界」。法界，即佛之境界。「總唯法界，皆爲佛事」（《新華嚴經論》卷四十）。「眞智慧故，名之爲眞」（《新華嚴經論》卷十五）；「一切處，法皆眞也，表一眞法界也」（《新華嚴經論》卷三）。一眞法界藏體無眞妄，亦無分際。「一切諸行分別，皆從如來聲語心意境界諸行分別中生。皆無體無性，無我無人，但以法界無作自性緣生。

本無根栽處所可得。性自法界，無有內外中間」（《新華嚴經論》卷三十七）。此意味著，眾生自真，本無出沒，一切諸行悉皆清淨，世間出世間法，共為一法。「無明從本以來是不動智佛」（《新華嚴經論》卷十七）。無明與佛，體性一也。「住煩惱大海，於一切法無思無為，即煩惱海枯竭，塵勞山便成一切智山，煩惱海便成性海。若起心思慮，所有攀援，塵勞山逾高，煩惱海逾深」（《新華嚴經論》卷二十六）。若不「起心思慮」，即入一真法界（性海）也，即佛也。反之，則凡也。

伍、智悲雙運之迴向

> 我當普為一切眾生備受眾苦，令其得出無量生死眾苦大壑。……我當於彼地獄、畜生、閻羅王等險難之處，以身為質，救贖一切惡道眾生，令得解脫（八十《華嚴經》卷二十三）。

> 常觀一切諸佛菩提，永捨一切諸雜染法，修行一切菩薩所學，於一切智道，無所障礙。……普攝善根令其增長，迴向諸佛無上菩提（八十《華嚴經》卷二十四）。

> 了達其性皆非性，不住世間亦不出，一切所行眾善業，悉以迴向諸群生（八十《華嚴經》卷二十五）。

《華嚴經》的理趣就在迴向。大心凡夫首先迴向佛智慧：「自覺自身法身根本智，與佛真性，性相平等，同無性味，混然法界，自他情盡，唯佛智慧」（《新華嚴經論》卷六）。其次迴向眾生：「一切諸佛，以一切眾生心智慧而成正覺。一切眾生，迷諸佛智慧而作眾生，及至成佛時，還成眾生迷理之佛」（《新華嚴經論》卷六），即以覺悟眾生為使命。迴向義有三：一迴向實際，二迴向無上菩提，三迴向眾生（智儼《孔目卷》卷二）。澄觀迴向亦有三義：一迴向無上菩提，二迴向一切眾生，三迴向真如（《大華嚴經略策》）。迴向實際、迴向真如，乃真佛法也。「迴向者何義？永度世間生死彼岸故說迴向」（六十《華嚴經》卷二十）。「永度世間生死彼岸」，乃入法界也，達實際、證真如也。「迴向者，令諸事法皆入理故」（《新華嚴經論》卷七）。「理」，乃真如也。

如何迴向？乃智悲雙運也。「佛法大海，要唯此二。智造真境，悲以兼濟。有悲無智，愛見是生；有智無悲，墮二乘地。今以忘機之智，導無緣之悲，不滯空有二邊，不住涅槃生死。故雖涉有化物，而未始迷空；雖觀寂滅無心，而化四生九類。如二輪之致遠，具悲智而果圓」（《大華嚴經略策》）。《華嚴經》

之所以立十迴向。「約此十迴向大悲之際，智育遍周之門，長養大悲使令堅厚，更無餘法別有進求」（《新華嚴經論》卷二十三）。智度菩薩母，悲爲佛本懷。「我不覺悟眾生，誰當覺悟？我不清淨眾生，誰當清淨？」（八十《華嚴經》卷十九）二乘自利，厭苦集樂滅道之法，留惑樂空出纏，別求淨土。一乘自利亦利他，得佛菩提，「用入世間，同一切凡夫事業，成大慈悲行，使普賢行得圓滿故。雖同俗染，以智無染性，處世無著故，如蓮花處水，恒生水中不濕故」（《新華嚴經論》卷二十六）。無悲不成普賢行，無智難以蓮花顯。

陸、體用一如之理佛

《華嚴經》，「此經付囑最上大心凡夫，唯求如來不思議乘，生佛家者。若無大心凡夫，求此法門，生如來家，此經當滅」（《新華嚴經論》卷六）。於華嚴大經中，求佛不可得，但大心凡夫，可會佛入理。

1. 不變隨緣

法藏《華嚴五教章》卷四：

> 問：眞如是有耶？答：不也，隨緣故。問：眞如是無耶，答：不也，不變故。

> ……由不變故，隨緣顯示。……由隨緣故，不變常住也。

法藏以爲，眞如「隨緣成染淨時，恒作染淨而不失自體，是即不異無常之常」。此即隨緣不變義。眞如不守自性，必隨緣顯示萬法，「若不隨緣成於染淨，染淨等法即無所依」。此乃不變隨緣義。「眞如有二義：一不變義，二隨緣義」（法藏《大乘起信論別記》）。如金莊嚴具者，眞如隨緣成生滅，生滅無體即眞如。猶眞金隨工匠之緣，成諸器物，器物無體，即是眞金。佛之大法，無斷無常，惟不變而隨緣起現萬法也。「若唯不變，性何預於法？若但隨緣，豈稱眞性？故隨其流處，有種種異，而其本味停留雪山。又若性離於法，則成斷滅。法離於性，則本無今有。又法若即性，性常應常。性若即法，法滅應滅」（《華嚴經疏鈔·疏》卷二十一）。眞法性不著斷滅，亦不著恒常。

《新華嚴經論》卷二十六：「至十一地，所利眾生，等同法界。隨根隨時，對現色身，無生不利，不爲而用，不作而應。以普光明智，不屬方所，同眾生心，任物現形，無往來故」。「隨根隨時，對現色身」等，即隨緣所顯之法；「不屬方所，同眾生心」等，即不變之光明智體。萬法體無自性入眞空即非有，光明智恒照寂體眞空而不壞幻有方生方滅即非無。非有非無，乃眞空不

變隨緣也。

（真如）不變隨緣──是一念也（「一念者，為無念也。無念即無三世古今等法以明法身無念，一切眾生妄念三世多劫之法，不離無念之中」）；是一生也（「言一生者，時終不延，智終不異，生終無生」）；是無時也（「計著三世法，總現無時中。了達無時法，一念成正覺」）；是一性也（「一性者，所謂無性」）；是根本智也（「以根本智觀照力，成差別智」）；是無也（「有無互為緣起」）；是華藏世界海也（「此華藏世界所有莊嚴境界，能現諸佛業、眾生三世所行行業。因果總現其中。或過去業，現未來中；或未來業，現過去中；或過去未來業，現現在中」）；是法界也（不移本處而充法界。一一身相及毛孔，國剎重重；菩薩佛身，互相徹入；雜類眾生亦皆無礙」）；是理也（「即事是理，以理是事」〔註9〕）。

不變隨緣，即是依真如之體而起萬象之大用。其體其用，本一如而無二性，惟大圓鏡智所收。

2. 依體起智用

《佛地經》倡四智說，即大圓鏡智、平等性智、妙觀察智及成所作智。

> 大圓鏡智者，謂離一切我我所執一切所取能取分別，所緣行相不可了知，不愚不忘，一切境界不分別知，境相差別一切時方無間無斷，永離一切煩惱障垢有漏種子，一切清淨無漏功德種子圓滿，能現能生一切境界諸智影像，一切身土影像所依，任持一切佛地功德，窮未來際無有斷盡，如是名為大圓鏡智。平等性智者，謂觀自他一切平等大慈大悲恒共相應，常無間斷，建立佛地無住涅槃隨諸有情所樂，示現受用身土種種影像，妙觀察智不共所依，如是名為平等性智。妙觀察智者，謂於一切境界差別，常觀無礙攝藏一切陀羅尼門三摩地門諸妙定等，於大眾會能現一切自在作用，斷一切疑雨大法雨，如是名為妙觀察智。成所作智者，謂能遍於一切世界，隨所應化應熟有情，示現種種無量無數不可思議佛變化事，方便利樂一切有情常無間斷，如是名為成所作智（《佛地經論》卷三）。

「此四智寶，薄福眾生所不能見。何以故？置於如來深密藏故。其一一智，皆云平均正直，端潔妙好。……四智是本覺智」（《華嚴經疏鈔・鈔》卷九）。

〔註9〕引文分別見《新華嚴經論》卷十三、卷二十三、卷二十六、卷三十四、卷十三、卷一、卷三十九。

薩特曾對人的意識作了這樣的揭示：對象意識、意識的意識（反思），以及作為該二意識結構的非反思的意識。「正是非反思的意識使反思成為可能：有一個反思前的我思作為笛卡爾我思的條件」〔註 10〕。三種意識乃三位一體，不可獨自存在。《佛地經》的四智即與此相仿。「四智是本覺智」，即佛根本智，亦即薩特的非反思的意識（笛卡爾的我思）。《華嚴經》：「決定了知一切諸法，智慧最勝」（八十《華嚴經》卷二十）；「佛子，於佛法中，智慧為首」（六十《華嚴經》卷六）。佛教之八萬四千法門，全部意旨即在般若智慧（的獲得）。「慧但是對，而非是法，非所對」（《華嚴經疏鈔·疏》卷三），即智慧為體（《大華嚴經略策》）。「萬法依於佛智，究竟還至一切智」（《華嚴經疏鈔·疏》卷十三）。「一切智」即《新華嚴經論》的根本智，此乃一切法成立的條件。

《新華嚴經論》的根本智（有似笛卡爾「我思」）的作用：

（1）智照實相

「隨理智，生死恒真」（《新華嚴經論》卷十三）。萬法本性恒真，而無流轉，亦無虛妄，亦無真實。「真妄兩忘，唯佛智海故」（《新華嚴經論》卷十五）。真妄一相，一相無相，無相即實相，惟佛智海觀照實相之極。「佛智契如」（《華嚴經疏鈔·疏》卷十一）。如即萬法實相。

（2）根本智本體化

「智體不成亦不壞」（《新華嚴經論》卷二十三）。亦在凡不減，在佛不增。無所從來，亦無所去。「以根本智，與一切眾生作無明生死之因果」（《新華嚴經論》卷三十九）；「隱顯萬端，不離一真之智」（《新華嚴經論》卷十三）；「以法性理中，所分別所緣利物，皆以智為依止」（《新華嚴經論》卷三十八）。究其極，「智慧為體」（《新華嚴經論》卷三十五），亦即「般若為生母，以方便為父」（《新華嚴經論》卷四十）。

（3）根本智法身化

「法身者，即如來智慧也」（《新華嚴經論》卷一）。「智慧無邊無染著」（八十《華嚴經》卷五十）。萬行不得智而行者，即有限礙。「由此智用，即寂同真。是故隨一一用，遍一切處」（《華嚴經疏鈔·疏》卷十一）。「遍一切處」者，惟法身也。以法身無垢為體，報得佛身及化身為智用，乃依體起智用也（《新華嚴經論》卷二十三）。「順法身，萬象俱寂，隨智用，萬象俱生」（《新

〔註10〕〔法〕薩特：《存在與虛無》，北京：三聯書店，2011 年版，第 11 頁。

華嚴經論》卷十三）。體寂用顯（生），而萬象無不爲法身所遍覆。

3. 理事圓融

> 精進智慧者，乃聞如來藏（六十《華嚴經》卷三十七）。

> 如來藏身，不生不滅，善巧方便，普現世間（八十《華嚴經》卷二
> 十四）。

佛教自漢末傳入中國以來，釋迦牟尼佛、盧舍那佛等名號逐漸地有被如來佛名號所取代的趨勢，以致中國佛教的意蘊，即可析取如來藏作爲其代表。「如來藏說，可說是中國佛學的主流！依此去觀察，如賢首宗說『性起』，禪宗說『性生』，天台宗說『性具』，在說明上當然不同，但都是以『性』──『如來（界）性』、『法（界）性』爲宗本的」〔註11〕。何謂如來藏？如來藏即佛性。「一切眾生皆如來藏」（《華嚴經疏鈔・疏》卷七十一）。如果說印度早期佛教成長的特點是其宗教性，而後來中國佛教發展的特點則是其哲理性。「早期的或阿含經時代的佛教是同晚期的或學理時代的佛教相對峙的」〔註12〕。

自始至終，眞如是佛教的最高本體。「理是眞如」（《法華文句・釋方便品》）。「理是如來藏」（《法華玄義》卷五下）。在中國佛教中，佛的內涵有了根本性的改變，即佛的哲理化趨向更明顯。「至於佛教，這在世界上擁有最多數信奉者的宗教，根本不包含什麼有神論」〔註13〕。此話說的就是中國佛教。中國佛學所關注的乃是佛的義理。李通玄的佛就是理。

> 夫有情無情者，此是依業說。夫論成佛者，非屬業故。……見有情
> 成佛，見無情不成佛，此爲自身業執。如是解者，終不成佛（《新華
> 嚴經論》卷六）。

無情之所以能成佛，「言非情但有其理遍故，只如成佛，豈可理外別有佛耶？若理即是佛者，於此理中，情與非情，本無異相。豈從妄情立情非情耶？」（同上）無情有理，故能成佛。「有情無情，皆悉同體」（《新華嚴經論》卷三十九）。無情有情，體性一也，即理也。故「蓮華藏世界中，境界盡作佛事，以是智境，非情所爲故。聖者以智歸情，令有情眾生報得無情草木山泉河海，悉皆

〔註11〕印順：《如來藏之研究》，北京：中華書局，2011 年版，第 3 頁。

〔註12〕〔俄〕舍爾巴茨基：《大乘佛學》，北京：中國社會科學出版社，1994 年版，第 55 頁。

〔註13〕〔德〕叔本華：《作爲意志和表象的世界》，北京：商務印書館，1997 年版，第 661 頁。

隨智回轉，以末爲本故。如世間有至孝於心，冰池湧魚，冬竹抽筍」（《新華嚴經論》卷三十九）。

一切眾生體自眞理，智等如來，何故從迷成諸業苦？

答曰：爲眞如理智，體皆無性，無性理智，不能自知，若也自知，不名無性。但眾生緣，隨境流轉，不知善惡。爲隨境變，業有差殊。或因佛菩薩爲說苦因，或自因苦生厭方求正見不苦之道。若也未厭苦果，終不信聖言，未可自知是眞是假，是苦是樂（《新華嚴經論》卷二十四）。

是說，眾生之所以有「諸業苦」，是因爲眾生「不信聖言」，「隨境流轉」，不知眞假、苦樂皆爲一味眞理之所顯，眞理卻無性，無性即無苦無樂也。華嚴大經，本「爲上上根人，頓示本智。……此法門，如來不爲餘眾生說，唯爲趣向大乘菩薩者說」（《新華嚴經論》卷六）。凡夫不信不覺眞理，故五道輪迴，有生死之苦。

「理是佛所住」（《華嚴經疏鈔·鈔》卷一）。華嚴佛即是理。「佛者覺也」（《新華嚴經論》卷三十七）。覺空色一理，理事一味，所覺能覺一性。「事外求理，二乘偏眞。照事即理，菩薩大悟。色外無空，全色爲空；空外無色，全空是色。色謂緣生之法，空謂無性之理。由緣生故無性，即色事而是眞空。由無性故從緣，即空理而爲色事」（《大華嚴經略策》）。覺理事圓融，「即事而常理」（《新華嚴經論》卷十一），乃眞佛也。

餘　論

歐陽大師斷定佛法爲非宗教、非哲學——概宗教家之信仰唯依乎人，佛法則唯依於法；宗教以上帝爲萬能，佛法則以自心爲萬能；宗教以宇宙由上帝所造，佛法則三界唯心、萬法唯識，山河大地與我一體，自識變現非有主宰；宗教於彼教主視爲至高無上，而佛法則種姓親因唯屬自我，諸佛菩薩譬如良友但爲增上。……哲學家所言之眞理乃屬虛妄，佛法言眞如乃屬親證；哲學家求眞理不得便撥無眞實，佛法則當體即是更不待外求；哲學家之言認識但知六識，佛法則八識五十一心所無不洞了〔註14〕。「佛法者，有其究竟唯

〔註14〕見王恩洋：《佛法爲今時所必需》，《歐陽竟無佛學文選》，武漢大學出版社，2009 年版，第 15 頁

一之目的,而他皆此之方便。所謂究竟目的者,大菩提是。何謂菩提?度諸眾生,共證正覺是也;正覺者,智慧也」〔註15〕。歐陽竟無所信之佛法,乃智慧也。

方東美等判定佛法是宗教亦是哲學——蓋「真正的宗教是根據最高的智慧、最高的價值、最高的生命行動,為使這個現實世界超化、轉化,使它成為一個理想的世界」〔註16〕;「佛家是代表一個先覺的精神」〔註17〕。「哲學要拯救世界的錯誤」(《華嚴宗哲學》上,第132頁)。其拯救的唯一途徑則在於智慧。「假如沒有智慧,哲學還是要死亡的」(《方東美先生演講集》,第139頁)。依方東美,真正的宗教講的是智慧,佛家講智慧,哲學家亦講智慧。

六十《華嚴經》卷四十七:「智慧觀照,普照一切,於己身中,悉現一切世界成壞」。《華嚴經疏鈔·疏》卷二十五:「無慧不見佛」。《新華嚴經論》卷三十一:「悟智即佛,不約神通」。智慧……何止佛教?智慧乃天下之公器也。須知歐陽竟無、方東美等乃洞察天地者也(即覺悟者)。惟如此覺悟者,方仁者見仁,智者見智。故歐氏的佛法非宗教亦非哲學,方氏等的佛學既是宗教亦是哲學,乃「不約神通」而自證佛理也,儘管命題表達有所不同,實乃入室不同門也。

〔註15〕《歐陽竟無佛學文選》,武漢大學出版社,2009年版,第2頁
〔註16〕方東美:《華嚴宗哲學》上,臺北:黎明文化事業公司,1981年版,第77頁。
〔註17〕《方東美先生演講集》,臺北:黎明文化事業公司,2005年版,第127頁。

參考文獻

一、《大藏經》

（一）法　藏

1. 《華嚴經探玄記》20 卷，《大藏經》第 35 冊。

2. 《華嚴發菩提心章》1 卷，《大藏經》第 45 冊。

3. 《華嚴金師子章》1 卷，《大藏經》第 45 冊。

4. 《華嚴策林》1 卷，《大藏經》第 45 冊。

5. 《華嚴經明法品內立三寶章》2 卷，《大藏經》第 45 冊。

6. 《華嚴文義綱目》1 卷，《大藏經》第 35 冊。

7. 《華嚴經義海百門》1 卷，《大藏經》第 45 冊。

8. 《華嚴經旨歸》1 卷，《大藏經》第 45 冊。

9. 《華嚴一乘教義分齊章》又名《五教章》4 卷，《大藏經》第 45 冊。

10. 《華嚴遊心法界記》1 卷，《大藏經》第 45 冊。

11. 《般若波羅蜜多心經略疏》1 卷，《大藏經》第 33 冊。

12. 《法界無差別論》1 卷，《大藏經》第 44 冊。

13. 《梵網經菩薩戒本疏》6 卷，《大藏經》第 40 冊。

14. 《大乘密嚴經疏》4 卷，《續藏經》第 34 冊。

15. 《華嚴經關脈義記》1 卷，《大藏經》第 45 冊。

16. 《華嚴經傳記》5 卷，《大藏經》第 51 冊。

17. 《大乘起信論義記》5 卷，《大藏經》第 44 冊。

18. 《大乘起信論別記》1 卷，《大藏經》第 44 冊。

（二）華嚴宗典籍

1. 杜順：《華嚴五教止觀》1 卷，《大藏經》第 45 冊。
2. 智儼：《華嚴經搜玄記》5 卷，《大藏經》第 35 冊。
3. 智儼：《華嚴一乘十玄門》1 卷，《大藏經》第 45 冊。
4. 智儼：《華嚴孔目章》4 卷，《大藏經》第 45 冊。
5. 智儼：《華嚴五十要問答》4 卷，《大藏經》第 45 冊。
6. 澄觀：《華嚴法界玄境》2 卷，《大藏經》第 45 冊。
7. 澄觀：《大方廣佛華嚴經疏》60 卷，《大藏經》第 35 冊。
8. 澄觀：《華嚴經隨疏演義鈔》90 卷，《大藏經》第 36 冊。
9. 宗密：《原人論》1 卷，《大藏經》第 45 冊。
10. 宗密：《注華嚴法界觀門》1 卷，《大藏經》第 45 冊。
11. 宗密：《禪源諸詮集都序》4 卷，《大藏經》第 48 冊。
12. 宗密：《圓覺經略疏》4 卷，《大藏經》第 39 冊。
13. 《大方廣佛華嚴經》（六十華嚴），浙江省佛教協會 2002 年版。

（三）其它佛典

1. 《中阿含經》60 卷，東晉・瞿曇僧伽提婆譯，《大藏經》第 1 冊。
2. 《雜阿含經》50 卷，劉宋・求那跋陀羅譯，《大藏經》第 2 冊。
3. 《增一阿含經》51 卷，東晉・瞿曇僧伽提婆譯，《大藏經》第 2 冊。
4. 《大方廣佛華嚴經》60 卷，東晉・佛馱跋陀羅譯，《大藏經》第 9 冊。
5. 《大方廣佛華嚴經》80 卷，唐・實叉難陀譯，《大藏經》第 10 冊。
6. 《勝鬘師子吼一乘大方便方廣經》1 卷，劉宋・求那跋陀羅譯，《大藏經》第 12 冊。
7. 《大般涅槃經》40 卷，北涼・曇無讖譯，《大藏經》第 12 冊。
8. 《維摩詰所說經》3 卷，姚秦・鳩摩羅什譯，《大藏經》第 14 冊。
9. 《大方等如來藏經》1 卷，東晉・佛馱跋陀羅譯，《大藏經》第 16 冊。
10. 《佛說不增不減經》1 卷，元魏・菩提流支譯，《大藏經》第 16 冊。
11. 《楞伽經》4 卷，劉宋・求那跋陀羅譯，《大藏經》第 16 冊。
12. 《解深密經》5 卷，唐・玄奘譯，《大藏經》第 16 冊。
13. 《佛說佛地經》1 卷，唐・玄奘譯，《大藏經》第 16 冊。
14. 《大智度論》100 卷，姚秦・鳩摩羅什譯，《大藏經》第 25 冊。
15. 《中論》4 卷，姚秦・鳩摩羅什譯，《大藏經》第 30 冊。
16. 《辯中邊論》3 卷，唐・玄奘譯，《大藏經》第 31 冊。

17. 《究竟一乘寶性論》4 卷，後魏・勒那摩提譯，《大藏經》第 31 冊。

18. 《佛性論》4 卷，陳・真諦譯，《大藏經》第 31 冊。

19. 《成唯識論》10 卷，唐・玄奘譯，《大藏經》第 31 冊。

20. 《大乘起信論》1 卷，陳・真諦譯，《大藏經》第 32 冊。

21. 智顗：《法華玄義》20 卷，《大藏經》第 33 冊。

22. 智顗：《摩訶止觀》20 卷，《大藏經》第 46 冊。

23. 智顗：《法華文句》10 卷，《大藏經》第 34 冊。

24. 《南宗頓教最上大乘摩訶般若波羅蜜經六祖慧能大師於韶州大梵寺施法壇經》1 卷，《大藏經》第 48 冊。

25. 《六祖大師法寶壇經》1 卷，《大藏經》第 48 冊。

26. 〔宋〕永明延壽：《宗鏡錄》100 卷，《大藏經》第 48 冊。

二、專著、綜合論著

1. 周可真：《哲學與文化研究》，江蘇人民出版社 2005 年版。

2. 潘桂明：《智顗評傳》，南京大學出版社 1996 年版，第 362 頁。

3. 潘桂明：《中國佛教百科全書》宗派卷，上海古籍出版社 2000 年版。

4. 蔣國保：《方東美思想研究》，天津人民出版社 2004 年版。

5. 蔣國保 潘桂明：《儒釋合論》，吉林人民出版社 2007 年版。

6. 張立文：《理》，中國人民大學出版社 1991 年版。

7. 張立文：《中國哲學範疇發展史》，中國人民大學出版社 1988 年版。

8. 陳鼓應：《易傳與道家思想》，三聯書店 1997 年版。

9. 馮友蘭：《中國哲學史》下，華東師範大學出版社 2000 年版。

10. 《湯用彤全集》卷一，河北人民出版社 2000 年版。

11. 〔梁〕僧祐：《出三藏記集》，中華書局 2003 年版。

12. 〔梁〕僧祐：《弘明集》。

13. 牟宗三：《中國哲學十九講》，上海古籍出版社 1998 年版。

14. 牟宗三：《性體與心體》上中下，上海古籍出版社 1999 年版。

15. 牟宗三：《中國哲學的特質》，上海古籍出版社 2007 年版。

16. 《牟宗三學術文化隨筆》，中國青年出版社 1996 年版

17. 丁福保：《佛學大辭典》，上海書店 1991 年版。

18. 許嘉璐：《十三經》，廣西教育出版社等 1998 年版。

19. 《朱子語類》，中華書局 2004 年版。

20. 《二程集》，中華書局 1981 年版。

21. 《楊仁山居士文集》，黃山書社 2006 年版。

22. 〔英〕渥德爾：《印度佛教史》，商務印書館 2000 年版。

23. （日）山口益：《般若思想史》，上海古籍出版社 2006 年版。

24. 王恩洋：《中國佛教與唯識學》，宗教文化出版社 2003 年版。

25. 妙雲：《攝大乘論講記》，臺灣正聞出版社民國八十七年版。

26. 任繼愈：《漢唐中國佛教思想論集》，三聯書店 1963 年版。

27. 任繼愈：《中國哲學史》第三冊，人民出版社 1996 年版。

28. 呂澂：《中國佛學源流略講》，中華書局 2002 年版。

29. 呂澂：《呂澂佛學論著選集》，齊魯書社 1991 年版。

30. 魏道儒：《中國華嚴宗通史》，江蘇古籍出版社 2001 年版。

31. 侯外廬：《中國思想通史》第四卷，人民出版社 1980 年版。

32. 方立天：《法藏評傳》，（北京）京華出版社 1995 年版。

33. 傅斯年：《性命古訓辯證》，廣西師範大學出版社 2006 年版。

34. 朱封鼇：《妙法蓮華經文句校釋》，宗教文化出版社 2000 年版。

35. 劉述先：《理一分殊》，上海文藝出版社 2000 年版。

36. 《陸九淵集》，中華書局 1980 年版。

37. 洪修平：《中國佛教與儒道思想》，宗教文化出版社 2004 年版。

38. 周貴華：《唯識、心性與如來藏》，宗教文化出版社 2006 年版。

39. 〔唐〕道宣：《廣弘明集》。

40. 賴永海：《中國佛性論》，上海人民出版社 1988 年版

41. 潘桂明、吳忠偉：《中國天台宗通史》上，鳳凰出版社 2008 年版。

42. 林國良：《成唯識論直解》，復旦大學出版社 2007 年版。

43. 楊維中：《中國唯識宗通史》上、下卷，鳳凰出版社 2008 年版。

44. 釋正剛：《唯識學講義》，宗教文化出版社 2006 年版。

45. 李四龍：《天台智者研究》，北京大學出版社 2003 年版。

46. 太虛：《法相唯識學》上、下卷，商務印書館 2006 年版。

47. 〔清〕郭慶藩：《莊子集釋》四卷，中華書局 1997 年版。

48. 巫白慧：《印度哲學》，東方出版社 2000 年版。

49. 印順：《如來藏之研究》，（臺灣）正聞出版社民國八十一年版。

50. 聖嚴法師：《華嚴心詮》，宗教文化出版社 2006 年版。

51. 石峻：《石峻文存》，北京華夏出版社 2006 年。

52. 黃宗羲：《宋元學案·伊川學案》，中華書局 1986 年版。

53. 《張載集》，中華書局 2006 年版。

54. 范壽康：《朱子及其哲學》，中華書局 1983 年版。

55. 《朱熹年譜》，中華書局 1998 年版。

56. 牟宗三：《佛性與般若》上下，臺灣學生書局 1993 年版。

57. 俞學明：《湛然研究》，中國社會科學出版社 2006 年版。

58. 張曼濤：《中日佛教關係研究》（現代佛教學術叢刊 第 9 輯），（臺北）大乘文化出版社民國六十七年版。

59. 張曼濤：《日韓佛教研究》（現代佛教學術叢刊 第 9 輯），（臺北）大乘文化出版社民國六十七年版。

60. 《唯識學的發展與傳承》（現代佛教學術叢刊 第 24 輯），（臺北）大乘文化出版社民國六十七年版。

61. 周叔迦：《周叔迦佛學論著集》上、下集，中華書局 1991 年版。

62. 韓廷傑：《成唯識論校釋》，中華書局 1998 年版。

63. 《大般涅槃經》，宗教文化出版社 2006 年版。